이택재 앞 순암 안정복 선생 숭모비

순암 선생 시비
선역 송재소, 글씨 이동익

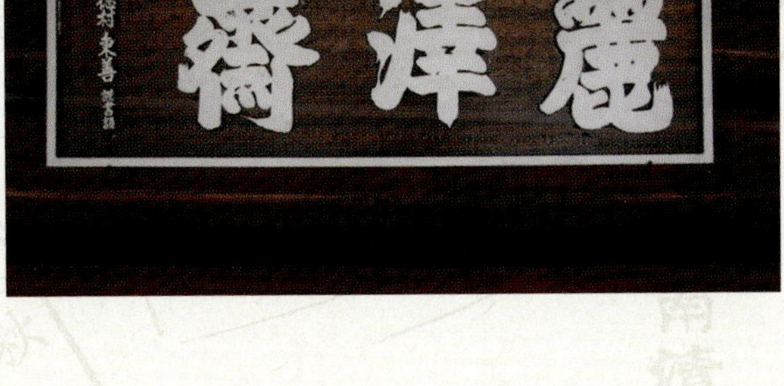

이택재 현판

순암 안정복 선생 묘소

순암제

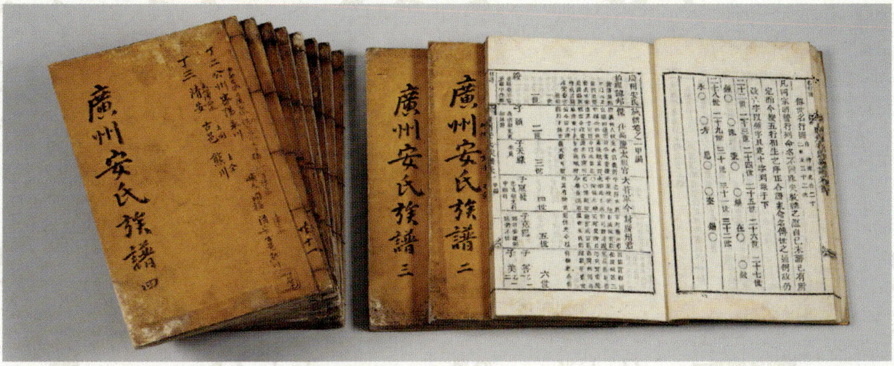

광주 안씨 족보

충양사 순암 집안의 불천위인 광양군 안황을 모신 사당

순암 종택 내원

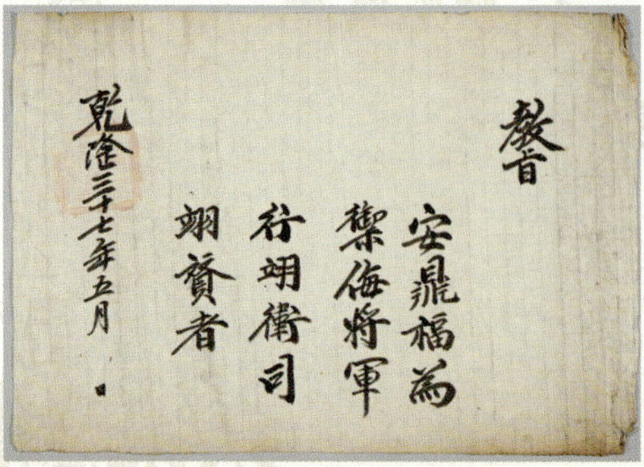
教旨
安鼎福爲
禦侮將軍
行翊衛司
翊贊者
乾隆三十七年五月 日

익위사 익찬 교지

목천현감 거사비

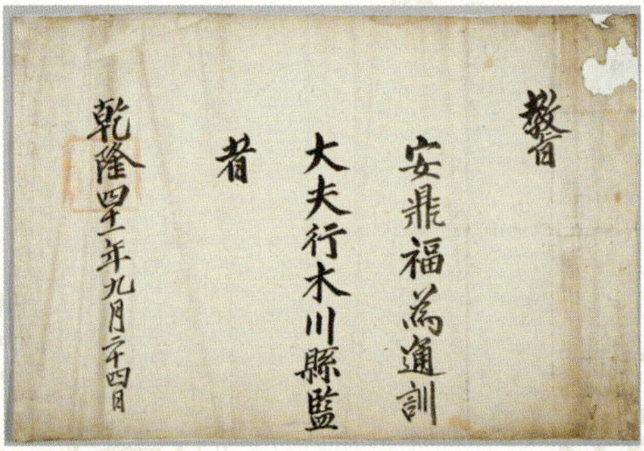
教旨
安鼎福爲通訓
大夫行木川縣監
者
乾隆四十一年九月二十四日

목천현감 교지

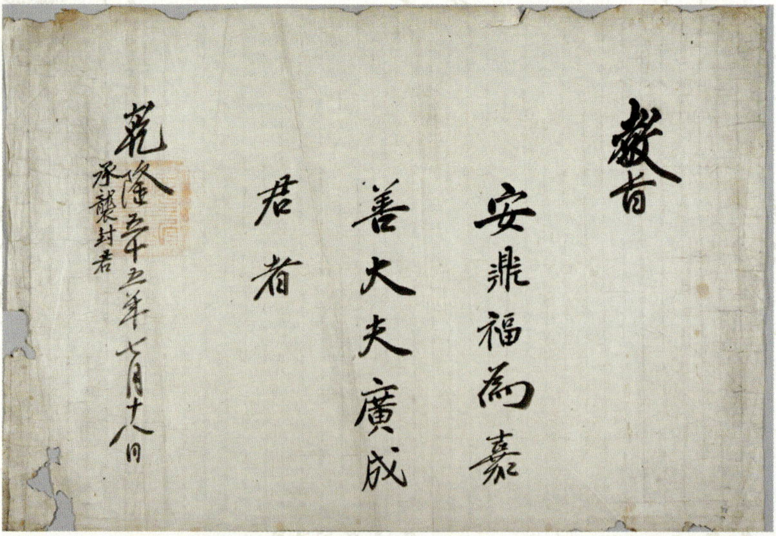
教旨
安鼎福爲嘉
善大夫廣成
君者
乾隆五十五年七月十八日
承襲封君

광성군(廣成君)에 습봉하는 교지 1790년(정조 14) 광성군에 봉하는 임금의 사령장

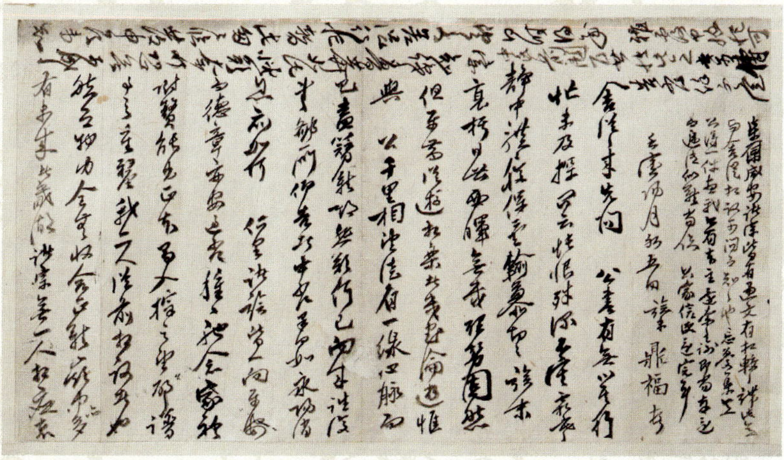

순암 친필편지

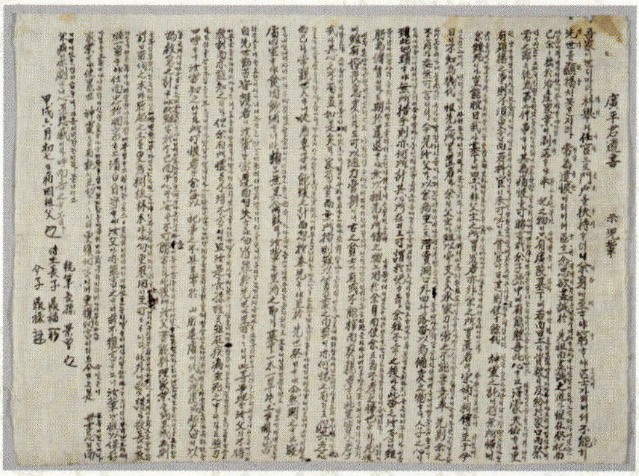

광평군 유서 안정복의 부친 안극이 자신의 아들 형제와 손자에게 내리는 글이다. 국한문 혼용으로 벼슬을 하지 못한 사대부가문의 절절한 사연과 훈계가 잘 나타나 있다.

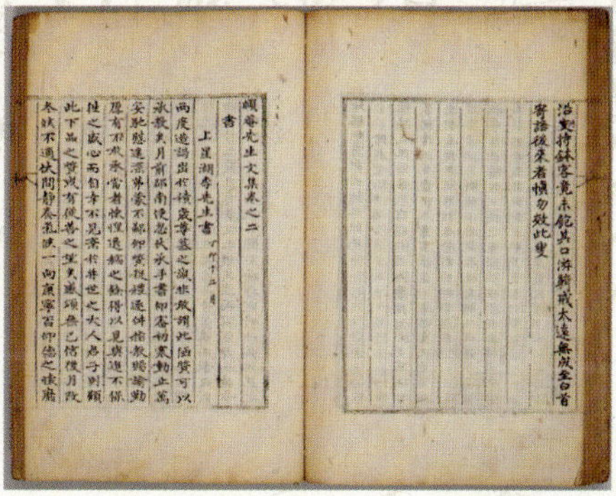

『순암선생문집』

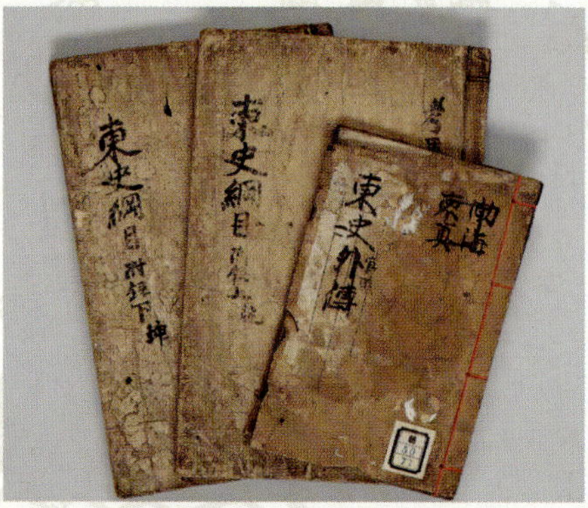

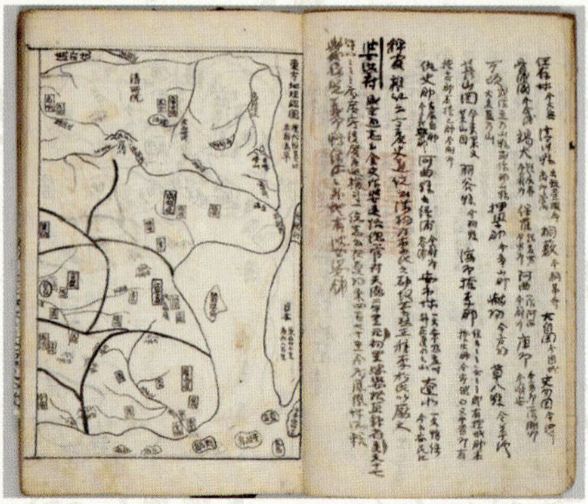

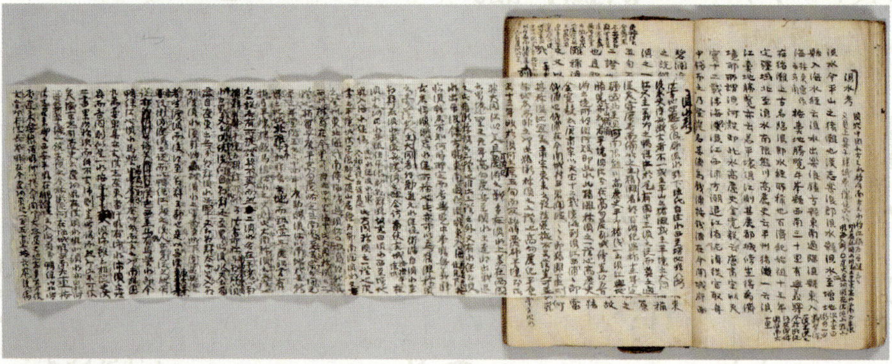

「**동사강목**」

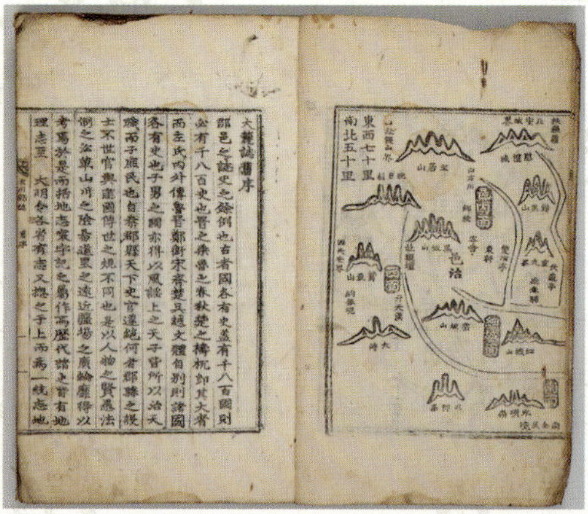

「**대록지**」 목천현지

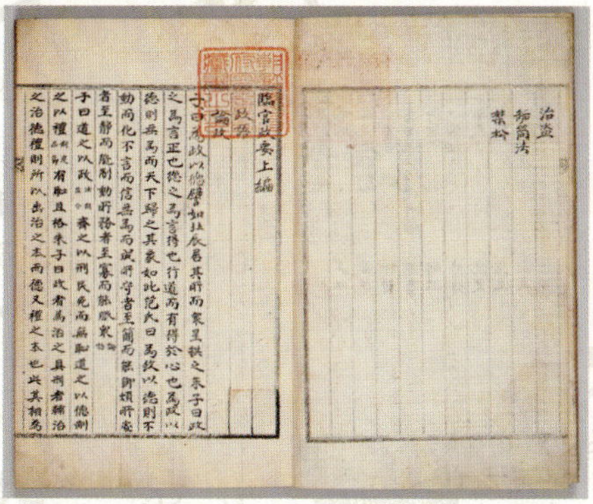

『임관정요』

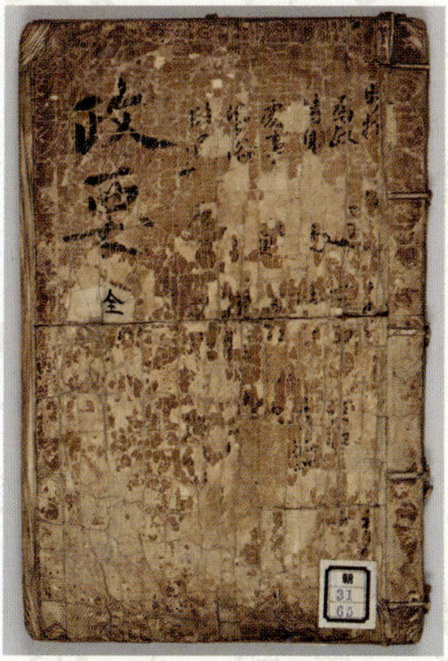

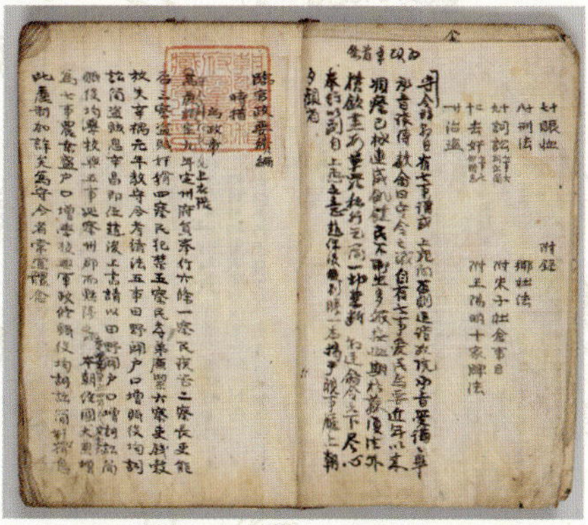

『임관정요』 속편

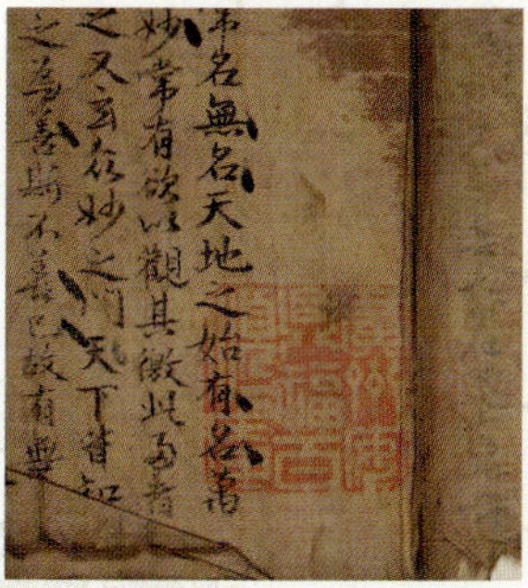

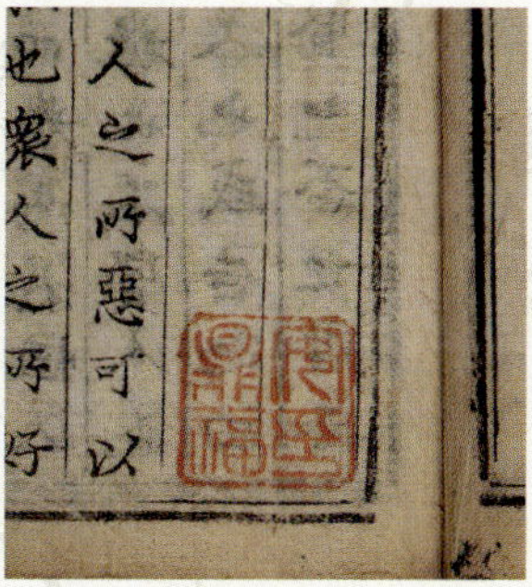

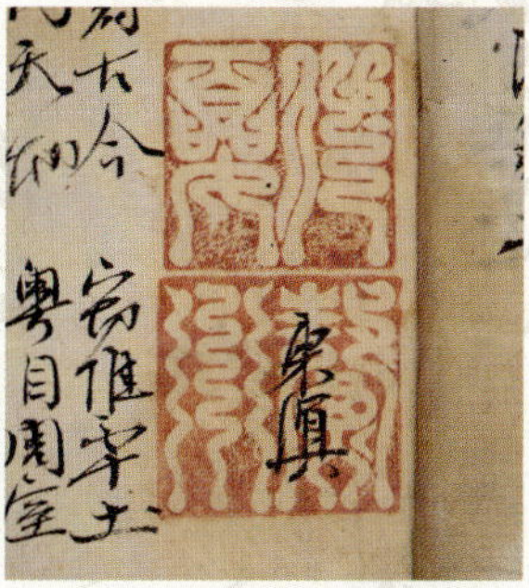

안정복 장서인

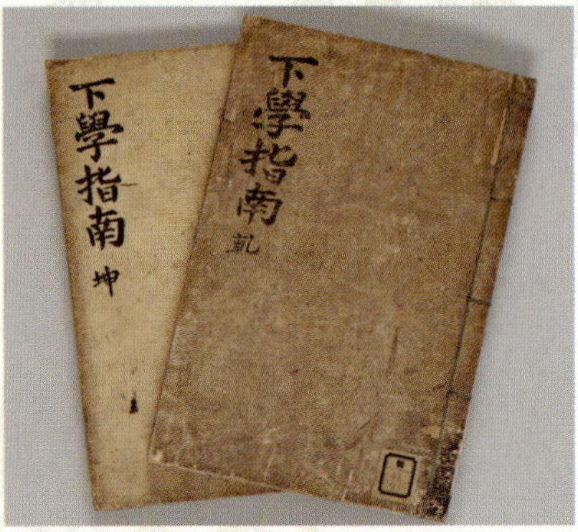

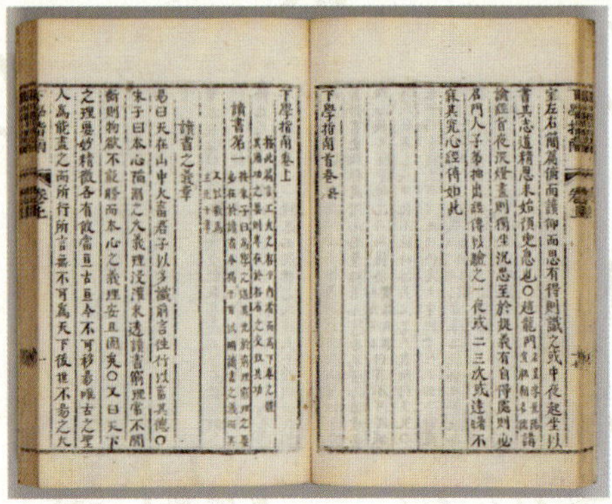

『하학지남』

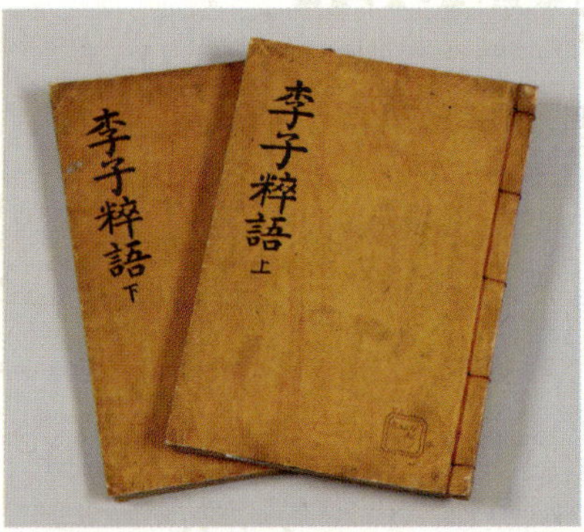

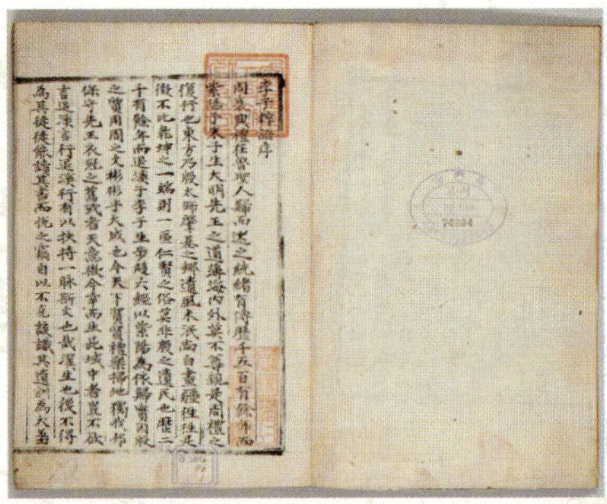

『이자수어』

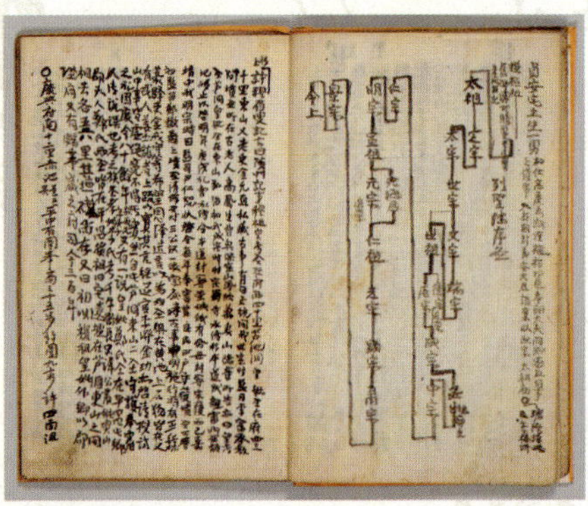

『열조통기』

『부부고』

순암 안정복

순암 안정복

김시업 외 지음

순암 안정복 선생 기념사업회

심산

■ 목차

●머리말

이 책은 원래 1997년에 광주시의회에서 지원하여 광주문화원에서 발간한 『순암 안정복』이라는 아담한 소책자였다. 지금은 실학박물관장으로 있는 김시업 성균관대 명예교수가 대학에 재직할 당시 광주문화원의 의뢰를 받고 편저한 것이다. 당시까지 순암 안정복과 관련하여 연구된 성과를 알차게 반영하고, 또 일반인이 쉽게 보기 어려운 순암 관련 다양한 사진 자료를 수록했다. 아담한 소책자였지만 순암 안정복을 이해하는데 요긴한 정보를 제공하여 적지 않은 호평을 받은 바 있다.

그런데 당초 이 책자는 광주문화원에서 광주의 문화인물에 대한 홍보를 목적으로 비매품으로 일정 부수만을 제작 간행한 것이어서 널리 알려지는 데에는 다소 어려움이 있었다. 그 때문에 순암 안정복 선생을 기리는 분들은 온전한 그 삶의 행적과 학덕을 보여주는 이 책자의 속간을 여망해 왔다.

지난 2012년 순암 안정복 선생 탄신 300주년을 맞아 발족한 순암 안정복 선생 기념사업회는 다양한 학술 문화사업을 기획하여 순암의 학덕을 기려왔는데 이 『순암 안정복』 책자의 속간 역시 그 일환으로 진행되었다. 최초 원고를 집필했던 김시업 관장의 글을 다시 살려내고, 아울러 순암연

순암 안정복 선생 숭모비

보를 부기하여 안정복의 삶을 간명하게 살펴보는 데 도움이 될 수 있도록 했다. 순암연보는 순암의 수제자인 황덕길에 의해 최종 정리되었기 때문에 그 완성도가 높다. 고전번역원의 이상하 교수가 주석을 보충하고 새롭게 번역한 것을 수록했다.

이전의 원고를 살려내고 새로운 내용을 덧붙이는 과정에서 순암의 학적 여정을 잘 보여주는 사진 자료를 적지 않게 수록하였다. 아울러 순암의 행적을 기리며 순암 기념사업회가 지원하고 진행한 다양한 사업의 일부도 이번에 새롭게 반영했다. 순암에 대한 기억과 공부가 여전히 현재 진행형임을 드러내고자 한 것이다.

새롭게 『순암 안정복』 책자를 개정 · 증보하면서 적지 않은 분들에게 고마움을 입었다. 특히 사진 가운데는 2012년 국립중앙도서관에서 진행된 〈순암 안정복 특별전 - 실학자의 서재〉의 도록에 수록되었던 것과 광주안씨 광양군파 종중에서 보관하던 자료가 적지 않았다. 흔쾌히 사진 활용에 동의해 준 국립중앙도서관 고전운영실 관계자 여러분과 광주안씨 광양군파 종중 여러분들께 거듭 감사 인사를 올린다. 실무와 원고입력을 맡았던 함영대 박사와 박석향 동학, 넉넉치 않은 일정에서도 성의를 다해 책을 만들어 준 심산의 최원필 대표께도 심심한 사의를 표한다.

이 『순암 안정복』을 개정·증보하는 사이에 순암의 서재였던 이택재가 광주시 문화재(유형문화유산 5호)로 등록되는 경사도 있었다. 다행한 일이다. 조선 최대의 역사서인 『동사강목』의 저자, 순암 안정복 선생의 업적과 학덕이 지속적으로 전해지길 바라며 이 책의 간행 역시 그 일에 조금이라고 도움이 되기를 진심으로 기대한다.

2015년 10월

순암 안정복 선생 기념사업회장 송재소

●초판 머리말

지난가을(1996년 10월 6일) 광주읍 중대리 텃골에서는 '순암 안정복 선생 사적비' 의 제막이 있었다. 선생의 후손과 한국실학연구회, 광주문화원이 뜻을 모아 선생의 묘소가 있는 영장산을 뒤로하고 그의 서재인 이택재(麗澤齋 : 벗끼리 서로 도와 학문과 수양에 힘쓴다는 뜻으로, 주역에 근거한 이름) 앞에 선생의 사적을 돌에 새겨 세운 것이다. (이 책 부록의 비문 참조)

광주는 순암선생의 관향(貫鄕)이자 고향이 되었다. 객지에서 태어났으나 청년기부터 이곳 광주 덕곡(德谷)에서 일생을 마쳤으며, 『동사강목』· 『임관정요』 등 불후의 명저와 수많은 저술을 남겼다. 이로 인하여 선생은 민족주체적 역사학자로, 18세기의 대실학자로 평가되고 있는 터이다.

순암은 광주를 사랑했다. 광주에 대한 역사적 긍지가 매우 높았다. 1757년(46세 때)에 쓴 「광주부지서(廣州府志序)」에 이런 말이 나온다.

애석하게도 우리 동방에는 징험할 문헌이 없다. 오직 한 질의 『동국여지승람(東國輿地勝覽)』이 있으나 너무 소략하다. 또 계승되지 않아서 고금의 차이에 따라 빠진 부분이 많다. 그 밖에 나라 안의 360여 개 고을 가운데 지(志)가 있는 곳이 많지 않고, 각 도에도 지가 있다는 말을 들어 보지 못했다. 그러니 문헌이 전해지는 중국에 비해 부끄러운 점이 많다.

광주부는 옛날에는 나라의 도읍이 되었고 지금은 큰 진영이 자리 잡은 곳으로서 나라의 중앙에 웅거하고 있으며, 왕성을 보위하는 곳이 되어 삼보(三輔)의 형세를 갖추고 있다. …… 그러니 이곳을 다스리는 규모는 작은 군읍과 비할 바가 아니건만 읍지가 없어 옛일을 참고하려 해도 징험할 자료가 없으니 참으로 일부(一府)의 수치다.

계유년(1753) 여름 유수(留守) 이공(李公)이 이 점을 개탄스러이 여기고 내가 이 지방 사람으로 고사에 대해 익숙할 것이라 하여 편지로 찬술을 위임하였다. …… 그리하여 책은 이미 이루어졌으나 이공이 전출되어 돌아가서는 얼마 안 되어 작고하는 바람에 책이 간행되지 못하고 말았으니, 책 하나가 간행되고 못되는 것에도 운수가 있는 모양이다.

지금은 이 책, 광주의 역사와 인문지리를 정리한 『광주지』의 초고를 찾을 길이 없다. 참으로 애석한 일이다. 순암선생은 이 책을 쓰면서 '문헌의 나라', '문명의 시대'를 바란 것 같다. 자기 고장을 알고 사랑하는 일이 곧 나라를 알고 사랑하는 일이라고 생각했던 것이다. 자기 고장의 역사와 형편을 정리 · 서술하는 일은 다만 정사를 실정에 맞게 펼 수 있는 바탕이 될 뿐 아니라 오늘을 역사적으로 인식하고 나아가 삶을 역사화하는 안목을 가지게 한다고 순암은 생각했던 것이다.

순암은 광주지와 관련하여 여러 편의 시(한시)도 남기고 있다. 「광주부지를 만들다가 병자 · 정묘년 일(호란)에 이르러 잠시 붓을 멈추고 눈물을 글썽이며 한 수 짓다」라든가 「남문으로 나가면서 그때 일이 생각나 개연한 마음으로 읊다」 등에서는 '남한산성의 치욕'과 '삼학사'의 충성과 지조, 그리고 간신배의 반민족적 행태를 되새기면서 가슴 아파하였다. 「우리역사를 보다가 느낌이 있어 악부체로 짓다」 등에서는 침략자 한(漢)나라

군사와 용감히 맞서 싸운 성기(成己), 신라 김유신의 침략 앞에 옹산성에서 저항한 백제의 성장(城將)과 군사들의 애국심을 감동적으로 그려 놓았다. 순암은 이처럼 애국적 시인이기도 하였다.

역사를 돌이켜 보며 현실을 타개하고자 하는 태도, 현실주의적 역사의식이 그의 빛나는 역사 저술들을 낳게 한 동력이 되었다. 그의 경학이나 실학적 업적도 이 점은 마찬가지였다. 현실적 문제의식 위에서 경전(經典)이나 고전을 새롭게 재해석하는 안목, 이것이 그의 학문의 요체이며 추구하는 방법이었다. 말하자면 법고창신(法古創新)과 실사구시(實事求是)의 태도이다.

순암이 『광주부지』를 썼던 마음과 취지를 오늘에 되살릴 수 있을까?

여기에 광주의 역사와 정신, 전통을 이르려는 이 고장 사람들의 뜻을 살려 고장의 역사를 쓰는 대신 역사적 인물 순암선생의 삶과 학문 · 사상을 읽어보기로 한다. 순암선생의 사적비 건립에 이어 선생에 관한 책자를 엮어내기로 한 것이다.

첫 번째로 순암선생이 걸어온 길(생애), 두 번째로 학문과 실학사상, 세 번째로 남긴 저술들을 살펴보는 순서로 하는데, 부록으로 사적비 비문과 연보를 덧붙여 이해를 돕고자 한다. 그런데 순암선생의 생애와 활동 대부분이 학문과 저술에 기울어져 있다. 화려한 관직이나 다양한 변화가 적다. 따라서 자연히 학문과 저술 중심의 서술이 주가 되어 제1장과 2장, 3장이 서로 연결되거나 겹치는 내용을 말하게 되기도 한다. 또한 삶의 체취가 느껴지고 만져질 듯 쉽게 서술하고자 하였으나 그렇게 되기 어렵다. 학문과 저술을 말하기란 쉽지 않은 일이기 때문이다.

그동안 현지답사도 여러 곳을 하였다. 광주 외에도 제천, 목천 등 선생의 자취를 담아보고자 노력하였다. 이 과정에서 목천의 향토사 연구가 이원표씨의 도움과 같이 조언을 해 준 이들도 많았다. 끝으로 이 책자를 엮는 데는 여러 연구서적과 논문을 참고하였음을 밝힌다. 원로 사학자로서 일찍이 실학의 성격과 그 유파를 정리하고 특히 경세치용학-극기학파의 실상을 밝혀 주신 이우성 선생님의 저술들은 순암을 이해하는 데 기본이 되었으며 황원구, 심우준, 강세구 교수의 연구서적도 크게 참고가 되었다. 그럼에도 이 책자의 성격상 참고서적을 주(註)로 일일이 밝히지 못하였다. 이 점 양해해 주시리라 믿는다.

1997년

성균관대 국문과 교수 김시업

제1장

순암선생이 걸어온 길

1. 가계(家系)와 출생

광주(廣州安氏) 광양군(廣陽君) 안황(安滉)의 6세손

순암 안정복(1712~1791) 선생은 숙종 38년 12월 25일 충청도 제천현 유원(楡院 : 현재의 堤川市 大郎洞 느릅원)에서 아버지 안극(安極)과 이익령(李益齡)의 따님인 어머니 전주이씨(全州李氏) 사이에서 장남으로 태어났다. 본관은 광주(廣州)이며 자(字)는 백순(百順), 호(號)는 순암(順菴)이다. 그 밖에 한산병은(漢山病隱)·우이자(虞夷子)·상헌(橡軒) 등의 별호를 썼으나 순암이란 호가 가장 널리 쓰였다.

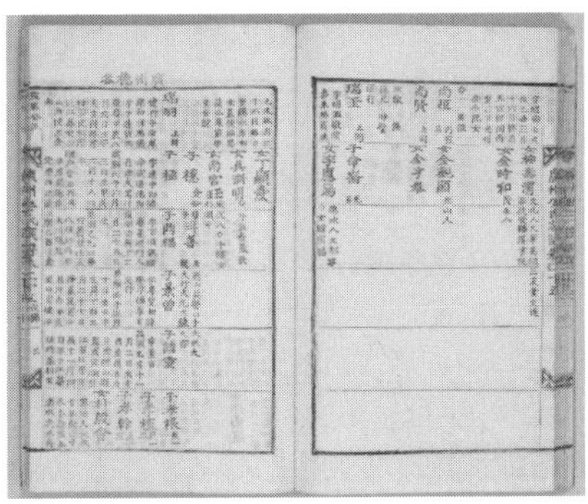

『광주안씨족보』 안정복이 편찬한 족보에 기록된 순암의 직계 가족에 대한 기록이다.

선생은 시조(始祖) 안방걸(安邦傑)의 후예로 좌참찬을 지낸 안성(安省)을 근조(近祖)로 하고 있으며, 선조(宣祖)의 매서(妹婿)로서 임진왜란 때 임금을 호종(扈從)한 공로로 광양군(廣陽君)에 봉해진 안황(安滉)의 6세손이다. 고조는 현감을 지낸 안시성(安時聖)이었고, 증조는 빙고별검(氷庫別檢)을 지낸 안신행(安信行)이며, 조부는 울산부사를 지낸 안서우(安瑞羽)이다.

실세(失勢)한 근기남인(近畿南人)의 후예(後裔)

원래 선생의 가계는 광주안씨 중에서도 문장이 뛰어나고 벼슬이 높아 조선시대에 손꼽히는 명문가로 일컬어져 왔다. 고려 말 조선 초의 사간공(思簡公, 謚號) 천곡(泉谷, 號) 안성(安省)과 조선 중기의 광양군(廣陽君) 안황(安滉)은 다 선생의 직계 조상이었다. 그러나 선생 집안의 당색이 남인(南人)에 속해 있어서 점차 관직에 진출하는 것이 어려워졌고, 나아가 정치권력에서 영영 소외되기에 이르렀다. 그리하여 선생의 가문은 조선후기에 이르면서 현달한 인물을 내지 못하였다. 조부 안서우(安瑞羽)가 울산부사에 오른 것이 비교적 현달한 정보였지만 영조 즉위 후 노론의 배척을 받아 곧 파직되었고, 아버지 때부터 벼슬길을 끊겨 관직과는 거리가 먼 불우한 선비 집안이 되고 말았다. 그것은 당시의 노론(老論) 정국하에서 출신이 남인 가문이었기 때문에 더욱 그러하였다. 이러한 연유로 선생은 일찍부터 과거를 통한 입신에 뜻을 두지 않았다. 경향간의 친인척을 전전하면서 궁색한 생활을 영위하는 것이 생장기의 집안 형편이었다.

신이한 태몽

「순암선생연보」에는 그가 태어날 때 모친이 범상치 않은 꿈을 꾸었다는 기록이 전해 온다. 붉은 기운이 하늘에서 내려와 잠자리를 감도는 태몽을 꾸었고, 붉은 반점(斑點)과 기이한 무늬의 표범이 품속에 안기는 꿈에서 깨어나 옥동자를 낳았다는 것이다.

여기에서 우리는 이 기록의 사실 여부를 떠나, 물론 태몽은 사실이겠지만 오히려 순암선생이 출생에서부터 비범하다는 점을 강조하려 한 선인들의 마음을 읽을 수 있다.

실제에서 선생은 어릴 때 두진(痘疹)과 홍진(紅疹)의 후유증으로 그 자국이 남고 치열이 반듯하지 않아 스스로 못생긴 용모라고 말한 것으로 보아, 이러한 존모의 정은 대개 선생의 학문과 덕행 때문임을 알 수 있다.

2. 성장 환경

제천 · 영광 · 서울 · 울산 · 무주 등에서 보낸 생장기

실세한 남인 집안에서 자라난 선생은 정치적으로 불우했을 뿐 아니라 경제적으로도 항상 안정된 토대가 없었던 듯 한 곳에 안주하지 못하였다. 조부 안서우가 서울에서 하급관리로 있을 때는 남대문 밖 청파동에 집을 가지고 살았으나. 관운(官運)이 없어 여러 차례 실직하여 낙향하게 되었다. 그리하여 선생은 서울과 지방 여러 곳을 번갈아 경험하는 특이한 성장과정을 보내게 되었다. 선생이 출생한 충청도 제천의 유원(느릅원)은 조부가 식구들을 데리고 3년 가량 우거하던 친척 칠원윤씨(漆原尹氏)네 집이었고, 네 살에 모친을 따라 상경해서는 건천동(乾川洞)의 외가 이씨댁에서 살았으며, 여섯 살 무렵에는 다시 모친과 함께 전라도 영광(靈光) 월산으로 가서 외가의 농장에 기식하였다. 아홉 살에 서울로 돌아와 남대문 밖 남정동

(南井洞)에 살다가 열네 살에 조부의 벼슬살이를 따라 경상도 울산(蔚山)으로 갔으나, 겨우 1년 만에 조부가 울산부사에서 해임되자 조부를 따라 전라도 무주(茂朱)로 가서 적상산 아래 주계(朱溪)에 살게 되었다. 이렇게 어릴 적부터 각 지방을 전전하면서 자라났거니와, 그것은 주로 경제적인 불안정에서 온 것이었다.

성장기의 이러한 빈번한 이주는 선생에게 불우한 일이기는 했으나, 한편으로는 도시와 시골의 정서를 아울러 경험하도록 만들었다. 서울은 물론이고 충청, 경상, 전라, 경기의 각 지방에 두루 거주하게 되었던 것이다. 그 결과 선생은 서울과 지방, 도시와 농어촌의 생활에 널리 접촉함으로써 민감한 감수성으로 당시의 사회실상을 체험할 수 있었다. 이로 인해 선생의 사고는 특정한 지역이나 분야에 얽매이지 않는 열린 입장을 갖게 되었던 것 같다. 이것이 젊은 시절 선생의 학문적 관심을 매우 넓어지게 하였고, 지역적인 것을 뛰어넘어 '동국(東國)' 이라는 민족사회 전체의 현실에 대응하도록 하는 중요한 계기가 되었다고 할 수 있을 것이다.

광주 덕곡(廣州 德谷)에 정착하다

무주에 칩거하는 동안 선생은 성순(成純)의 따님과 혼인하여 아들 경증(景曾)을 낳았다. 얼마 뒤 조부가 세상을 떠나자, 선생은 부친과 함께 그 이듬해(1736, 영조 12) 봄 경기도 광주 경안의 덕곡(德谷, 지금의 중대리 텃골) 선산에 반장을 하고는 모두 덕곡으로 이주하였다. 부친 안극(安極)이 이때 고향으로 돌아오게 된 것은 종통(宗統)과 관련한 가문 내의 사정에도 그 이유가 있었겠지만 오랫동안 객지를 전전한 처지에서 선영 가까이에 정착하여 안정하고자 하는 바람이 매우 컸던 것 같다. 그렇다고 덕곡의 형편이 넉넉한 것은 아니었다. 변변한 집 한 칸을 장만하는 일도 쉽지 않아 선생의 나이 54세에야 겨우 골짜기 북쪽에 새집을 지어 들어갈 수 있었다.

선생이 광주에 정착하게 된 것은 그의 인생과 학문에 큰 전환(轉換)을 가져다주었다. 여러 곳을 떠돌다 바야흐로 정착할 터전을 마련하고 학문에 침잠할 수 있는 토대가 마련되었다는 점에서 그러하거니와, 서울 가까이에서 새로운 소식과 서적을 손쉽게 접해 볼 수 있게 되었다는 점에서도 그러하다. 그러나 무엇보다 주목되는 점은 실학의 대종(大宗)인 성호 이익(星湖 李瀷, 1681~1763) 선생이 가까운 안산 성촌(安山 星村)에 살고 있어 성호를 사사(師事)하여 성호학의 중요한 계승자가 되는 직접적 계기가 마련되었다는 점이다.

3. 학문의 지향

청년기의 박학(博學)에서 경학(經學)의 세계로

서울에서 열 살에 『소학(小學)』을 읽기 시작한 선생은 학문적 재능이 탁월하고 열의가 대단히 강하였다. 공부를 시작한 지 4, 5년 만에 문리를 깨쳤으며, 20대에 들어서는 이미 왕성한 의욕으로 독자적인 저술활동에 몰입하였다.

선생은 어릴 적부터 경(經)·사(史)·시(詩)·예(禮) 외에도 음양(陰陽)·성력(星曆)·의약(醫藥)·복서(卜筮)·병서(兵書)·불서(佛書)·패관소설(稗官小說)에 이르기까지 다방면으로 지식을 습득하였다. 그리하여 책이 생긴 이래 문헌상 고증할 만한 것들은 보지 않은 것이 거의 없다고 자부할 만큼 해박하였다.

성장기에 박학다식을 추구하던 선생은 광주에 정착한 20대 이후로는

『성리대전(性理大全)』 등을 비롯한 경학(經學)의 세계에 침잠하였다. 훗날 스승으로 모신 성호 이익에게 보낸 편지에서, 젊은 시절 자신이 다양한 서적을 섭렵하였으나 "본원이 두텁지 못하고 입심(立心)이 지나치게 조급하여 끝내 얻는 바가 없었다" 고 술회하고 있는 데서 볼 수 있듯이, 선생은 그동안의 '박학(博學)의 추구' 에 한계를 느끼고 경학을 통해 이를 극복 통섭하고자 하였다. 이 무렵 선생은 「치통도(治統圖)」와 「도통도(道統圖)」를 만들어 고대 이래 제왕의 계통과 역대 성현의 계통을 각각 정통(正統) · 변통(變統) · 무통(無統)으로 분류하여, 정통성을 역사인식의 중심으로 삼았다. 『주례(周禮)』와 주자(朱子)의 설 등을 참고하여 「정전설(井田說)」을 지었으며, 또한 주자적 발상을 수용하여 『하학지남(下學指南)』을 짓기도 하였다.

학문의 체계를 세운 20대

최초의 저서이면서 선생이 각별히 중시하는 『하학지남(下學指南)』은 이름 그대로 초학자의 입문지침서이다. 이 책을 통해 선생이 수용한 성리학적 사유방식을 가늠할 수 있는데, 선생은 성리학을 따르면서도 이기심성론(理氣心性論)의 이론과 사변(思辨)을 중심에 두지 않았던 것으로 보인다.

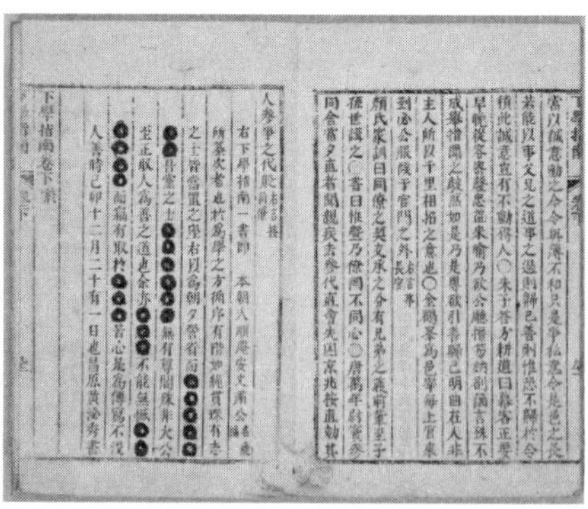

『하학지남』 끝에 붙인 황필수의 발문

선생은 수기치인(修己治人)이 진정한 성현의 학문이라는 입장에서 자신의 학문관을 정리하여 이를 『하학지남』이라 이름하고, 이기심성 위주의 형이상학적 성리학이 아니라 수기치인과 관련된 실천적 성리학을 중시하였던 것이다(제2장 '순암선생의 학문과 실학사상' 에서 다시 살핌).

선생은 박학을 모든 학문의 기초가 된다고 보았다. 그러나 박학에 근거하면서도 관념적 사변이 아닌 하학 공부를 주장하였는데, 그가 말하는 실학(實學), 실용(實用), 무실(務實), 실리(實利), 실심(實心) 등의 개념도 이러한 맥락에서 전개되었다. 선생은 하학을 두고 다음과 같이 말하였다.

> "나의 생각은 하학(下學) 뿐이다. 하학이 그 알맹이를 얻게 되면 안으로는 명덕(明德)과 밖으로는 신민(新民)이 그 안에 있게 된다. 고담(高談)하고 허원(虛遠)한 것이 불필요할 뿐 아니라 지리한 사설은 실용이 없다."

이 『하학지남』을 통해 선생이 이미 실학자로서의 기초가 확립되었으며, 성호에게 배우기 이전에 이미 지향하고 있는 학문의 전체적 체계가 대체로 정리되고 있음을 알 수 있다.

과거와 학문의 기로에서

당시는 나라에 벼슬하여 입신양명(立身揚名)하는 것이 양반들의 가장 바라던 일이었다. 따라서 벼슬을 위한 공부란 과거에 응시할 바탕을 마련하는 방법에 지나지 않았기 때문에, 그것은 고작해야 과거에 필요한 과목으로써 사서오경을 외우거나 시부(詩賦)를 짓는 일이었다. 과거를 보기 위하여 이만한 공부라도 하는 사람은 그래도 다행이었다. 집권당의 벌열층 자제 중에는 학식과 인격이 형편없는 사람이 집안의 지체나 당색에 힘입어 과거에 합격하거나 과거를 보지 않고 벼슬하는 일도 허다했다. 그러나 공부의 목적을 '학문을 위한 공부' 로 여기던 일부 선비들은 출세를 위한 과거에는 아랑곳없이 참다운 진리의 탐구에 정력을 기울였고, 곡학아세(曲學

阿世)의 선비라는 평가를 가장 부끄럽게 여겼다. 이런 경향은 주로 정계에서 세력을 잃었거나 현실 정치권을 등진 재야의 학자에게서 찾아볼 수 있었다. 조선조 후기, 정권이 서인(西人)에 이어 노론(老論)에게 거의 좌우되다시피 하는 시대에 집권당이 아닌 처지에서는 과거에 낄 처지도 기회도 없었거니와 합격한다 해도 올바른 관인의 자세와 길을 걸을 수 없었다. 그러나 아직도 신분의 구분은 법제적으로나 사회적으로 분명한 일이어서, 사(士)의 신분으로 글을 버리고 상인[商]·장인[工]이 될 수도 없었다. 지주적(地主的) 경제기반을 가졌거나 지방에 따라 양반문화를 유지하기 쉬운 데서는 그래도 나은 편이었지만, 특히 근기지방(近畿地方)의 몰락 남인들은 그 신분을 유지하기조차 어려운 형편이었다.

이들은 각박하고 부조리한 세상을 눈앞에 놓고 생활의 온갖 간난을 참아가며 공부하였다. 정치를 논하자니 경륜할 땅이 없고, 민생을 말하자니 상대가 없었다. 따라서 이들은 학문이란 학문은 무엇이든 파고들었다. 과학자나 중인(中人) 기술관리가 되기 위해서 천문(天文)·역산(曆算)을 공부하는 것이 아니요, 장수가 되기 위해서 병학(兵學)을 다루는 것이 아니었다. 그들은 오로지 학문을 위한 학문에 몰두했다. 만약 기회가 생겨서 정치를 하게 되면 나라를 움직일 기본 지식이 될 것이고, 초야에서 마치면 후학들을 계발하는 사표(師表)가 될 것을 바랐던 것이다.

선생도 열 살 때부터 공부를 시작하여 차차 오직 학문의 본령에만 몰입하게 되었던 바, 학문의 시작 단계에서 이미 과거나 관직은 외면하였던 것이다. 선생은 당시의 정국 속에 관료로 생활한다는 것 자체가 쉽지도, 바람직하지도 않다는 것을 알고 있었다. 그리하여 일찍부터 학문을 필생의 사업으로 설정했던 것이다. 이렇기 때문에 선생은 정조(正祖)대에 남인의 정치적 진출이 활기를 띨 때에도 관직에 대해 별다른 관심을 두지 않았다.

성호를 위시한 대다수의 남인학자들은 오늘날과는 달리 학문을 공리적

(公利的) 안목으로 바라보지 않았다. 과거를 위한 공부나 자신을 위해 쓰이기 위한 공부가 아니라, 학문으로 성립될 수 있는가의 여부가 학문의 기준이 되었다. 자신을 수양하고 나아가 현실의 문제와 폐단을 바로잡고자 하는 경세치용이 올바른 학문이라는 굳은 신념을 가지고 있었다. 선생이 과거를 외면한 데에는 정치적 환경 때문이기도 했지만 무엇보다 학문의 본령이 과업(科業)이나 당장의 이익만을 위해서 추구되어서는 안 된다는 지론이 있었기 때문이다.

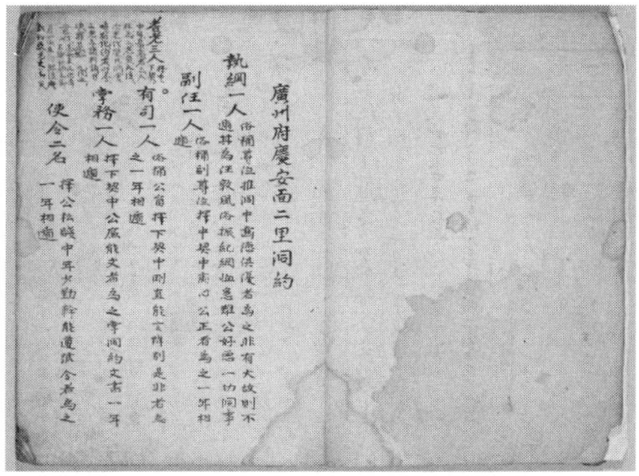

廣州府慶安面二里洞約

執綱一人

副任一人

有司一人

掌務一人

使令二名

순암선생이 만든 『경안 2리 동약』

역사학 · 실학에 대한 깊은 천착

흔히 문사철(文史哲)이라 지칭되듯이 유학(儒學)을 학습하는 선비에게 있어 문장 · 역사 · 철학은 통합적으로 인식되었다. 따라서 역사에 대한 공부는 교양으로서도 필수적인 것이었다. 그러나 선생은 이 분야를 보다 특화시켜 전문적인 역사연구를 시작하였다. 그러므로 선생을 두고 '최초의 역사 전문연구가' 라고 칭하는 것도 일리 있는 견해라고 할 수 있을 것이다.

선생의 학문은 그 출발에서부터 사학과 경학의 통합적 구조, 즉 경학을 씨줄로 하고 사학을 날줄로 하는 '경경위사(經經緯史)' 의 구조에 바탕을 두고 있다. 선생은 경학을 '근본' 으로 보아 '원리적 지침' 으로 삼았고, 사학을 '쓰임' 즉 '실천적 지침' 으로 삼았다. 그는 당대의 학자들이 원리인 경학에만 치중하여 쓰임[用]인 사학에는 어두운 면이 있다고 보았다. 선생은

「사감」

학자들이 쓰임[用]에 어둡기 때문에 정치가 제대로 될 수 없고, 백성의 삶이 편안해질 수 없다고 주장하였다. 따라서 선생은 일반 학자들과는 달리 실천적 지침으로서 사학을 경학에 못지않게 중요시하였는데, 결과적으로 이것이 그의 학문세계가 갖는 가장 큰 특징이 되었다. 선생의 다양한 학문적 관심, 즉 박학에 대한 관심도 궁극적으로는 이 '쓰임[用]'에 대한 관심이 학문적으로 표현된 것이라 할 수 있다.

일찍부터 구상해 온 『동사강목(東史綱目)』의 저술(48세), 『사감(史鑑)』 편찬(52세), 『열조통기(列朝通紀)』의 저술(56세) 등이 역사연구의 과정이며 결실이었다. 이 밖에도 실제・실용의 학문으로 「광주부지(廣州府志)」(42세), 「(경안) 2리 동약(二里洞約)」(45세), 『임관정요(臨官政要)』(46세), 『목천지(木川志 : 大麓志)』(68세) 등을 저술하였다.

성호 문하에서 같이 공부하던 정산(貞山) 이병휴(李秉休)는 선생의 이런 점을 두고 "경(經)보다도 사(史)에 치중하니 학자의 본분에 어긋난다."라고 비판하기도 하였는데, 이는 경학에 조예가 깊고 기본적으로 유학자인 정산의 입장에서 나온 지극히 원론적인 발언이었다.

4. 사승 관계(師承關係)

스승 성호 이익(星湖李瀷)과의 만남

선생은 35세라는 늦은 나이에 성호선생에게 나아가 제자가 되기를 정식으로 청하였다. 이때 성호선생은 65세의 노학자로서 경세치용(經世致用)의 학풍을 창도하여 근기 실학파의 중심인물이 되어 있었고, 광주에 인접한 안산 성촌(星村)에서 여러 제자들과 학문을 연찬하고 있었다. 스승 성호와의 만남은 선생에게 일생일대의 큰 사건이라 할 만한 것으로, 성호의 문하에 드는 것을 시발로 하여 근기학파의 중요 멤버로서 성장하게 되었기 때문이다.

선생이 성호의 문하에 나아갔을 때 성호의 제자로는 소남(邵南) 윤동규(尹東奎), 정산(貞山) 이병휴(李秉休), 하빈(河濱) 신후담(愼後聃)과 같은 쟁쟁한 인물들이 활동하고 있었다. 이들은 오로지 학문에만 종사하는 철저한 재야학자로서 윤동규는 역사 지리와 역법 · 의학에 조예가 깊었던 이요, 신후담은 병학 · 산학(算學)에 특출하였던 사람이다. 이병휴는 성호선생의 조카로서 수제자인 동시에 성호의 학문 가운데 특히 경학을 계승 발전시킨 큰 학자였다. 선생은 이들과의 학문적 교류를 통해 적지 않는 자극과 영향을 받았다. 특히 소남, 정산과 자주 편지를 왕래하면서 논변을 벌였고, 이것은 서로의 학문성취에 크게 이바지하였다. 그들은 학문적 경쟁의식 속에 자신들의 주장을 굽힘없이 펴면서 학문의 진보에 대한 열의를 불태웠고, 성호학의 정통을 수립하기 위해 끊임없이 학문적 명예를 다투었다.

'새 지식' 과 '실천궁행(實踐躬行)' 의 차이

선생은 본래 주자의 학설을 독실히 신봉하여 그것의 실천궁행에 힘쓸 뿐이고 새로운 지식을 추구하는 것을 즐겨하지 않았다. 1746년 10월, 처음 안산으로 가서 성호를 뵙고 가르침을 청할 때에 주고받은 문답기(問答記 : 「函丈錄」에 수록됨)를 보면 학문적 태도에 있어서 시종 사제간의 차이를 보여 준다. 성호는 매양 '지식(知識)' 을 강조하고 새로운 지견(知見)을 통한 학문의 향상을 강조하여, "배움은 스스로 체득한 것을 귀하게 여기는 것이니, 옛사람이 말한 것에 막혀 고정될 필요는 없다." 고 하였다. 성호의 견해를 따르게 되면 옛 성현의 말씀은 얼마든지 의문시될 수 있다. 그러므로 이러한 성호의 지식주의는 다분히 비판적 성향을 내포하게 되는 것이다.

순암선생은 배움을 청한 첫날로부터 이 지식주의를 그대로 받아들이려고 하지 않았다. "뒤에 태어난 젊은이가 그 진리를 궁구하는 것이 일정한 수준에 이르지 못하고 생각이 정해지지 않았으면서도 어떤 견해가 있다고 하여 자기 뜻을 고집하고는 '옛사람이 알지 못한 것' 이라 말한다. 이런 습성이 점점 커진다면 그저 그의 가볍고 얇은 뜻만을 고집하는 것일 뿐이니, 덕을 닦는 일에는 무익하다." 고 주장하였다. 오직 옛 성현의 말씀 그대로를 성실히 실천에 옮기겠다는 자신의 태도를 분명히 하였다. 이에 성호선생은 순암과 작별을 하면서 재차 '지식' 을 강조하고 귀가 후에 다시 생각해 볼 것을 간곡히 당부하였다.

결국 순암선생은 스승의 말씀을 새겨들어 성호의 경세치용학을 훌륭하게 계승하게 되었지만, 학문을 하는 근본자세에 있어서 성호의 진보성, 비판성과는 일치하지 않는 부분도 있었다. 그러나 사학(史學)에서 선생의 태도는 성호의 견해와 같이 매우 비판적이고 진보적이었다. 그러므로 선생은 성호학 중에서도 특히 역사학 분야에서 스승의 입장을 이어받아 빛나는 업적을 남기게 되었던 것이다.

성호 문하의 온건 개혁주의

성호는 근기학파의 큰 스승으로 실학의 학문 방법과 사상적 기반을 확립시켜 놓았는데, 성호의 문하에는 다시 온갖 꽃이 만발하는 기상으로 여러 갈래의 새로운 경향이 다채롭게 전개되었다. 그 중에서도 소장층(小壯層)의 급진주의를 대표하는 인물이 녹암(鹿庵) 권철신(權哲身)이라면 노성층(老成層)의 온건주의를 견지한 인물이 바로 순암선생이다. 새로운 것의 추구보다 실천궁행을 중시하는 선생의 인간자세는 그로 하여금 성호 문하의 많은 제자(弟子) · 사숙자(私淑者)들 중에서 독특한 입장을 지키게 하였다. 사회개혁에 관한 의견이나 서양문화에 대한 수용태도에 있어서 많은 신진 후배들이 급진적 사상에 경도되었음에 반해 선생은 항상 노성지중(老成持重)의 온건한 입장을 견지하였다. 그리하여 선생을 위시한 노성 층은 주로 역사학과 경학에 치중하였고 젊은 층의 급진주의 서학(西學)에 경도되어 그 사상적 지향에서도 차이가 나게 되었다.

선생은 성호선생에게 배움을 청한 이후 제자의 도리를 다하며 평생을 성호의 제자로서 일관하였다. 그러나 스승 성호를 직접 대면하여 가르침을 받기도 하였지만 주로 편지를 통하여 학문적 교류를 계속하였다. 이런 자세는 스스로 배우고 깨우치는 것을 중시하는 선생의 학문태도

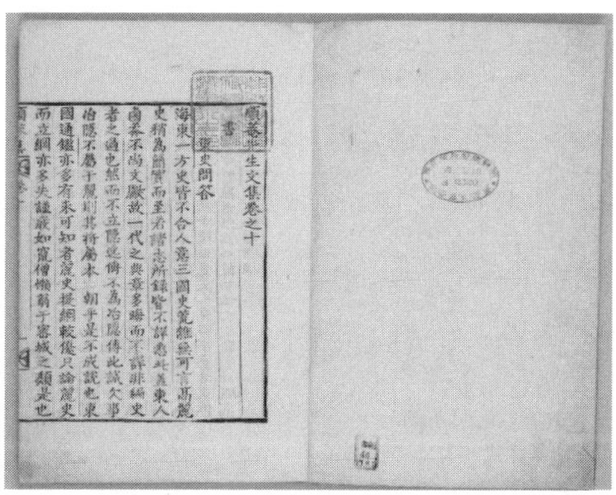
順菴先生文集卷之十

東史問答

『순암집』의 동사문답(東史問答)

와 밀접한 연관이 있다. 스승의 가르침에 일방적으로 의존하기보다는 폭넓은 독서를 통해 스스로 배우고 깨우치는 자기 진보의 방식으로, 이러한 점은 젊은 시절 학문을 시작하는 단계에서부터 이미 습관화된 것이었다.

5. 짧은 관직 · 왕성한 학문

짧은 관인(官人) 생활

선생도 학문을 통해 축적한 자신의 구상과 능력을 사환(仕宦)을 통해 직접 실천에 옮겨 보고 싶은 마음이 없지는 않았다. 그러나 과거를 위한 과거, 벼슬을 위한 벼슬에 대해서는 비판적이었기 때문에 억지로 관직에 나가고자 노력하지는 않았다. 선생은 관인으로서 합당한 실천의 기회가 주어지면 그것에 최선을 다한다는 입장이었다.

닦아온 학문의 역정이 반생을 지나자, 옥이 묻힌 곳에 그 빛을 가릴 수 없다는 옛말대로 선생의 이름이 널리 알려졌다. 따라서 조정에서는 선생의 덕망을 아깝게 여겨 간곡히 벼슬길에 오르기를 권하게 되었다. 이때는 영조가 나라를 다스린 지 스물다섯 해가 되던 해로 선생은 38세의 나이였다. 처음에는 사양하였지만 두세 번 거듭됨에 만녕전(萬寧殿) 참봉(參奉)에 부임하였고, 그 후 서정(庶政)과 백관을 감독하는 사헌

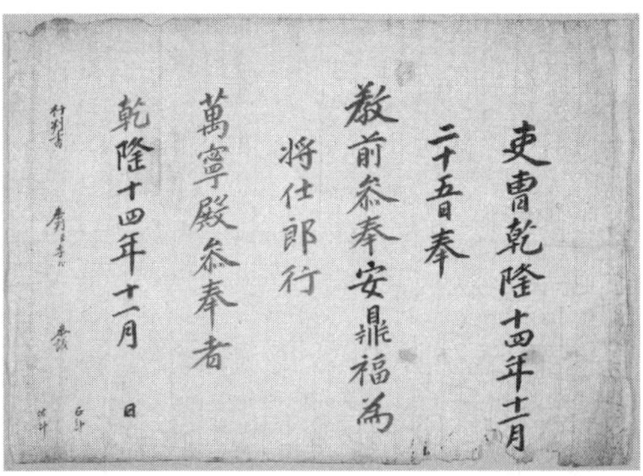
吏曹乾隆十四年十一月
二十五日奉
敎前參奉安鼎福爲
將仕郎行
萬寧殿參奉者
乾隆十四年十一月 日

안정복 선생의 만녕전 참봉교지

부(司憲府)의 감찰(監察)이 되었다. 선생의 경륜으로 볼 때 대단치 않은 관직이었지만 이마저 부친의 상으로 사직하게 되었다. 5년이 못 되는 짧은 관인생활이었다. 부친상 이후 관직에서 물러난 선생은 20여 년을 다시 학문의 세계에 잠심(潛心)하게 된다.

『동사강목(東史綱目)』 저술

선생이 부친의 별세로 사헌부 감찰직을 사임한 것은 40대 초반, 그 후 20여 년의 세월이 학문에 바쳐지고, 선생은 그동안 『동사강목』 등으로 대표되는 왕성한 저술을 하면서 자신의 사사를 완성시켜 나갔다.

선생은 45세가 되던 해인 1756년 『동사강목』을 쓰기 시작하여 3년간의 몰두 끝에 그 초고를 일단 완성하였고, 20여 년 뒤 목천 현감으로 있을 때 다시 이 초고에 손질을 가하고 서문(序文)을 붙여 최종적인 작업을 끝내게 된다. 결국 우리 역사에 길이 남을 기념비적 저서가 광주(廣州)의 한 초가 등불 아래서 완성되었던 것이다.

또한 스승 이익의 『성호사설(星湖塞說)』을 간추려 『성호사설유편(星湖塞說類編)』(1762)을 편찬하였고, 조선왕조의 역사를 편년체(編年體)로 서술한 『열조통기(列朝通紀)』(1769)도 완성하였다. 모두 다 방대한 양의 저술이었다. 이러는 동안 선생의 학문적 명성이 자연 경향 간에 널리 퍼지게 되었다.

『동사강목』은 상고시대부터 고려 말까지를 다룬 당시의 국사개론이지만 그 주요 관점은 기존의 역사인식에 대한 비판에서 출발하였다. 선생은 그 서문에서 "대개 사학의 방법은 정통을 밝히고 찬역을 엄히 구분하고, 시비를 바로잡아 충절을 칭찬하는 것과 제도와 문물을 상세히 하는 것" 이라 하여 기존 사서의 오류를 지적한 후, 계통(系統)을 바르게 밝히고 사실

고증에 충실한 역사서를 저술하고자 하였다. 계통을 밝힌다는 것은 정통론의 문제를 올바로 해명하겠다는 의도를 드러낸 것으로, 이는 '강목체(綱目體)' 라는 서술방식을 택한 것과도 긴밀하게 관련된다.

기전체(紀傳體)나 편년체는 사료를 정리 배열하고 적당한 곳에 사론을 붙여 자기 사관을 논하는 방식을 취하게 된다. 이와는 달리, 하나의 역사적 사실을 간추려 강(綱)으로써 내세우고 그것을 일일이 다시 설명하는 목(目)을 붙이는 강목(綱目) 체제하에서는 일관된 사관을 갖지 못한다든지 사학 전체에 대한 식견이 풍부하지 않고서는 불가능하였다. 그러므로 선생이 강목체 사서를 서술한다는 것은 역사를 보는 관점과 논리에 뚜렷한 자신이 있음이요, 자기가 가진 역사지식이 풍부할 뿐만 아니라 그 지식을 실증적으로 확인할 수 있는 역량이 뒷받침 되었다는 의미이다.

선생 이전에도 강목체 형식의 역사서술이 있었으나 강목 형식이 담보해야 하는 정통론을 바르게 체계화하지 못하였다. 선생은 『동사강목』을 저술하면서 정통 여부를 변별하는 기준으로 국력이 아니라 도덕성과 혈연성을 중시하였다. 그리하여 단군 · 기자 · 마한 · 통일신라 · 고려를 정통으로 취급하고 삼국시대를 무통(無統)의 시대로 간주함으로써 한국사의 체계를 재구성하였다.

선생의 이러한 사관은 기본적으로 스승 성호의 입장을 체계적으로 발전시킨 것이다. 성호 이익은 일찍이 동국 사학에 대한 새로운 관심을 표명하여 조선 전기와는 질적으로 구분되는 새 사관을 수립하였고, 그것이 선생에게 그대로 계승되었다. 사실 『동사강목』의 의례와 규모는 모두 성호와의 토론 끝에 이루어진 것이다. 특히 성호의 '삼한정통론(三韓正統論)' 은 선생의 가장 큰 입론(立論)의 근거가 되었던 것으로, 『동사강목』은 그 핵심적인 틀로서 이 정통론을 먼저 취급하였다. 주지하는 바와 같이 정통론은 중국사가들이 중국 황제를 천하의 통치자로 생각하고 역대 교체하는 왕조를 일관적 상속(相續) 계보(系譜)로 줄을 대어 정통으로 만드는 것인데, 그 기본 의도는 현재 자기의 소속 왕조의 정권을 합리적으로 옹호하기 위한 것이었다. 따라서 중국 이외의 다른 지역에서 정통이란 아예 논의조차 어려운 성질의 것이다.

그런데 『동사강목』은 그 범례에 우리나라 역사의 정통을 조리 있게 설정하였으니, 이것은 중국 중심주의적 역사관에 대응하여 우리나라 역사의 독자성을 살리려는 의도 속에서 제시된 것이다. 뿐만 아니라, 이러한 정통론에 의한 역사발전 주류의 계통화(系統化)는 우리나라 역사학으로 하여금 자기 역사에 대한 체계적 파악을 하게 하는 길을 열었던 것이다(제2장 '순암선생의 학문과 실학사상'에서 다시 살핌).

왕세손 정조(正祖)를 지도하다

선생은 61세에 이르러 병조판서 채제공(蔡濟恭)의 천거로 익위사(翊衛司) 익찬(翊贊)에 임명되었다. 사헌부(司憲府)에서 물러난 것이 40대 중반이었으니 20여 년을 학문과 저술로 보내고, 다시 관직에 나아갔던 것이다. 선생은 세자익위사에서 아침저녁으로 세손(世孫)을 지도하였는데, 이때의 세손은 훗날 현명한 임금이 되는 정조(正祖)였다. 익위사란 국가의 직제상으로는 무반(武班)에 속하였을 뿐 아니라 그 아문(衙門)의 직위도 낮아서, 흔히 중요하지 않은 직책같이 보이기도 하였다. 그

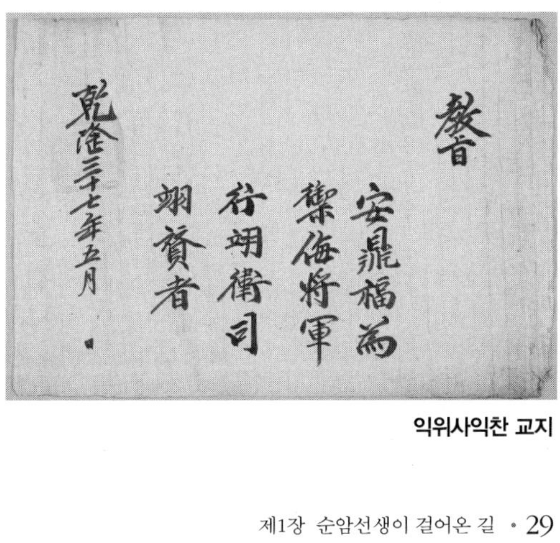
敎旨
安鼎福爲
禦侮將軍
行翊衛司
翊贊者
乾隆三十七年五月 日

익위사익찬 교지

렇지만 세자와 늘 기동을 같이하면서 보필을 하여야 하기 때문에, 모범이 될 만한 학자나 인격이 고매한 선비를 엄선하여 임명하는 것이 관례였다. 그래서 당시의 선비들은 여기에 임명되는 것을 영광으로 알았고, 따라서 선생도 익찬 벼슬을 쾌히 승낙하였다. 선생은 부임하는 대로 해박한 식견을 바탕으로 닦았던 학문을 발휘하여 임금으로서의 바른길을 지도하였다. 선생이 엮어 놓은 『계방일기(桂坊日記)』(桂坊은 익위사의 별칭)를 보면 그 당시의 정황을 역연히 그려 주고 있다. 그리하여 뒤에 정조는 늘 안정복을 진심으로 존경하였던 것이다.

목천(木川)에서 목민관(牧民官)의 정도(正道)를 실천하다

익위사에 재직하면서 여러 차례 서연(書筵)에 참여하였던 선생은 왕위에 오른 정조의 배려로 목천 현감의 외직을 역임하게 되었다. 현감에 부임해서는 젊어서 저술해 둔 『임관정요』라는 교화행정서(教化行政書)를 몸소 시행하고 향촌의 자치덕목인 향약을 실시하여 목천 고을을 풍화시켰는가 하면 방역소의 설치 등 여러 가지 교화정책을 다각도로 펼쳐 나갔다.

목천은 지금의 독립기념관이 있는 충남 천안시 목천읍이다. 선생 당시의 목천현은 충청도에서 가장 작은 고을로서 그 동헌의 규모가 초가였다고 전해 올 만큼 보잘것없는 고을이었다. 이곳의 현감은 대개가 중앙에서 벼슬하다가 나이가 차면 은퇴하기 전에 잠시 맡던 외직이었다. 선생도 이제 65세의 노년에 접어들었고, 계방에서 보필하던 세손이 마침 등극하였기 때문에 말년의 여가로 이곳에 전직된 것이었다. 그런데 선생은 부임하자마자 남다른 의욕을 가지고 유교의 실천윤리를 백성들에게 가르쳤다.

"부모에게 효순하고 윗사람을 존경할 줄 알아야 하며, 이웃과 화목하고 자손을 잘 길러야 하느니라. 착한 일을 해야 하며, 그릇된 일을 범해서는 안 되느니라."

그리고 농사를 권장하여 수확을 올리고, 향약을 실행케 하여 고을의 교화를 꾀했으며, 인심의 순화에 힘쓰는 한편 사마소(司馬所)를 두어서 교육과 덕화에 노력하였다. 아울러 백성을 온정으로 대하고, 언제나 백성의 이익을 위하여 덕으로 다스렸다. 그 결과 고을사람들은 도처에 송덕비를 세워 선생에 대한 칭송을 아끼지 않았다.

선생이 목천에서 행한 치적은 자신이 늘 생각하고 구상했던 경륜의 일부에 지나지 않았다. 그런 만큼 백성들이 세운 비(碑)를 보고 자기의 업적에 만족할 처지가 아니었다. 선생은 곧 이런 종류의 칭송비를 세우지 못하게 하면서 "보잘것없는 정령(政令)은 적은 혜택인데 이를 두고 칭송한다면 부끄러운 일이다. 따라서 비를 세워 송덕(頌德)하는 일은 오히려 나를 조롱하는 일이 아니겠는가?" 하였다.

'닭 잡는 데 소 잡는 칼을 쓴다' 는 격으로 60대의 노숙한 경지에 들어선 선생의 역량으로 이 조그만 고을을 다스리는 것이 마음에 차지 않을 법도 했겠지만, 선생은 정성을 다하여 맡은 바 직책에 충실하였다. 선생은 경세치용의 식견을 십분 발휘하여 이 고을의 행정을 아주 합리적으로 처리하였으니, 이는 당시 수령들의 새로운 본보기가 될 만한 것이었다. 지금 텃골 선생의 종가에 남아 있는 『목주정사(木州政事)』에는 바로 이때의 사실들이 자세히 기록되어 있어 목민(牧民)의 바른길을 살필 수 있다.

과거 출신이 아닌 선생은 그동안 40대에 만녕전 참봉(萬寧殿參奉)을 비롯하여 의영고 봉사(義盈庫奉事)·귀후서 별제(歸厚署別提)·사헌부 감찰(司憲府監察) 등 중앙관서의 하급관료로 봉직하다가 곧 관계(官界)에서 물러났고, 60세가 넘어 다시 왕세손(王世孫)을 가르치는 익위사 익찬(翊衛司翊贊)이 되고 목천 현감(木川縣監)으로 조그만 시골의 원 노릇을 얼마간 하기도 하였지만 한 번도 선생의 크나큰 경륜을 마음껏 발휘할 만한 위치에 앉아 본

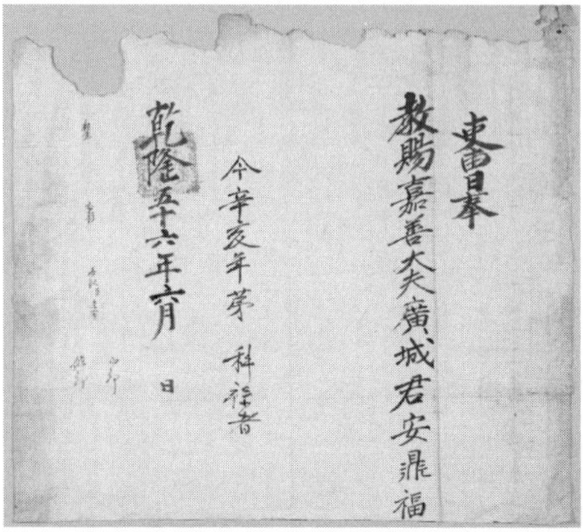
吏曹奉
教賜嘉善大夫廣城君安鼎福
今辛亥年第 科祿者
乾隆五十六年 月 日

가선대부광성군 녹패

일은 없었다.

또한 실직(實職)에서 물러난 후 79세 때 가선대부(嘉善大夫)로 승자(陞資)하여 동지중추부사(同知中樞府事)가 되고 광성군(廣成君)에 봉해지기까지 하였으나 그것은 어디까지나 고령(高齡)에 따른 형식적 예우에 불과하였다.

관직생활 10여 년 동안 성의를 다 기울여 임하였기에 관인으로서 남긴 자취가 적다고 할 수는 없겠지만, 역시 선생의 고매한 인격과 넓은 식견은 주로 학문을 통해 구현되었다.

선생은 스스로 관인이기보다는 선비이기를 원하였다. 그리하여 선생은 자신을 초야에 은둔하고 있는 선비, 즉 '병은(病隱)' 으로 자호하곤 하였다. 「임관정요」의 편찬을 마치고 쓴 서문(46세 무렵)에서 '한산병은 안정복(漢山病隱 安鼎福)' 이라고 쓰고 있을 뿐 아니라, 73세 때에 쓴 「송종록(送終錄)」 추록(追錄)에서 자신이 죽거든 그 명정(銘旌)을 '한산일사 안정복지구(漢山逸士 安鼎福之柩 : 漢山은 廣州의 옛 이름. 逸士란 세상을 드러내지 않고 자기 식대로 사는 선비라는 뜻)' 로 할 것을 당부하고 있다. 선생은 내직으로 사헌부 감찰, 익위사 익찬과 외직으로 목천 현감 등을 역임하였지만 관직명으로 불리는 것을 거부하며, '일사(逸士)' 나 '은사(隱士)' 로 불리기를 고집하였다. 이는 겸양의 표현이라고 봄직도 하겠으나 그것보다는 오히려 관인이기에 앞서 학문하는 선비로 남아 있고자 하는 선생의 고결한 뜻으로 보아야 할 것이다.

6. 노년기의 활동

서학(西學)의 급진적 혁신론 경계

평단하지 않은 길을 걸어온 선생에게는 노경에 이르러서도 편안한 마음이 되지 못하였다. 가족의 불행도 불행이려니와, 근기남인 내의 소장파들이 당시 유행하던 천주학(서학)에 경도되어 선생은 큰 시름을 떠안게 되었다. 특히 이 가운데는 선생의 사위인 권일신(權日身)과 그의 형 권철신(權哲身)도 포함되어 있었다. 선생으로서는 커다란 책임감을 느끼게 되었고, 그리하여 서학에 대한 입장을 정리하는 글(「天學考」, 「天學問答」)을 저술하여 이를 강력하게 비판하였다. 성호의 문하에서 특히 급진적 의견을 내던 많은 제자들이 이 서학에 기울어진 반면, 선생은 철저한 유학자로서 정통성을 중시하는 선비였기에 이러한 급진주의에 찬동할 수 없었던 것이다. 선생의 천주교 비판은 일차적으로는 천주교의 내세관이 지닌 현실부정에 대한 비판이었지만, 좀 더 근본적으로는 명분론적 질서를 강력하게 옹호하는 선생의 사상과 현실인식에 기반을 둔 것이다.

선생의 학문과 사유는 기본적으로 경장론(更張論)에 기초하고 있었기 때문에 당시 서학의 충격으로 새롭게 싹트기 시작한 혁신론(革新論)과 확연하게 구분되었다. 그는 서학의 충격으로 성호의 제자들 중에서 급진적 태도를 갖는 학자들이 생겨나고 있음을 목격하고 크게 경계하였다. 선생이 「천학고」와 「천학문답」을 통해 이들에 대해 분명한 반대의 입장을 밝힌 데는 사상과 관점의 차이도 있었지만 당시의 긴장되어 가는 정치적 정세와도 무관하지 않았다. 서학을 추숭할 경우 어떤 환난을 닥칠지 모르는 일이었고, 이는 결국 젊은 학자들의 위험일 뿐 아니라 근기학파 · 성호학파의 위기를 말할 수도 있다는 예감이 들었던 것이다. 실제로 순암이 작고하자 이러한 예감은 현실로 닥치게 되었다.

그는 도리 없이 급진세력 권철신 형제 · 이가환 등의 인물들과 대립하게 되었다. 이것은 성호학파의 내부 분열로 이어졌다. 성호에 대해서는 동문적 위치에 있고 자신에 대해서는 제자와 같은 위치에 있는 녹암 권철신과 학문적 결별을 선언해야 했다. 또한 만년에는 권철신의 동생이자 자신의 사위인 권일신이 서학교도가 됨으로써 장인과 사위가 갈라서는 비극적 상황에 놓이게도 되었다.

외롭고 쓸쓸한 만년(晩年)

선생은 선비로서 학덕을 갖추었고 또 벼슬을 했으므로 조금은 귀해졌을 뿐 아니라 그에 따라 생활도 궁색을 면했다. 80세까지 살았으니 옛날로서는 드물게 장수한 셈이다. 그러나 선생의 만년은 괴롭고 외로운 나날이었다. 64세에 부인 성씨를 잃었으며 목천 현감으로 재직할 때는 마흔다섯 살의 외아들을 앞세웠고 며느리마저 먼저 떠나보내야 하는 등 개인적 불행의 연속이었다. 외아들 경증을 잃은 선생은 슬픔 속에서 제문을 지었다.

"천 번 만 번 통곡하여 힘이 다했지만 그래도 이 애통함을 참지 못하겠고, 천 갈래 만 갈래 피눈물이 나도록 울었지만 그래도 이 애절함을 참지 못하겠구나. 너는 어이하여 사랑하는 처자를 버리고 또 나를 버리고 간단 말이고 ……."

이제 남은 육친으로는 어린 두 손자와 네 손녀, 그리고 권일신에게 출가했다가 홀로 된 딸만이 남았을 뿐이었다.

존경하고 믿었던 스승 성호선생마저 이미 10여 년 전에 별세하였으니 노년의 그 고독이야 이루 말할 수 없는 것이었다. 선생이 성호와 사제관계를 맺어온 지 18년이나 되었지만 병환으로 또는 벼슬길에 있노라고 직접 찾아뵙고 가르침을 받은 것은 불과 네 차례였고, 편지를 올린 것이 열두 차례, 편지를 받은 것이 네 차례에 지나지 않았다. 그러나 선생은 스승 성호가 세상을 떠났다는 소식을 듣자 "다시 뵙지 못하게 되었으니, 장차 누구에게 가르침을 받아야 하오리까?" 라고 통곡하면서 그동안 가르침을 받은 사정과 내용을 엮어 「함장록(函丈錄)」이라 이름한 뒤 두고두고 추모하였다.

아울러 더욱 가슴 아픈 일은 그 주위에 오래 있어 주어야 했던 벗과 제자들(모두 남인학자)의 태반이 그토록 만류하던 충고를 물리치고 천주교도가 되었다는 사실이었다. 선생은 닥쳐올 화근을 분명히 내다보면서 그들과 떨어진 외로운 생활을 하였다. 친구와 학문을 서로 논하고 제자를 훈도하는 것이 선비의 지극한 낙이었지만 만년의 선생은 이 낙을 잃어버린 것이다. 그렇다고 해서 자신의 심사를 이해 못하는 친구나 제자를 원망할 수도 없었다. 시대는 바야흐로 새로움을 향하여 물결치고 있었기 때문이다.

다병(多病)과 곤궁 속에서 학문 저술에 매진

선생은 학자로서 스스로를 정립한 분이었으므로 그 정화(精華)는 당연히 저서에서 찾아야 할 것이다. 대부분의 남인학자의 경우처럼 선생도 그 저작이 구체적으로 정리된 바 없는데, 각종 서목에 저술로 표시된 것 가운데 실제 그가 남긴 글이라고 확인되는 것은 저술 23종과 기타의 문(文) 100여 편이다. 일생을 연구에 바친 학자로서 그 명성에 값할 만한 적지 않은 양이다. 이 중 대표적인 것으로 문집인 『순암집』을 비롯하여 『하학지남』·『임관정요』·『동사강목』·『열조통기』를 꼽을 수 있다. 문집에 들어 있는 저작으로 서(書) 편의 「동사문답(東史問答)」, 잡저(雜著) 중의 「상헌수필(橡軒隨筆)」·「천학고」, 설(說) 편의 「정전설」 등은 우리나라 역사·사

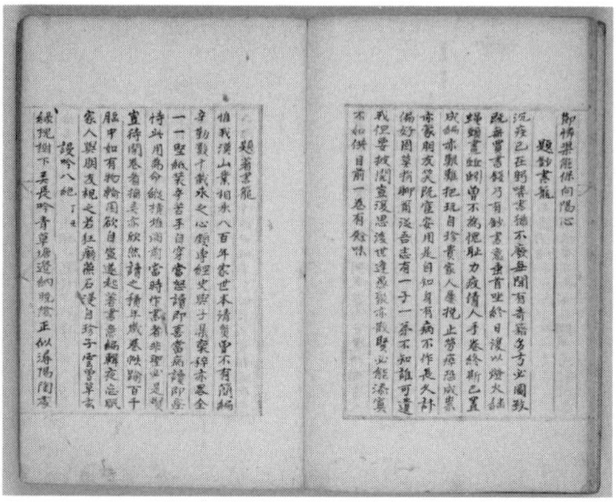

『순암집』 필사본 초서농 저서농 부분

상 · 제도에 관한 중요한 저술로 인정되고 있다.

선천적으로 다병한 체질을 타고난 데다 외로운 만년을 고독 속에서 보내야 했던 선생이 오직 의지로써 저 방대한 저술을 남긴 것을 떠올릴 때, 그 투철한 학문정신은 후세에 길이 귀감이 될 만한 것이다. 선생이 평생 동안 그 많은 저술을 내는 데에는 나름대로의 독특한 방법을 가지고 있었으니, 초서농과 저서농이 그것이다. 선생은 '초서농(抄書籠 : 다른 사람의 저서를 옮겨 적은 것을 넣어 둔 상자)' 을 두어 많은 책들을 남의 집에서 빌려다가 간추리거나 베껴서 그 속에 쌓아두는 한편 따로 '저서농(著書籠 : 자신이 직접 지은 글을 모아 놓은 상자)' 을 두어 자기의 수많은 저술들을 담아 놓았다.

선생의 문집에는 이 저서농과 관련된 시가 실려 있는데, 그 내용이 자못 흥미롭다.

화가 나다가도 글만 읽으면 좋고
병이 났다가도 글 읽기만 하면 나아
이것이 내 운명이라 믿고
앞에 가득 가로세로 쌓아 놓았지
그때 이 책 쓴 이들은
성인 아니면 현인들이어서
책을 펴 볼 것까지도 없이

그냥 만지기만 해도 기쁘다네
몇 해를 이렇게 읽고 나니
책은 백 권 천 권도 넘고
가슴 속엔 무엇이 있는 것 마냥
구물구물 자꾸 나오려고 해서
어디 글 한번 써 보자 하고
밤에 잠도 잊고 엮어 본다네
집안 식구나 친구들이야
미치광이로 볼는지 모르지만
제 보물은 그저 제가 좋아하는 것
양자운(楊子雲 : 楊雄)도 태현경(太玄經) 쓰지 않았던가

이 시에서 보면 선생에게 연구와 저술은 생활과 존재의 근본 문제가 되고 있음을 알 수 있다. 집안 식구나 친구마저도 제대로 알아주지 않지만, 진정 스스로 즐겁기 때문에 잠을 잊고 글을 쓴다고 하였다. 이렇게 내면에서 우러나온 글들이었기에 한 편 한 편이 모두 빼어난 저술이 될 수 있었던 것이리라.

오늘날 우리 민족문화의 연구에 있어서 귀중한 고전자료로 손꼽히는 그의 역사적 노작(勞作)들과 방대한 편찬물(編纂物)들은 모두 이러한 저서농과 초서농 속에서 나오게 된 것인데, 전자를 대표하는 책이 『잡동산이(雜同散異)』라면 후자를 대표하는 것이 바로 『동사강목』인 것이다.

근기남인학자로서의 일관된 생애

목천 현감을 사임한 이후로 70대의 선생에게 돈녕부 주부(敦寧府主簿),

세자 익위사 익찬 등의 관직이 제수되지만 부임하지 않고 사양하였다. 79세 때에는 동지중추부사에 제수되고 광성군(廣成君)에 습봉되기에 이른다. 고령(高齡)에 다른 예우였지만 선생은 가묘(家廟)에 제사를 지내 그 기쁨을 고하였고, 향리 사람들은 술자리를 베풀어 노학자(老學者)의 영예를 아름답게 여기었다.

정조 15년(1791) 선생은 이제 80의 나이에 접어들었다. 먼저 세상을 떠난 아들의 묘지명을 찬술하던 선생은 조금 괜찮은 증세를 보이더니 그해 7월 끝내 일어서지 못하고 말았다. 우리 역사에 '백세(百世)의 사장(師匠)'으로 남은 큰 별이 지고 만 것이다.

조정에서는 선생이 천주교를 배척한 공이 있다고 하여 좌참찬의 벼슬을 추증하고, 문숙(文肅) -박학다식한 것을 '文'이라 하며, 자기를 바르게 하고 아랫사람을 잘 포용하는 곳을 '肅'이라 함(博聞多見曰文, 正己攝下曰肅)- 이란 시호를 내렸는 바, 이 일은 노성지중(老成持重)하고 온건하였던 선생의 면모에 걸맞

순암 안정복 선생 묘소

은 처사라고 할 것이다.

순암 안정복 선생 초상

조선후기의 실학파, 특히 근기학파(近畿學派)-성호학파에 속하는 선생은 당시 정치권력에서 소외된 남인의 가계로 인하여 그의 남다른 천부(天賦)와 학식, 포부와 이상을 정치적으로 실현시키지 못하고 오직 한 사람의 학자로서 그의 학파의 종지(宗旨)인 '경세치용'의 사상을 확충 발전시킨 훌륭한 정론가 · 사학자로 일생을 마치었다. 선생은 이 경세론을 현실에 구현하여 시대적 위기를 극복하고자 노력하였다. 경학 연구, 역사 탐구, 외래사상에의 대응, 그리고 실제 행정을 통해 시도해 보고자 했던 것이다. 그러나 대부분 선구적이었던 실학자들의 경우와 같이 선생의 정신이나 노력이 현실적으로 수용되지 못하고 다만 뜻있는 후학들에게 학문적으로 승계될 수밖에 없었다. 선생을 비롯한 근기학파의 학인들이 정책을 입안하여 시행할 수 있는 위치에 있을 수 없었고, 간혹 그 주장의 일부나마 조의(朝議)에서 긍정적으로 받아들여진다고 하더라도 현실에 안주한 일당전권(一黨專權)에 의해서 무산되었기 때문이다.

순암선생은 정치적으로는 불행한 시대에 살았지만, 사상적으로는 비교적 자유스럽고 개방적인 시대에 산 인물이었다. 따라서 선생이 역사상 차지하는 비중은 정치적 행적이나 정책적 업적보다는 학문적 · 사상적인 공헌과 영향에 있다고 하겠다. 이에 정통성으로 대표되는 선생의 역사적 감각과 사상, 학문의 체계를 합리적이고 실증적으로 정립하고자 하였던 학구적 방법은 당시의 학풍에서도 매우 뛰어난 것으로 평가되는 것이다.

일생을 청빈하게 보내면서 시류와 인기에 영합하지 않고 철저히 현실에 대응한 주체적 · 선진적 실학자, 이것이 순암선생의 삶이며 우리 역사 속에 길이 사표가 되고 있는 것이다.

제2장

순암선생의 학문과 실학사상

1. '하학(下學)' 공부와 실학사상의 형성

'선비는 한 가지 기예(技藝)만을 가져서는 안 된다'

선생은 서른 이후 성호(星湖)의 문하에 들어가기까지 독학으로 유교경전을 비롯하여 각종 역사서와 백가(百家)의 서적을 두루 섭렵했다. 「순암선생행장(順菴先生行狀)」에 따르면 어릴 적부터 '선비는 한 가지 기예(技藝)만을 가져서는 안 된다' 고 하여 음양(陰陽), 천문, 의약, 점술, 병법, 불교와 노장 서적, 야사와 소설에 이르기까지 그 뜻을 궁구하지 않은 것이 없었다고 한다. 심지어 스스로 목록을 만들어 책을 수집하여 읽기도 했는데, 이미 15, 6세에 이르러 통하지 않는 분야가 없을 만큼 박식한 소년으로 원근에 이름이 자자했다고 한다.

선생의 독서 범주가 이와 같이 음양, 천문, 점술과 같은 잡학(雜學)에까지 미쳤기 때문에 세간에서는 방술(方術)에 능한 사람으로 잘못 알려지기도 했던 모양이다. 한 번은 스승인 성호(星湖)도 이 말의 진위(眞僞)를 의심하여 서신을 보내 훈계하고, 아울러 그의 '정복(鼎福)' 이라는 이름자를 고치도록 권했다. 이에 선생은 '이름을 고친다 해도 몸은 결국 이 몸일 따름' 이라며 노스승의 권고를 새겨듣되 받아들이지는 않았다고 한다. 이 일화를 통해 우리는 선생이 매우 뚜렷한 주관을 지닌 사람이라는 것과 그 학문의 영역이 다양한 방면에 걸쳐 있었음을 짐작할 수 있다.

학문의 바탕과 시작은 '하학(下學)' 으로부터

『하학지남(下學指南)』은 선생의 나이 스물아홉 살 때 쓴 최초의 저술이다. 학문에 처음 들어가는 사람을 위한 입문지침서라는 뜻을 지닌 이 책은 선생이 평소 가지고 있던 학문관과 독서관을 잘 보여 준다. 이 책을 지은 동기는 초학자에게 학문의 올바른 단계를 제시하기 위한 것이었다. 젊은이들이 까다롭고 어려운 성리학에 매달려 세월을 허송하기보다 실생활에 필요한 하학(下學)을 먼저 익혀야 다음 단계의 공부로 나아갈 수 있다는 선생 자신의 체험이 바탕이 된 것이다.

이 책의 편차는 일용(日用) 1편으로 된 수권(首卷)과 독서 · 위학(爲學) · 심술(心術) 등 3편으로 구성된 상권(上卷), 위의(威儀) · 정가(正家) · 처기(處己) · 접인(接人) · 출처(出處)로 짜진 하권(下卷)으로 되어 있다.

수권(首卷)은 동틀 무렵부터 새벽 닭이 울 때까지 일상생활에서 마땅히 해야 할 일을 12간지(干支)의 순으로 열거하였다. 중국의 성현들뿐만 아니라 길재(吉再), 이황(李滉), 김굉필(金宏弼), 조광조(趙光祖), 서경덕(徐敬德), 이준경(李浚慶), 이이(李珥), 성혼(成渾), 조헌(趙憲), 조식(趙植) 등 과거 우리나라 선현들의 하루 일과와 실천한 행실을 소개하여 수신에 도움이 되게 하였다.

상권(上卷)은 공부에 대한 내용을 서술하였다. 그 중 독서편에서는 독서의 순서, 독서하는 법, 경서(經書) 읽은 법, 사서(史書)를 읽는 순서와 방법, 선현의 언행을 논하는 방법 등을 자세히 설명하였다. 그러나 오로지 문장에 힘쓰는 것과 과거만을 위한 공부는 바람직하게 여기지 않았다. 위학편(爲學編)에서는 학문의 길은 '알아서[知] 선을 밝히는 것과 행하되 정성으로 하는' 두 가지가 있음을 주장하고, 남을 위한 학문을 바람직한 학문으로 보았다. 또 학문하는 순서로는 먼저 뜻이 서 있어야 하고, 학문을 하는 데에 방해가 되는 나쁜 습관[게으름, 주위 산만, 나쁜 무리에 섞이는 일 따위]을 제거해야 하며, 마지막으로 힘써 실행해야 함을 말하였다.

한편 하권(下卷)의 내용은 자기 자신을 다스리는 법, 가정에서 지녀야 할 도리, 출입할 때 지켜야 할 예절, 대인관계에서 지켜야 할 도리 등 주로 상권에서 학습한 내용을 밖으로 드러내는 방법을 다루었다.

『하학지남』은 내용의 구성면에서도 관심을 끈다. 기존의 다른 저술과 달리 우리 선현들의 저서나 언행을 많이 참고하였고, 특히 실행을 강조하고 있다는 점이 그러하다. 이러한 관점에서 선생은 심성(心性)을 비중 있게 다루었으나 이기심성론(理氣心性論) 위주의 형이상학적 성리학보다 수기치인(修己治人), 곧 자신을 수양하여 그 덕을 남에게 펼쳐 세상을 이롭게 하는 일과 관련된 실천적 성리학을 더 중시했다. 수기치인(修己治人)의 자세－하학이 다져지지 못한 상태에서 이기심성의 성리학으로 나아갈 수 없음을 역설하면서 어려운 성리학에 매달리는 것은 오히려 학문적 낭비만 초래한다고 보았던 것이다.

『하학지남』에 나타난 실천적 학문사상은 『임관정요(臨官政要)』와 『동사강목(東史綱目)』, 「의문(擬問)」 등 선생의 대표적인 저술들에도 두루 반영되어 있다. 훗날 젊은 제자들을 놓고 이 하학 공부의 중요성을 거듭 말하면서, 오직 과거시험을 위한 출제수단으로서의 독서와 함께 현실과 동떨어진 학문의 폐단을 지적하기도 하였다. 선생의 입장은 어디까지나 현실에 영합하여 이익을 좇는 수단이거나 현실을 외면하는 관념이 아니라, 현실에 대응하기 위한 학문에 있었던 것이다. 젊은 시절에 형성된 선생의 실천적 학문관이 끝까지 이어지고 있음을 알 수 있다.

그런데 이 같은 학문관은 17, 8세기 실학사상의 흐름을 타고 선생이 스스로 학문을 익히는 과정에서 자연스럽게 터득하였다는 점이 주목된다. 일반적으로 경학 연구가 사서(四書 : 論語, 孟子, 大學, 中庸)보다 육경(六經 : 詩經, 書經, 易經, 春秋, 禮記, 樂記)에 치중하는 경향인 데 비해 선생의 경우 육경에 대한 경사는 상대적으로 약하였다. 이는 20대 후반에 『하학지남』을 쓰는 등 나름대로의 학문에 대한 입장을 지니고 있었던 것과도 관련된다. 사실 선생의 실학사상은 반계나 성호의 영향을 받기 전에 이미 형성되고 있었던 셈이다. 선대로부터 이어져 온 남인 가계의 영향과 조부 안서우(安瑞羽)의 가르침, 경향 각지의 폭넓은 생활현실의 체험, 실학의 본거지라 할 수 있는 광주지방의 분위기 등 선생의 성장과정에서 얻은 견문과 경험, 지역적 특성 등이 일찍부터 작용했던 것이다.

성호의 문인이 되어 실학적 학문체계를 다지다

독학으로 청년기를 보내던 선생은 32세 때에 이르러 반계(磻溪) 유형원(柳馨遠)의 글을 처음 접하게 된다. 『반계수록(磻溪隧錄)』, 『동국여지지(東國輿地志)』와 같은 실학적인 글들이 선생에게 깊은 감발을 주었던 것 같다. 자신이 늦게 태어나 반계에서 직접 가르침을 받지 못한 것을 매우 한스럽게 생각하였던 것이다. 선생이 반계의 학문에 얼마나 매료되었는가는 『동사례(東史例)』를 통해서도 짐작할 수 있다. 『동사례』는 반계의 글을 읽으면서 필요하다고 생각되는 부분을 베껴 적은 책이다. 훗날 『동사례』와 『동국여지지』는 『동사강목』의 편찬과 고증에 중요한 지침이 되었으며, 『반계수록』은 선생의 현실개혁사상에 큰 영향을 주었다.

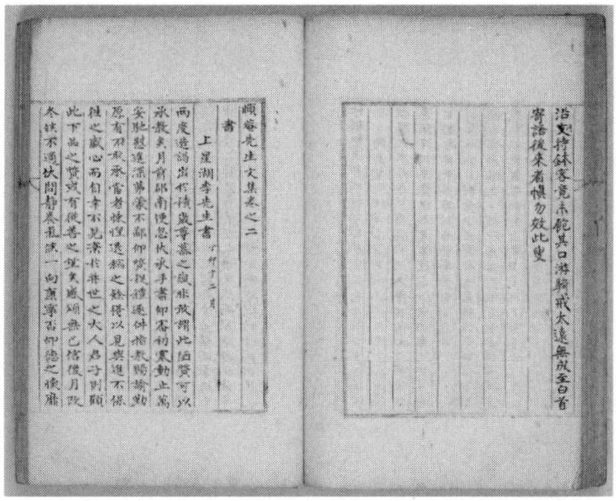

『순암집』 필사본 성호 선생에게 올리는 편지

선생은 반계에게서 받은 충격으로 체계적 공부의 필요성을 절실히 느끼고, 대학자로 이미 이름이 나 있던 성호(星湖) 이익(李瀷)을 찾아가 가르침을 청하게 된다. 서른다섯 살 때였다. 성호와의 첫 만남은 그리 순탄하지 못했다. 이때 성호의 학문관은 선생의 그것과 매우 달랐던 것이다. 성호는 학문이란 옛 성현의 말씀을 그대로 따르는 것이 아니라 '자득(自得)'을 통해 그것을 확인하고 스스로 새 지식을 넓혀 나가야 한다고 했다. 옛 성현의 말씀도 얼마든지 의문시될 수 있다는 다분히 비판적 입장을 내포하는 것이었다. 이미 나름대로의 학문관을 지니고 있던 순암선생은 이를 그대로 받아들이려고 하지 않았다. 오직 옛 성현의 말씀에 따라 성실히 실천으로 옮기겠다고 했던 것이다. 그러나 결국 성호도 선생의 뛰어난 재주와 그동안 쌓아 온 학문적 실력을 인정하고 문인으로 받아들이게 되었다고 한다.

선생이 성호의 문하에 들어간 후 17년 동안 스승을 직접 찾아뵙고 가르침을 받은 일은 네 차례에 지나지 않는다. 그러나 매년 편지로 여러 분야에 걸쳐 가르침을 구하여 자신의 학문을 체계화하였다. 선생의 저술 가운데 성호의 간여와 지도가 적지 않은 것은 『이자수어(李子粹語)』를 비롯하여 『동사강목(東史綱目)』의 편찬, 『성호사설유편(星湖塞說類編)』의 편집을 꼽을 수 있다.

초기 4~5년 동안은 주로 예론(禮論)이나 경학(經學)에 치우쳐 있으나 이후 역사와 관련된 것이 점차 큰 비중을 차지하였다. 『동사강목』의 초고가 집필되기 전에는 강목필법이나 우리나라 사서(史書)의 전반적인 문제점, 기록의 오류, 역사상의 인물 평가와 관련된 것이 주된 내용이었다. 이후 『동사강목』 초고가 완성될 때까지는 실제 집필과정에서 나타나는 문제점에 대한 것이었다. 성호는 『동사강목』 편찬의 기본 방향을 설정하는 데 가장 많은 관여를 하게 되었던 것이다. 그 가운데 마한(馬韓) 정통설과 지리고증에 관한 상당 부분은 편지로 논의를 거친 것이었다.

성호와의 만남은 결국 대작 『동사강목』을 낳는 계기가 되었다고 할 수 있다. 선생의 강한 집념 위에 실천적 학문정신, 주체적 역사인식이라는 두 사람의 학문 성향이 서로 통했기 때문에 가능한 일이었다.

하학으로 다져진 선생의 학문은 반계의 저서를 읽고 성호에게 가르침을 받으면서 비로소 17, 8세기에 확산되던 실학의 흐름에 직접적으로 접목될 수 있었다. 오늘날 우리가 아는 반계 유형원 → 성호 이익 → 순암 안정복으로 이어지는 실학적 계보가 이에 형성된 것이다. 이제 선생의 학문은 실천에 바탕을 둔 하학에다 반계, 성호의 실학이 접목되면서 더욱 체계적으로 발전하게 되었던 것이다.

2. 경학과 성리학의 탐구

경전의 연원을 고증하고 주자의 주석에 이의를 제기하다

선생은 학문을 닦는 지름길이 유교경전인 사서(四書)와 삼경(三經)에 있음을 여러 번 말하였다. 사람의 품성 속에 자리한 어둡고 어리석은 마음을 바꾸기 위해서는 성인의 언행이 기록된 경전부터 철저히 섭렵해야 올바른 판단의 기준을 세울 수 있다는 것이다.

경전에 담긴 사상을 이해하려면 그 연원부터 철저히 알아야 하고, 연원이 밝혀진 뒤에야 비로소 경(經)의 내용을 소화할 수 있다고 보았다. 이러한 전제하에 경을 주해(註解)한 소주인본(小註印本)과 명(明)나라 때 지어진 대전본(大全本)을 모으고, 『일지록(日知錄)』에 나타난 『대학』과 『중용』의 장구(章句), 『논어』와 『맹자』의 집주(集註) 등을 빠짐없이 수집하여 역대 경학가의 글을 대비하면서 간행의 선후와 그 논지를 세분하였다. 그런 뒤에 각 책의 가치를 정하고, 주해에 나타난 오류를 바로잡았다. 특히 주자(朱子)의 소주(小註)를 본원(本源)인 것처럼 여기는 당시의 일반적 풍토를 비판하고, 경을 중심으로 분석하고 소주를 참조하였다.

이러한 방법으로 역대 경학가들이 남긴 사서와 삼경의 주석을 분석, 수정한 것이 무려 76항을 헤아렸다. 그 가운데 우리나라에서는 절대적인 것으로 믿고 따르던 주자의 주석을 비판한 곳이 매우 많으며, 퇴계의 해석과 견해를 달리하는 곳도 여러 군데 보인다.

선생의 경학 연구는 이해하는 수준에 머물지 않고 고금의 여러 서책의 가치를 철저하게 고증한 후에 거기에 담긴 사상을 파악했던 것이다. 단순히 부분적인 자구(字句)에 매달리지도 않았다. 보편적으로 받아들이는 견해까지 연원을 거슬러 올라가고 분석해 들어감으로써 수많은 경학자들이 지나쳤던 오류를 발견할 수 있었다. 이는 아무리 권위 있는 학설이라도 무조건 믿고 따르기보다 과학적, 실증적으로 접근하고 이해하고자 하는 선생의 학문 자세에서 얻어진 성과라고 하겠다. 이리하여 선생은 성호의 비판적 경전해석을 계승하면서도 독특한 학문 경향을 이룩하였던 것이다.

퇴계 · 성호의 학설을 계승하다

순암선생의 성리설(性理說)은 「의문(擬問)」이라는 짧은 논문과 여러 문인들과 주고받은 서간을 통하여 파악할 수 있다.

선생은 "이(理)에 근본한 것이 사단(四端)이며 기(氣)에 근본한 것이 칠정(七情)이다. 이(理)의 경계는 선하지 않음이 없고, 기(氣)의 경계는 선하기도 하고 선하지 않기도 하다. 만약 칠정이 바름을 얻지 못하면 사람이 인의예지(仁義禮智)의 성(性)으로써 칠정으로 하여금 바름을 얻게 한다."고 하였다. 이는 주자(朱子)의 입론을 바탕으로 사단 이발설(四端理發說)과 칠정 기발설(七情氣發說)로 구분한 퇴계의 주장과도 관련된다.

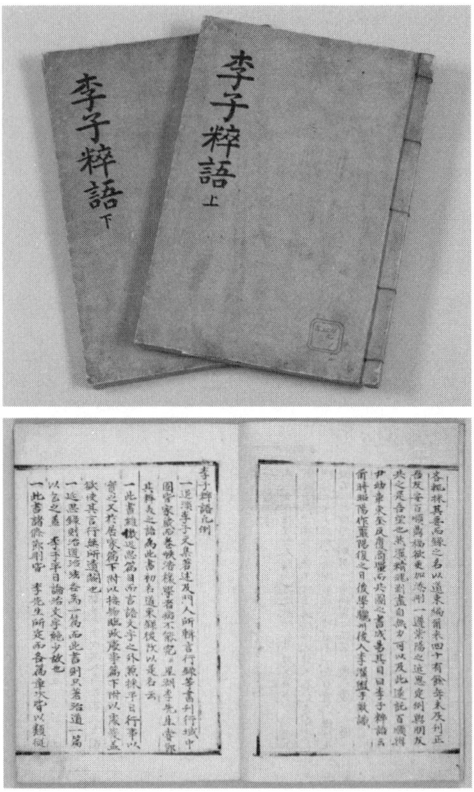

「이자수어」

선생은 성(性)은 심(心) 자체로, 정(情)은 심(心)의 효용으로 보고, 자체 그대로 발하는 것은 사단이요, 물(物)에 의해 발하는 것은 칠정으로서 그 발하는 것은 비록 같다 하여도 그 발하는 인자를 구분하여 보면 사단과 칠정이 각각 다르다는 것을 말하고 있다. 기(氣)는 다만 이(理)를 발하게 할 수 있는 지각(知覺)의 기(氣)로서 이기(理氣)는 서로 나누어질 수 없는 것이면서 서로 섞여 있지도 않다는 것이다. 율곡의 경우 사단과 칠정이 모두 이기혼융(理氣混融)된다는 '이기일원론(理氣一元論)'을 제창하여 후세에 논쟁거리가 되었다고 한 점으로 보아 근기남인의 사승 관계에서 전수된 학적 성향이 그렇듯이 선생의 학설도 퇴계의 이기이원론(理氣二元論)을 따르고 율곡의 학설을 비판하고 있는 셈이다.

당시 학계 일각에서는 인물동성(人物同性)에 대한 논쟁이 활발히 전개되었는데, 선생도 이에 대한 견해를 피력하고 있다. 인간은 기에서 발하는 기질의 성과 이에서 발하는 본연의 성을 모두 가지고 있으나 물(物)은 기질의 성만을 품부받았기 때문에 인성(人性)과 물성(物性)을 비교할 수 없다고 하였다. 이는 주리론(主理論)의 입장에서 성즉리(性卽理)를 부정하면서 인물성의 상이(相異)를 주장한 성호의 관점을 지지하는 것이라고 할 수 있다.

선생은 성리학(性理學)을 다루되 맹자의 성선설(性善說)에서 출발하여 중국 송나라의 정이(程頤)·주자의 이기설(理氣說)을 면밀히 살핀 뒤에 퇴계의 이기이원론을 지지·옹호하였다. 퇴계가 주자설을 구체적으로 전개했다면 선생은 퇴계설을 지지하면서 자기 나름으로 확충시켰다고 할 수 있다. 그리고 이러한 입장은 대개 성호선생의 학설을 준수하는 것이기도 하였다. 선생이 성호의 권유로 퇴계의 순수하고 좋은 말을 가려 뽑아 『이자수어(李子粹語)』라는 책을 만들었던 사실도 이런 점에서 맥락을 같이한다고 하겠다.

3. 서학(西學)에 대한 인식과 비판

서학은 현실을 부정하고 내세만을 위하는 이단이니…

『천주실의(天主實義)』가 선조 말엽 중국에서 수입된 이래 18세기에 들어오면서 서학(西學), 곧 천주교를 신봉하는 경향이 늘어나고 있었다. 이 무렵의 '서학' 이란 말에는 서양의 과학기술과 천주학을 함께 지칭하는 뜻이 있었다. 이를 구분해서 쓰거나 변별적으로 인식하는 경우도 없지는 않았지만 서양의 문물과 종교가 함께 어우러져 들어온 정황 속에서 둘을 분명하게 구분해서 받아들이기란 쉽지 않은 일이었다. 여기서는 서학 · 천학이 모두 천주교를 가리킨다. 선생과 가까운 근기남인 성호학파의 소장 인물 가운데 적지 않은 수가 이것에 관심을 갖고 있었다. 권철신(權哲身) · 일신(日身) 형제, 이벽(李蘗), 이가환(李家煥), 정약전(丁若銓) · 약종(若鍾) · 약용(若鏞) 삼형제, 이승훈(李承薰) 등이 그들이었다. 이들 모두가 교인이 되었는가, 그리고 교인으로 일관했는가 하는 점에 대해서는 다른 견해들이 있지만(예컨대 다산 정약용 같은 이는 초기에 관심을 가졌다가 그만두었음을 스스로 밝히고 있다), 어쨌든 이들은 대개 모순에 찬 현실의 질곡 속에서 새로운 기술문명과 정신적 · 사상적 신세계에 대한 민감한 관심으로 서학에 접근하기 시작하였다. 특히 1780년대에 들어 천주교의 교세가 급속히 확장됨에 따라 성호학파를 이끌어야 할 원로로서 선생은 위기의식을 느끼고 문인들이 천주교에서 손을 떼도록 적극적인 대처를 해야 할 형편에 놓여 있었다.

선생은 이들의 리더격인 권철신에게 몇 차례 긴 편지를 보냈다. 유학의 입장에서 서학의 모순을 지적하면서 개전할 것을 간절히 충고하고 당쟁의 화를 자초할 우려가 있음을 암시하여 꾸짖기도 했다. 천주교 신도 중 일부가 성호도 천주교도였다고 주장하여 자기들의 신앙의 정당성을 선전하기에 이르자 원로의 처지(당시 74세)에서 선생은 「천학고(天學考)」와 「천학문답(天學問答)」을 저술하여 스승 성호의 입장을 변론함과 동시에 천주교에 빠진 주위 학인들에게 경각심을 불러일으키고자 했다. 서학에 대한 비판적 인식은 이보다 앞서 선생의 나이 40대 중반에 이미 나타난다.

> "근래 서양서(西洋書)를 읽어 보니 그 설(說)이 비록 정밀하고 핵실하나 결국 이단의 학문입니다. 우리 유학이 몸을 닦아 심성을 기르고[修己養性] 선을 행하고 악을 내치는[行善去惡] 까닭은 마땅히 해야 할 바를 하는 것에 지나지 않고 한 털끝만큼도 죽은 뒤의 복을 구할 뜻이 없는데, 서학은 수신(修身)하는 까닭이 전적으로 천대(天臺)의 심판을 받는 것이니 …… 지옥은 천주(天主)의 사사로운 감옥이요 …… 천주의 상벌이 그 사람의 선악(善惡)에 주어지지 않고 혹 개인적인 부탁으로 가볍고 무거운 바가 있다면 그 심판이 잘 되었다고 말할 수 있겠습니까. 만약 그렇다면 반드시 선을 행하지 않아도 천주 한 사람만 섬기면 된다는 것이어서 의아스럽습니다. …… 또 『천주실의』 2편에 임금이 있으면 신하가 있고, 임금이 없으면 신하가 없으며, 사물이 있으면 사물의 이치가 있다고 하는데, 이 사물의 실체가 없다는 것은 곧 이 이치[理]의 실체가 없다는 것이니, 이는 이른바 기(氣)가 이(理)에 앞선다는 설입니다."

이 글은 성호에게 보낸 편지의 내용이다. 이로 보건대 선생은 서학을 일방적으로 배격한 것이 아니었다. 서양서에 있는 글에는 정밀하고 핵실한 점이 있다는 것을 선생 자신도 수긍하고 있었던 것이다. 선생이 배격한 서학은 종교적인 문제, 즉 천주교의 교리라 할 수 있다. 수신(修身)의 목적이 유학에서는 당연히 해야 할 현실적 도리인 데 비해 서학에서는 죽은 뒤의 복을 구하고 하늘의 심판을 받기 위함이며, 선악의 여부에 따라 천주의 상벌이 주어지는 것이 아니라 천주를 섬기는가의 여부에 따라 내세의 운명이 결정된다는 것이 이해하기 어렵다는 것이다. 사물이 생겨나는 것과 이기의 선후문제에 있어서도 서학의 주장대로라면 기(氣)가 이(理)에 앞서는 것이 되니 잘못된 것이라는 생각을 나타냈다.

선생의 노년기인 1785년에 쓰여진 「천학고」와 「천학문답」은 이러한 입장을 더욱 확고히 한 글이다. 「천학고」는 서학이 동으로 들어온 유래를 역사적으로 밝혀 젊은 학자들이 이에 빠지지 않도록 하려는 의도에서 쓰인 것이다. 「천학문답」은 혹문(或問)과 혹왈(或曰)의 체재를 갖추어 문답식으로 쓰였다. 그 내용은 사람이 하늘[天]을 섬기는 일이 다만 서양에서만 행해진 것이 아니라 동양에서도 하늘을 섬겨 왔다는 점을 말하고 불교와 천학의 닮은 점을 들었다. 예수의 탄생은 석가모니가 성령(聖靈)을 드러낸 것과 같고, 포교 방법도 불교의 승려와 비슷하며, 신부의 행위도 불교의 양식을 따른 것이라 하였다. 그리고 둘 다 내세를 위한다는 점에서 시기적으로 후에 나타난 '천학'은 불교의 한 지파(枝派)에 속한다는 것이다.

선생의 천학 비판은 유교적 바탕 위에서 내세를 부정하는 입장에서 진행되었다. 서학 자체에 대한 이해 수준이 아주 미흡한 상태에 있었던 것이다. 이 같은 비판이 현실 윤리와 사회조직 원리로서의 지도이념인 유교의 가르침에 어긋나기 때문이라는 것은 말할 것도 없다. 특히 '부모도 모르고 임금도 없는 천학사상[無父無君思想]'은 유학자인 선생의 입장에서 도저히 받아들이기 어려운 것이었다. 또 선생의 '천학' 비판에는 기존 질서에 대한 위기의식이 작용한 점을 들 수 있다. 불교나 천주교에서 현세를 고난의 세계, 잠시 거쳐 가는 세계, 금수가 사는 세계로 봄으로써 사람들이 저마다 내세를 위한 준비만 한다면 지금까지 지켜 온 윤리 기강이 무너지고 현실은 아무것도 없는 텅 빈 세계가 될 것이라는 위기의식이다. 선생의 서학 비판에는 현실주의적인 유학의 세계관과 정통유학을 지켜야 한다는 사명감이 작용하였던 것이다.

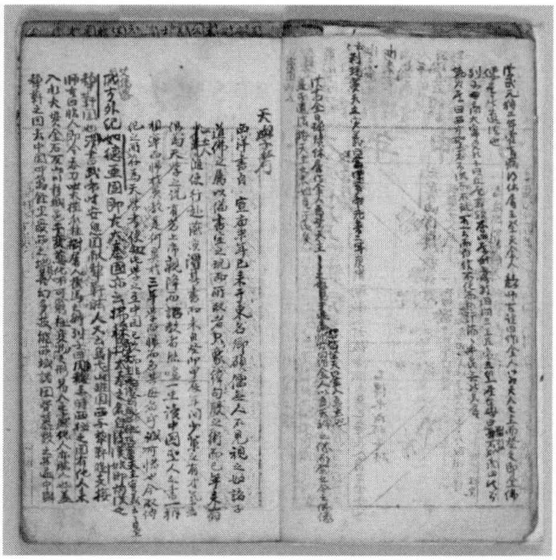

『안정복일기』 중 「천학고」 부분

거기에다가 더 직접적인 이유는 성호문인 가운데 많은 학자들이 천주교에 빠져 들어감으로써 성호학파 스스로가 와해될 지경에 이르렀다는 판단에서이다. 선생의 만년은 성호학파의 원로로 외롭게 선두에 나서서 한편으로는 이단사상을 배격하고, 또 한편으로는 문인을 구해야 한다는 일념으로 가득 차 있었던 것이다. 이러한 노력에도 불구하고 선생의 사후 곧 신해옥사(辛亥獄事, 1791)가 일어났으며, 뒤이어 신유사옥(辛酉邪獄, 1801)에 이르러서는 많은 성호학파의 소장문인들이 참수당하게 되었다.

4. 민족주체적 · 실증적인 역사학의 탐구

17, 8세기에 실학이라는 새로운 학풍이 확산되어 기존의 종속적이던 대외의식에 대한 일대 반성이 나타나게 되었다. 이와 더불어 우리 역사에 대한 관심도 높아졌다. 평소 선배나 동학으로부터 "경학보다 사학에 치중하는 것은 학자의 본분에 어긋나는 일"이라는 충고를 들을 만큼 선생은 우리 역사에 깊은 관심을 가지고 있었다.

선생이 남긴 역사 저술은 『동사강목(東史綱目)』을 비롯하여 『열조통기(列朝通紀)』, 『동사보궐(東史補闕)』, 『동국일사외기(東國逸事外記)』, 『동사문

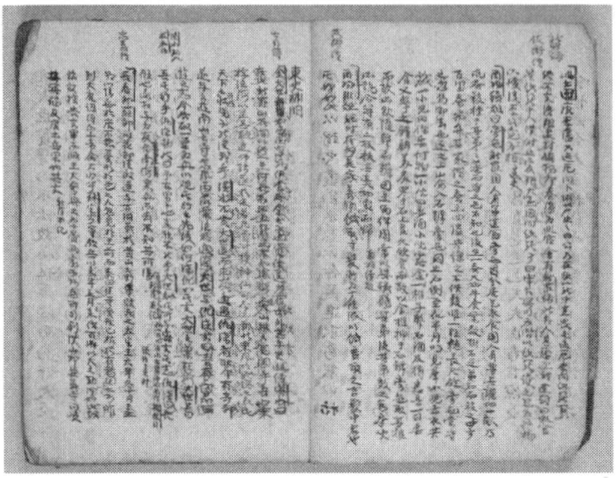

『동사보궐』

답(東史問答)』 등이 있다. 이 중 학술적 가치가 높은 것으로 『동사강목』과 『열조통기』를 꼽을 수 있는데, 『열조통기』는 태조에서 영조 때까지의 조선시대사를 연대순으로 편찬한 것으로, 선생 자신의 가치평가가 거의 드러나지 않는 자료집의 성격을 지니고 있다. 반면 『동사강목』은 고대에서 고려 말까지의 통사를 서술한 것으로 형식과 내용에서 선생의 사관(史觀)과 가치평가가 강하게 들어 있는 저작이다. 선생의 많은 저술 가운데 일찍부터 『동사강목』이 주목을 받아 온 것도 이 때문이었다. 『동사강목』을 통하여 역사학에서 이룬 선생의 연구 성과와 역사의식을 살펴보기로 한다.

과학적이고 실증적인 역사학의 기초를 놓다

선생은 『동사강목』을 저술함에 있어 과거의 역사서인 김부식(金富軾)의 『삼국사기』, 정인지(鄭麟趾)의 『고려사』, 서거정(徐居正)·최부(崔溥) 등의 『동국통감』, 유계(兪棨)의 『여사제강(麗史提綱)』, 임상덕(林象德)의 『동사회강(東史會綱)』, 권근(權近)의 『동국사략(東國史略)』, 오운(吳澐)의 『동사찬요(東史簒要)』 등을 참고하였지만 이들에 대한 나름대로의 비판적 견해를 가지고 있었다. 『삼국사기』는 소략(疎略)하고 사실과 틀린 점이 많고, 『고려사』는 번잡하여 요점이 적으며, 『동국통감』은 의례(義例)가 어그러짐이 많고, 『여사제강』과 『동사회강』은 필법이 어그러졌다는 것이다. 이처럼 기존 사서의 오류를 비판한 후, 사실고증에 충실한 완성도 높은 역사서를 저술하고자 하였다.

선생은 무엇보다 "역사를 연구하는 자는 반드시 강역(疆域)을 정한 연후에야 점거(占據)의 실태를 알 수 있고, 전벌(戰伐)의 득실을 살필 수 있으며, 분합(分合)의 연혁을 알 수 있다."고 하여 역사서 서술에 있어 지리문제의 중요성을 인식하였다.

지리고증에 대한 이러한 관심은 「지리고」를 작성하거나 책머리[首卷]에 역사지도를 작성·수록하는 작업 등으로 이어졌다. 선생은 요동을 천하의 요충지로 인식하고, 우리나라가 약소국이 된 원인이 단군, 기자의 옛 영토인 요동을 차지하지 못한 데 있다고 하였다. 여기서 선생의 북방에 대한 관심은 방어적 관점을 넘어 우리의 옛 땅을 회복하고자 하는 의식과 잇닿아 있음을 볼 수 있다.

이러한 원칙 위에서 사소한 항목에 이르기까지 하나의 단어에도 개념의 규정과 사실의 파악에 신중하였다.

『동사강목』의 학술적 가치를 한층 더 높여 준 것이 있다면 부록의 「고이(考異)」, 「괴설변증(怪說辨證)」, 「잡설(雜說)」, 「지리고(地理考)」, 「분야고(分野考)」가 그것이다. 여기서는 단군신화(檀君神話), 갈문왕(葛文王), 진흥왕정계비(眞興王定界碑)를 비롯하여 졸본(卒本), 한사군(漢四郡), 대마도(對馬島)와 같은 역대강역고(歷代疆域考) 분야까지의 문제들을 다루고 있는데, 모두 실례를 들어 고증하면서 각기 선생 나름의 견해를 내놓았다.

사건의 기술에 있어서도 존경하는 인물일지라도 잘못된 점을 지적하려 하였고, 가증스러운 인물이라도 사적(史蹟)을 밝혀내려 하였다. 말뜻이 너무 간교하여 옛 시대의 순박한 기상이 없는 것은 고치고, 사건의 선후가 같지 않은 것은 어느 한쪽을 고집하지 않았으며, 허탄한 기사라도 전부를 누락시키지 않았을 뿐 아니라 연대가 통하지 않은 곳은 널리 고증을 거듭

하여 입증할 수 있는 것만을 기술하였다. 특히 지방의 명칭을 교묘하게 해석하여 이를 바탕으로 사적을 꾸며낸 것은 고증을 거듭했다.

이처럼 『동사강목』에 나타난 철저한 지리고증과 역사고증, 이설(異說)에 대한 논증은 한백겸(韓百謙), 유형원(柳馨遠) 이래 조선후기의 역사고증과 역사지리 연구의 축적된 성과들을 종합하고 여기에 선생 자신의 견해를 덧붙여 한 단계 발전시킨 것이다.

우리 역사학의 민족주체 사관과 정통체계를 세우다

강역을 확실히 고증해 놓은 후 가장 중요한 작업은 우리 역사에서 왕조의 정통(正統)을 세우는 문제였다. 이는 강목체(綱目體)라는 서술방식을 택한 것과도 관련된 것이다. 강목체 형식에 의한 역사서술은 『동사강목』 이전에 홍여하(洪汝河)의 『동국통감제강(東國通鑑提綱)』, 홍만종(洪萬宗)의 『동국역대총목(東國歷代總目)』, 임상덕(林象德)의 『동사회강(東史會綱)』 등으로 꾸준히 이어져 왔지만, 순암선생은 이들 저술이 강목 형식의 일관성과 그 형식을 통해 드러내야 하는 내용, 즉 정통론의 해명에 충분하지 못한 것으로 보았다. 원래 강목체는 주자가 사마광(司馬光)이 편집한 『자치통감』을 토대로 하여 고대부터 당대(唐代)까지 중국 역사의 큰 줄거리를 강(綱)으로 삼고, 각 사실의 설명을 두 줄의 작은 주(註)로 꾸며서 목(目)이라고 했던 체제이다.

선생의 『동사강목』은 주자의 강목체제를 따랐으나 중국을 대국으로 섬기는 사대사관(事大史觀) 같은 것은 찾아볼 수 없다. 오히려 통계(統系), 세년(歲年), 명호(名號), 즉위(卽位), 개년(改年), 붕장(崩葬), 찬시(簒弑), 제사(祭祀), 조회(朝會), 정벌(征伐), 폐출(廢黜), 인사(人事), 재상(災祥) 등을 보면 우리 역사의 체계 안에서 이것을 파악하려는 관점이 잘 나타나 있다. 형식적인 면에서만 주자의 그것을 따랐을 뿐, 실제 내용에 있어서는 선생의 민족 주체적 사관이 부각되어 있는 것이다.

선생이 가장 중시했던 정통론의 정통(正統)은 요건은 대략 다음과 같다.

- 단군(檀君) → 기자(箕子) → 마한(馬韓) → 문무왕(文武王) 9년 이후의 통일신라 → 태조 19년 이후의 고려 → 조선과 같이 단일국가의 체제를 갖추어야 하고,
- 이민족일지라도 왕위를 찬탈하지 않고 덕망을 가지고 우리 민족에게 혜택을 주어야 하고(예 : 箕子)
- 적의 침략으로 인해 수도를 다른 지방에 옮겼더라도 왕통의 명맥을 유지해야 하고(예 : 馬韓)
- 왕실과 혈연이 닿지 않더라도 정당하게 왕위에 오르고 민족으로부터 인정을 받아야 하고(예 : 禑王)
- 강역의 대소에 관계없이 정통국이 무통국(예 : 弁韓, 濊, 貊, 沃沮)보다 국토가 적더라도 이를 부용국(附庸國)으로 간주하지 말아야 한다.

이것이 정통론의 대체적인 내용이다. 같은 시기에 여러 나라가 병립하여 어느 한 나라를 지적하여 정통으로 삼을 수 없는 경우는 무통국(無通國)으로 처리하고, 부용국은 정통국을 찬탈하여 정권으로서의 인정을 받지 못하는 나라나 정통국가의 명령을 받는 소국(小國)이다. 위만, 궁예, 견훤 등은 정통국가에 대해 적대적이었다는 점에서 부용국으로 규정하였으며, 진한 · 변한 · 옥저 · 가야 등은 정통국가에 예속된 소국으로 보았다.

선생의 정통 여부를 변별하는 기준은 대체로 도덕성과 혈연성에 의한 것이다. 이러한 입장이 반영되어 단군 → 기자 → 마한 → (삼국 무통) → 통일신라 → 후삼국 통일 후의 고려를 정통으로 취급하고 삼국시대를 무통

의 시대로 간주함으로써 우리 역사의 체계를 재구성하였다. 단군조선을 우리 역사의 정통의 시작으로 보고 본문에서 단군의 치적을 서술하였으며, 단군에 대한 고기(古記)의 기록을 합리적으로 해석하고자 하였다. 기자조선이 우리 역사에서 정통으로 취급되는 것도 기자가 팔조금법을 만들고 정전제를 시행함으로써 우리나라가 문화국가가 되었다고 보았기 때문이다. 또 『동국통감』에서 단군조선, 기자조선 뒤에 위만조선을 붙여 삼조선(三朝鮮)으로 한 것은 옳지 못하다는 것이다. 왜냐하면 위만은 왕위를 찬탈하였으므로 부용국에 불과하며, 기자의 후손인 기준(箕準)이 마한의 왕이 되어 기자에 대한 제사를 계속 했기에 마한을 정통으로 삼아야 한다는 것이다. 『동국통감』이 기준(箕準)과 마한의 관계를 정통으로 이어지지 않는 것으로 보았던 반면, 선생은 마한이 기자조선의 정통을 이었다고 보았던 것이다. 또 삼국은 서로 대등한 나라로서 어느 한 나라를 정통으로 삼기 어려우므로 무통시대로 보아야 한다는 것이다.

선생은 또 중국의 역사서들을 볼 때 문제점이 적지 않다고 하면서 이적(夷狄)의 왕위점탈(王位占奪), 화이(華夷)의 정통 여부, 동일민족 사이의 찬탈과 계위(繼位), 시대의 교체, 위작 여부의 식별 등에 걸쳐 실례를 들어 논증하고 『동사강목』의 찬술에 원용하였다. 그리고 또 조선의 역사는 조선의 기년(紀年)으로 해야 함을 주장하기도 하였다.

순암선생의 역사학 연구, 특히 『동사강목』은 17세기 이후 축적된 우리 역사 연구의 성과를 계승 발전시킨 가장 완성도 높은 저술로 평가받고 있다. 앞서 시도된 강목법을 한층 세련되게 하고, 동아시아의 발전과정에서 우리의 전통과 정통성을 부각시켜 우리 역사를 재구성하였다. 즉, 홍만종·이익에 의해 주장되었던 단군정통론, 홍여하·홍만종·이익으로 이어지는 기자 → 마한정통론, 임상덕·이익의 주장이었던 삼국무통론을 각각 수용하고, 이를 체계화하였다. 또한 기존 사서에는 중국 사서에 관한 비판이 거의 없었던 것이 일반적인 경향이었음을 감안하면, 우리 역사를 전체 동아시아사 속에서 찾으려 하고 중국 사서를 비판적으로 보고자 한 주체적인 역사관을 읽을 수 있다.

오늘의 관점에서 볼 때 『동사강목』 서술의 특징은 첫째, 우리 민족 본위의 주체적 역사요, 둘째, 애국적 사상으로 빛나는 역사와 민족의 용감성을 드러냈으며, 셋째, 애민적 의식으로 국가의 대민시책에 대해 비판하였고 또 개혁적이라는 점이다.

이 책은 이상과 같은 과학적 방법과 민족적 관점으로서 근대 계몽기의 박은식 · 장지연 · 신채호 등 민족사학자들에게 학문적 · 사상적 영향을 끼쳤을 뿐 아니라 현대사학에도 그 기저가 되고 있는 것이다.

5. 현실개혁적 · 자치적인 지방행정안의 제안

선생은 노년에 목천 현감으로 부임하여 젊어서 지어 둔 교화행정서(教化行政書) 『임관정요(臨官政要)』의 내용을 몸소 시행하고, 향촌(鄉村)의 자치 덕목인 향약(鄉約)을 실시하여 목천 고을을 교화시켰다. 광주 덕곡에 머무를 때는 「2리 동약(二里洞約)」을 구상하여 덕곡을 교화시키고, 수취제도를 개선하기 위해 「정전제(井田制)」를 만드는 등 일종의 경세치용(經世致用)의 실학사상을 실천하였다.

목민관의 소임은 민심을 제대로 읽고 백성을 잘 살게 해야

선생은 광주 덕곡에 정착하면서 지방행정에 남다른 관심을 가지고 27세 때부터 집필을 시작, 약 17년간에 걸쳐 『임관정요(臨官政要)』를 완성하였다. 이 가운데 「시조(時措)」는 앞 시대 사람들의 교훈과 효과를 거둔 시행안이 복합되어 있는 글이다. 또 몇 가지 여러 벼슬을 거치는 동안의 경험과 당시의 사회 사정을 감안하여 이룬 선생의 지방행정에 대한 관점이 잘 반영되어 있어 주목된다.

『임관정요』의 창작 동기는 당시 삼정(三政 : 조선시대 국가재정의 3대 요소인 田政, 軍政, 還穀)의 문란으로 어려움을 겪고 있는 농민의 형편을 현장에서 체험하고, 민정을 직접 담당하는 목민관으로 하여금 민생의 어려움을 개선해 나가는 데 지침을 주기 위한 것이었다. 다루고 있는 내용이 대부분 농민의 고충이며, 나아가 정부의 실정(失政)과 지방관리의 부정부패에 대한 비판 및 그 개선책으로 이루어져 있게 때문이다.

『임관정요』의 체재는 크게 「정어(政語)」, 「정적(政蹟)」, 「시조(時措)」와 부록(附錄)으로 구성되어 있다. 「정어」는 목민관이 지방통치를 하는 데 도움이 될 만한 옛 성현의 교훈을 모아 놓은 것이고, 「정적」은 옛사람들의 지방통치에 나타난 치적을 소개한 부분이며, 「시조」는 목민관의 지방통치에 관한 선생 자신의 견해를 밝힌 것이다. 부록은 「향사법(鄕社法)」이나 「주자사창절목(朱子社倉節目)」 등 지방통치에 참고가 될 만한 자료를 소개해 놓았다. 이 가운데서 선생 자신의 견해가 많이 담긴 「시조」는 선생의 현실개혁사상을 살필 수 있어 특히 관심을 끈다.

21장으로 구성되어 있는 「시조」는 대략 목민관이 지녀야 할 기본 정신, 목민관의 몸가짐, 목민관이 백성을 대하는 태도, 목민관의 업무처리 자세, 하급관리의 업무에 관한 관리, 대민업무의 주요 개석책 등이 그 주요 내용이다. 즉, 관직에 있는 사람이 지녀야 할 기본 정신으로 충성, 공변, 청렴, 근면, 근신을 들고, 이 중에서도 청렴과 근면을 가장 큰 덕목으로 꼽았다. 관리는 또 업무처리에 앞서 자신의 몸가짐을 바르게 해야 하는데, 여가 시간에는 독서를 하거나 업무와 관련된 일을 연구하고 놀이로 소일하지 말 것, 청렴한 생활을 할 것, 여색을 멀리하고 말을 조심할 것, 술을 삼갈 것, 관청 안에서 사사로운 정을 버리고 품위를 지킬 것 등을 들었다. 그리고 정치를 하는 자는 백성을 대하는 데 있어 사랑하는 마음으로 임해야 하며, 민심을 얻으려면 오직 정성을 다하는 것뿐이라고 하였다.

선생은 목민관이 어떻게 업무를 처리할 것인가에 대해서도 몇 가지 유의할 점을 제시하였다. 그 몇 가지만 들어 보면 정책을 자주 바꿔 백성들에게 폐를 끼치지 말 것, 일을 급하게 서두르지 말 것, 취중에 일을 처리하지 말 것, 어려운 사안에 대해서는 의리(義理)로서 하고 절대로 경솔하게 처리하지 말 것, 그리고 반드시 점검을 할 것 등이다.

한편 대민업무에 대한 개선책으로는 호구(戶口)의 정확한 정리, 미풍양속의 장려와 교화, 농산물의 증산과 산림의 훼손 방지, 재해대책 및 이재민 구호, 경작지의 정확한 파악과 부역의 균등한 부과, 군정의 비리 척결과 군대의 양성, 치죄(治罪)의 개선과 재판의 공정성, 치안의 유지 등에 관한 세부적인 업무 등을 제시하고 있다.

이와 같이 「시조」에 나타난 의식은 백성을 위한, 백성을 사랑하는 정치에 바탕을 둔 지방행정으로 요약할 수 있다. 그 중에도 생산담당자인 일반 백성의 생활안정과 자립에 기여하는 행정이 되어야 한다는 것이 선생의 일관된 시각이다.

이상에서 살펴본 내용들은 독창적인 것도 있지만 대부분 『반계수록』이나 『성호사설』에서도 이미 제시되어 있는 것들이다. 우리가 잘 알다시피 다산(茶山) 정약용(丁若鏞)의 『목민심서(牧民心書)』는 18, 9세기에 걸쳐 농촌 개혁을 추구하는 실학자의 목민의식을 나타내는 대표적인 저술이다. 그런데 이 『목민심서』에는 『임관정요』를 활용한 곳이 많이 발견된다. 순암선생이 제시한 지방행정안이 훗날 목민정치에 대한 체계적인 저술이 이루어지는 데 선편적인 역할을 했음을 짐작할 수 있다. 반계나 성호의 개혁사상을 수용하여 지어진 『임관정요』가 다시 다산에게 직·간접적으로 영향을 주면서 좀 더 혁신적인 내용이 담긴 『목민심서』를 낳게 한 것이다.

실정에 맞는 토지제도와 지방자치안을 마련하다

선생이 구상했던 정전법(井田法)은 중국과 우리나라의 토지개혁안들을 바탕으로 만든 것이다. 주례(周禮)를 비롯하여 맹자(孟子), 춘추공양전(春秋公羊傳), 주자설(朱子說) 등 중국의 안과 유형원의 균전제, 이익의 균전제가 그것이다.

순암선생의 정전제와 공전제는 대략 다음과 같은 틀을 지닌다. 사방(四方)을 1리(里)로 삼고 그 외관에 너비와 깊이가 각 4천인 도랑을 두었으며, 그 안쪽에 소와 말이 다닐 수 있는 진(畛)을 마련하였고, 또 안쪽에 각각 100무(畝)씩의 사전(私田) 여덟과 공전(公田) 하나를 두었다. 농민 8부(夫)가 사전 100무씩을 경작하되 외곽에 역시 너비·깊이 각 2자의 수(遂)를 두어 구와 연결시켜서 가물 때는 경작지에 물을 공급하고 장마 때에는 넘치는 물이 빠지도록 하는 구조를 최소 단위로 하여 1정(井)으로 삼는다는 것이다. 면적을 확대하여 사방 10리 100정(井)을 성(成)이라 하고, 100성(成)인 사방 100리의 면적으로 1동(洞)을 삼았다.

정전제를 적용할 수 없는 산간지대에는 지대의 고저와 산과 강의 위치를 기준으로 수(遂), 구(溝), 혁(洫), 회(澮)로 구획한 공제(貢制)를 제안하였다.

정전과 공전을 경작지로 받을 수 있는 사람은 결혼한 자로서 부모와 처자가 있는, 즉 다섯 식구 이상 여덟 식구가 되어야 그 자격을 부여받았다. 다음으로 지질(地質)의 상·중·하를 구별하여 분배량의 다소를 정하게 했다. 지질에 따라 벼, 보리, 콩, 서숙, 기장의 다섯 종을 알맞은 곳에 심도록 하고 재해를 방지하는 한편 담장 밑에는 뽕나무를, 밭가에는 채소를 심게 하고, 닭 · 돼지 · 개를 많이 기르도록 하였다. 1부(夫)의 자격으로 분배받은 농지는 환갑이 되면 아들에게 물려줄 수 있고, 아들이 없는 사람은 경작한 땅을 관(官)에 돌려주도록 하였다.

이처럼 선생이 구상한 정전의 규모는 광대하고 치밀한 것이다. 정전제를 내놓은 목적은 경계를 바로잡고 백성을 정착시키며, 그러한 토대 위에 학교와 군제(軍制)를 시행하기 위함이었다. 선생의 정전과 공전의 기본 구도는 공유지(公有地)를 분배해 주고[分田], 다시 관(官)에 돌려 주는[還田] 데에 있다고 하겠다.

순암선생의 정전제와 공전제는 반계 유형원의 균전제(均田制)나 성호 이익의 균전제(均田制)와도 다른 것이다. 앞의 것들을 참작하여 그 취지를 분명히 하되, 어디까지나 당시의 실정을 고려한 전제개혁론이었던 것이다. 국가의 수취제도면에서나 농민의 생산면에서의 안정적 개선에 그 방향이 있었다고 할 것이다.

선생은 직접 부락의 최소단위인 리(里)를 핵으로 하는 풍약(風約)을 설계하고, 그 위에 「동약(洞約)」까지 만들었다. 영조 32년(1756)에 완성된 「동약(「廣州府慶安面二里洞約」이 정식 명칭이나 이 글에서는 「洞約」이라 약칭함)」의 서문에 「동약」을 저술한 동기가 잘 나타나 있다. 당시 풍속의 동화와 정령(政令)의 이행이 '사회의 최소단위에서부터 실행되지 않는' 것을 통감하고 동약을 짓게 되었던 것이다. 선생은 향촌의 풍속이 퇴폐하고 악습이 성행하게 된 원인을 관리들의 그릇된 정치에서 찾았다. 이를 몰아내는 방법은 무엇보다도 풍속을 바로잡는 데 있으며, 또 이것을 방치해 두면 적에게 침입의 빌미를 제공하는 것이 된다고 하였다. 이처럼 선생이 「동약」을 창안한 의도는 주민 스스로 미풍양속을 실천함으로써 향촌 사회의 권익을 지켜 자위하게 하려는 데 있었다.

「동약」을 만들면서도 앞 시대에 있었던 결함을 면밀하게 분석하여 그러한 잘못을 범하지 않으려고 고심하였다. 기존의 이미 여씨향약(呂氏鄕約), 퇴계의 예안향약(禮安鄕約), 율곡의 사창향약(社倉鄕約), 한강(寒岡, 鄭逑)의 월삭강계(月朔講契) 등 지방자치를 중심으로 만들어진 여러 향약이 있었다. 이러한 향약은 사실 적용할 범주가 너무 넓어 마련된 조항도 대체적 요강만 서술한 단면에 불과하며, 그 적용이 동리의 세부 조직에까지 미치는 데는 효과가 그다지 크지 않았다. 이러한 실정을 감안하여 지역적 특성에 맞추어 「2리 동약」이라는 명칭으로 새롭게 정리하였다.

선생은 신분을 고려하여 실정에 맞는 「풍약」과 「동약」을 전개하였다. 호(戶)를 1가(家)로 하고, 5가를 합하여 1비(比)로, 5비를 합하여 1려(閭)로, 2려를 합하여 1리가 되도록 하여 리를 단위로 풍약을 구성하였다. 그리고 2리를 합하여 한 동(洞)으로 하고, 여기에 「동약」을 두어 동약장(洞約長)을 책임자로 지방자치를 실현하였다.

먼저 「풍약」에 나타난 규정은 부모에게 효도하고 자손에게는 교육하여 한 가정을 건전히 이루게 하여, 약(約)에 소속되어 있는 어른을 존경하고 이웃 간에는 화목을 조성하는 한편, 상호간의 민생을 도모하는 내용으로 이루어져 있다. 이는 주로 가정을 단란히 이루고 이웃 간의 화목을 조성하여 건전한 사회생활을 하자는 데 그 뜻이 있었으며, 그 권유와 책벌은 이웃 마을 간에서는 실시할 수 없었기 때문에 다시 「동약」을 마련하게 되었다.

「동약(洞約)」은 풍약의 규정을 포함하여 자제의 자발적인 교육, 이웃 간에 있어서의 화목, 손님의 접대나 족친가의 화친 등에 이르기까지 주로 향촌사회의 안정을 도모코자 하였다. 약령(約令)의 준수, 투쟁의 화해, 근심과 재난의 구제, 억울함의 해소, 사리의 옳고 그름 분별 등 사회에 공헌한 자에 대해서는 선적(善籍)에 남기고 시상까지 하게 하였다. 그러나 풍약의 내용을 어김은 물론 남녀 간의 무례, 처첩 소박, 상을 당하여 슬퍼하지 않는 것, 이단을 높이고 따르는 것, 사신(邪神)의 숭상, 친척 간의 불화, 거짓의 유포, 이웃 마을과의 불화, 경조사(慶弔事)에 가지 않는 것, 강자(强者)가 약자를 능멸하는 것에 이르기까지 사회악을 조성하는 여러 요소에 대해서는 과적(過籍)에 남기고 가차없는 벌을 주도록 하였다.

「동약」은 신분에 따라 양반으로 구성된 상계(上契), 중인으로 구성된 중계(中契), 양인과 천인(賤人)으로 구성된 하계(下契)로 삼분되어 있다. 중·하계원에게는 당연히 시행해야 할 13조항과 그에 대한 벌칙을 내놓았다. 즉, 유감이 풀리지 않는 일, 명령을 불복, 사기, 요행(妖行)으로 유혹하는 일, 민폐, 살인, 방화, 분묘 소각, 관문서 위조, 도적 등은 중벌로 다스리거나 마을에서 내쫓도록 하였다. 사회질서나 인화(人和)를 해치는 일에 큰 비중을 두어 엄격하게 적용했음을 알 수 있다. 한편 상계원에게는 여씨향약의 4조인 덕업상권(德業相勸), 과실상규(過失相規), 예속상교(禮俗相敎), 환난상휼(患難相恤)에다 선생 자신이 직접 만든 「부칙(附則)」을 적용하였다. 이 가운데 붕당(朋黨) 조직의 금지, 남의 물건을 탐하지 말 것, 의타심의 배제 등은 여씨향약에서는 볼 수 없는 것으로 사회안정과 자립심을 강조한 것이다.

선생은 계의 조직을 신분에 따라 세분화하고 있으며, 또한 그들에게 구체적인 역할을 부여함으로써 실제적인 효과를 높일 수 있도록 하였다. 이와 같이 「광주부 경안면 2리 동약(廣州府慶安面二里洞約)」은 조선후기의 시대적 상황을 고려하여 만들어진 것이기는 하나 어디까지나 양반의 향촌지배와 민에 대한 교화 등 기존의 질서유지에 초점이 맞춰져 있는 것이었다. 그만큼 새로운 변화에는 한계를 지닐 수밖에 없었다. 그러나 사회적 폐단에 대한 향촌 공동체적·자치적 대응방안이 매우 구체적이며 실질적이라는 점에서 과거의 그것에 비해 더욱 진전된 내용이라 하겠다.

6. 순암 학문의 성격과 실학사에서의 위치

경세치용의 실학자, 우리나라 최초의 역사 전문연구가

지금까지 살펴본 것처럼 선생의 학문적 성향은 성호학파의 학통을 계승·발전시킨 것이다. 연원부터 철저히 파고들어가는 경학 연구, 퇴계와 성호의 이론을 계승하고 확충시킨 이기이원론, 선생 자신이 살고 있는 현실 위에서 비판한 서학, 중국 중심의 역사관에서 탈피하여 우리 역사의 정통체계를 확실히 세운 역사학, 우리 실정에 맞는 토지제도와 행정기구의 제안 등 여러 방면에 걸쳐 폭넓고 현실적인 견해를 제시하여 기존의 논의를 확충하고 발전시켰다.

현실에 입각하여 최선의 진리를 추구함, 이것이야말로 실사구시(實事求是)의 정신이며, 바로 조선후기 우리 역사에 빛나던 실학(實學) 그것의 사고와 태도인 것이다. 알다시피 조선후기에 활발했던 실학은 그 성격에 따라 경세치용파(經世致用派), 이용후생파(利用厚生派), 실사구시파(實事求是派)로 나눌 수 있다. 토지·행정 등 제도의 개혁을 중심으로 농민과 국가를 살려내고자 한 농본·치민적 성격의 학문적 관심이 경세치용파라면, 과학기술과 상공업의 발달 등 도시적 생산유통의 발전을 바탕으로 민생과 사회의 구제를 학문적 관심으로 삼은 경우가 이용후생파이다. 여기에다 19세기에 이르러 훈고 고증의 실증적 학문방법을 중심으로 한 그룹을 우리는 실사구시파라 불러 왔다. 순암선생의 학문 성격이 경세치용파에 속함은 물론이다. 그런데 이 경세치용파의 근거지가 대개 서울 가까이의 근기지역으로, 특히 광주 일대가 그 중심이었다. 성호와 순암뿐 아니라 다산과 그 밖의 수많은 실학자들이 광주·안산 일대에 근거를 두고 있었던 것이다.

여기에 이우성 교수의 견해를 옮겨 그 이해를 돕고자 한다.

기호지역(畿湖地域) 중 근기일대(近畿一帶)에 퇴계를 소술(紹述)하는 한 학파가 따로 있어서 심성이기문제(心性理氣問題)에 독창적 견해를 보이는 한편 실용 실증(實用實證)의 학을 창도하여 우리나라 사상사에 하나의 신기원을 획(劃)하게 되었는데, 이것이 오늘날 우리 학계에서 각광을 받고 있는 실학의 한 유파이다. 우리는 이것을 율곡학통의 기호학파와 구별해서 '근기학파(近畿學派)' 라고 부르고, 또 실학(實學)의 다른 유파와 구별해서 '경세치용학파(經世致用學派)' 라고 부르기도 한다. 성호가 근기학파의 대종으로 실학의 학문방법과 사상적 기반을 확립시켜 놓았지만 성호의 문하에는 다시 백화난만한 기상으로 여러 갈래의 새로운 경향이 다채롭게 전개되었다. 그 중에서도 소장층의 급진주의를 대표하는 분이 녹암 권철신이라면 노성 층의 온건주의를 견지한 분이 순암 안정복이다. 여기 성호 문하의 이러한 두 계열과 그 흐름을 좌우파로 나누어 간단한 도표로 표시하면 다음과 같다.

- 성호(星湖)
  - 좌파(左派)
    - 권철신(權哲身)
      - 김원성(金源星)
      - 정약용(丁若鏞)
      - 정약전(丁若銓)
      - 이승훈(李承薰)
      - 이기양(李基讓)
      - 이벽(李檗)
      - 권일신(權日身)
  - 우파(右派)
    - 안정복(安鼎福)
      - 정시복(鄭時復)
      - 남이묵(南履默)
      - 구필해(具必海)
      - 박처순(朴處順)
      - 윤이(尹怡)
      - 정전(鄭㙉)
      - 최홍진(崔鴻晉)
      - 이존경(李存慶)
      - 윤신(尹愼)
      - 남필복(南必復)
      - 황덕길(黃德吉)
        - 허전(許傳)
      - 황덕일(黃德壹)
      - 이삼환(李森煥)
      - 정현동(鄭顯東)
      - 정지영(丁志永)

성호 이익의 학풍은 그의 제자대에 이르러 경학과 역사학에 치중하는 우파(右派)와 서학에 경도되는 좌파(左派)로 그 성향을 달리하였다. 순암선생은 18세기 후반 서학이라는 새로운 사상에 대응하는 과정에서 온건주의를 표방하는 성호우파의 영수가 되었던 것이다. 선생의 학통은 퇴계 이황 → 성호 이익 → 순암 안정복 → 하려(下廬) 황덕길 → 성재(性齋) 허전으로 이어지는 학적 계보를 세울 수 있다.

끝으로 선생의 실학적 저술 가운데 가장 손꼽히는 『동사강목』은 조선후기 역사학 연구의 한 정점을 이룬 저술로 평가된다. 단재 신채호는 『조선상고사(朝鮮上古史)』 서문에서 선생은 우리나라 최초의 역사전문가로 평하였다. 그 역사정신의 탁월함과 과학적이고 고증적인 학문태도는 구한말과 일제강점기에 이르러 근대민족사학자들의 민족주체적 역사학 확립에 커다란 영향을 주었던 것이다.

이와 같이 순암 안정복 선생은 학문을 출세와 이해의 수단으로 하지 않았을 뿐 아니라, 역사학과 실학에 있어서 주체적 자세를 지닌 학자였다. 전통에 뿌리를 둔 현실 대응의 선진적 학문이 그의 역사학이며, 온건개혁주의가 그의 실학사상의 성격이었다.

제3장

순암선생이 남긴 책들

일생을 학문 연구에 전념한 순암선생은 왕성한 저술활동을 통해 많은 책과 저술을 남겼다. 그러나 근기(近畿) 일대의 남인계(南人系) 가문들이 대부분 그러했던 것처럼 선생의 가문도 후세로 내려오면서 더욱 영락(零落)

이택재(麗澤齋) 전경

의 길을 걸었다. 이 과정에서 선생의 저서들이 제때 간행·보존되지 못하고 산일(散佚)되어 많은 저술 중에서 지금까지 전하는 것이 얼마일지 그 숨겨진 전모를 정확히 알기는 어렵다.

여러모로 파악할 수 있는 순암선생의 저술은 약 50여 종에 이른다. 그러나 선생의 연보와 『계갑일록(癸甲日錄)』 등에서 찾을 수 있는 저술의 목록과 제자인 황필수(黃泌秀)가 『하학지남(下學指南)』에 적어 놓은 저술 목록 사이에 서로 일치하지 않는 부분이 많이 선생의 저술 전체를 제대로 파악하는 데는 어려움이 따른다.

이들 저술 목록들을 개략적으로 살펴보면, 선생의 학문 세계가 성호(星湖) 이익(李瀷)과의 만남을 계기로 하여 그 이전에는 본연의 경학(經學) 뿐만 아니라 역사·천문·지리·의약 등 다양한 분야에 걸쳐 관심을 나타내 보이다가 이후에는 경학, 특히 성리학에 치중하는 모습을 보이고 있음을 알 수 있다.

순암선생의 대표적인 저술이라 할 수 있는 책으로는 문집인 『순암선생문집(順菴先生文集)』 30권 15책과 역사 저술인 『동사강목(東史綱目)』·『열조통기(列朝通紀)』가 있으며, 학문관·독서관을 제시한 『하학지남』과 목민관(牧民官)의 자세를 쓴 『임관정요(臨官政要)』 등이 있다. 그리고 경사(經史)의 부연적인 측면을 위해 기술한 『잡동산이(雜同散異)』와 『성호사설유편(星湖塞說類編)』 등도 순암선생의 학문 세계를 이해하는 데 빼놓을 수 없는 책이다.

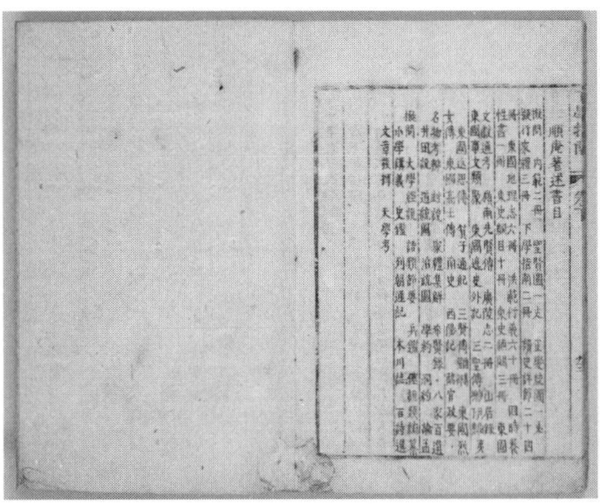

『하학지남』 중 안정복의 저술목록 부분

규장각본(奎章閣本) 『하학지남』의 끝 부분에 제자인 황필수(黃泌秀)가 적어놓은 선생의 저술 목록은 다음과 같다.

의문(擬問)
내범(內範) 2권
정변통도(正變統圖) 1장
독사상절(讀史詳節) 24권
홍범연의(洪範衍義) 60권
동사강목(東史綱目) 10권
동국문헌통고(東國文獻統考)
광릉지(廣陵志) 2권
동국사문유취(東國事文類聚)
삼성전(三聖傳)
기자통기(箕子通紀)
동국열녀전(東國烈女傳)
남사(南史)
임관정요(臨官政要)
봉설(封說)
희현록(希賢錄)
정전설(井田說)
치통도(治統圖)
동약(洞約)
대학경설(大學經說)
병감(兵鑑)
소학강의(小學講義)
의행가례(擬行家禮) 3권
성현도(聖賢圖) 1장(丈)
하학지남(下學指南) 2권
동국지지(東國地志) 6권
사시양성서(四時養性書) 1권
동사보궐(東史補闕) 3권
영남선현전(嶺南先賢傳)
산거록(山居錄)
동국일사외기(東國逸史外記)
동국근사전(東國近思傳)
삼현전(三賢傳)
동국고사전(東國高士傳)
유양기(酉陽記)
명물고변(名物考辨)
가례집해(家禮集解)
팔가백선(八家百選)
도통도(道統圖)
학약(學約)
논맹의문(論孟擬問)
어류절요(語類節要)
사설유편찬(僿說類編纂)
사감(史鑑)

열조통기(列朝通紀) 목천지(木川志)

백시선(百詩癬) 문장발휘(文章發揮)

이 48종 중에서 적지 않은 것들은 그의 문집이나 다른 저서에 편입되어 전해지고 있어 독립된 저술로 보기는 어렵다. 아직 면모가 확인되지 않은 것도 있다. 아니, 지금 그 소재(所在)가 확실한 것은 불과 몇 종뿐이어서 안타까운 일이다. 선생의 편저로 알려진 것도 실제로 모두 선생의 편저인지 확실하지도 않다. 이는 선생의 불안정한 경제 형편으로 인해 남의 책을 빌려다가 초록(抄錄)한 것이 많은데다 이 중에는 이러한 발췌가 선생만이 알 수 있도록 기록된 것이 있고, 또한 이러한 것들이 선생의 저술 속에 녹아들어 그 원형을 찾을 수 없는 것도 적지 않기 때문이다.

앞에서도 언급되었듯이 순암선생에게는 아주 흥미롭게도 '초서농' 과 '저서농' 이 있었다고 한다. 그만큼 책을 많이 쓰고 정리하곤 하였던 것이다. 위의 저술 가운데 어느 것이 선생의 초서농(抄書籠 : 남의 책을 빌려다가 그 내용을 초록한 것을 넣어두는 상자)에서 나오고 어느 것이 저서농(著書籠 : 자신이 저술한 것을 넣어 두는 상자)에서 나왔을지 짐작되지 않는 것도 있다. 또 이 목록에는 중요한 저술인 『계갑일록(癸甲日錄)』, 『만물유취(萬物類聚)』,

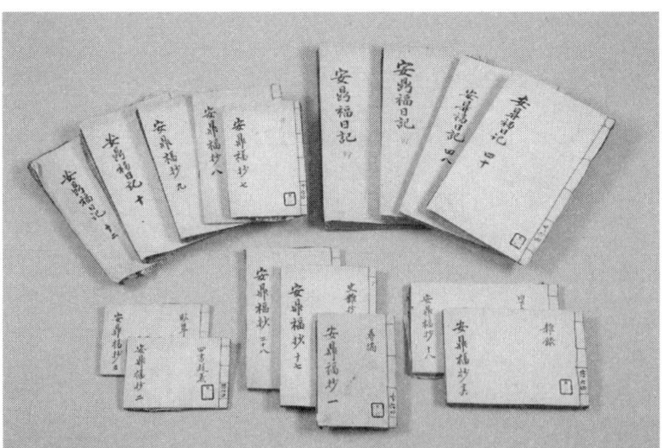

『안정복 일기』 아직 정리되지 못한 안정복의 저작들

『잡동산이(雜同散異)』 등은 아예 보이지도 않는다.

지금까지 전해지는 것 중에서 순암선생의 저술로 확실히 판명된 책들을 중심으로 그 대강을 살펴보기로 한다.

『순암선생문집(順菴先生文集)』

선생의 시문집으로 제자인 황덕길(黃德吉)이 편집하고 뒤에 안경위(安景禕)가 잡저(雜著)의 편목을 수정하였으며, 5대손인 안종엽(安鍾曄)이 1900년(광무 4)에 간행한 목활자본이다. 연보를 포함하여 총 30권 15책으로 이루어져 있다.

문집은 저자가 작고한 뒤에 대개 후학이나 후손들이 저자가 남긴 글들을 모아서 선정·편찬하게 된다. 이것을 목판이나 목활자로 출간하는 일은 상당한 물력(物力)이 드는 일로 개인적으로는 쉽지 않았다. 순암선생문집도 그렇게 출판되었던 것이다.

권1은 시(詩) 196수, 권2~10은 서(書) 225편, 권11~17은 잡저(雜著) 23편, 권18은 서(序) 22편·기(記) 2편·발(跋) 13편, 권19는 제발(題跋) 14편·잠(箴) 2편·명(銘) 3편·찬(贊) 3편·전(傳) 1편·자사(字辭) 3편·설(說) 10

『순암집』 15책

편, 권20은 축문 9편 · 제문 20편 · 애사(哀詞) 1편, 권21은 묘갈 21편 · 묘표 1편, 권22~24는 묘지 43편, 권25~27은 행장 24편 · 유사 3편, 권 외에 순암선생행장(順菴先生行狀) 1편, 순암선생연보(順菴先生年譜) 1편 등으로 구성되어 있다.

먼저 시는 학문생활에 수반되는 감상이 내용의 주류를 이루고 있다. 그러나 매우 다양해서 딸과 손자들을 경계하는 내용에서부터 역사의 유적들을 읊은 영사시(詠史詩)의 애국적 정서 등에 이르기까지 생활의 전부면들이 형상화되고 있다. 자연을 읊은 음풍농월 시는 아주 적다. 실학파 문집의 공통점이기도 하다.

서(書) 중에서 「답이중명별지(答李仲命別紙)」는 왜관(倭館)에 관한 것과 제도의 연혁 등을 자문자답한 내용이고, 「동사문답(東史問答)」은 『동사강목』을 집필하면서 우리나라 사서(史書)의 문제점과 역사 사실의 의문점을 이익 · 윤동규(尹東奎) 등과 편지로 문답한 것이다. 그 외는 대부분 경서 · 역사 · 천문 · 지리 · 시사에 대하여 이익 · 이병휴(李秉休) · 채제공(蔡濟恭) · 이상정(李象靖) · 권철신(權哲身) · 이가환(李家煥) 등과 질의응답한 것들로, 천주교에 대한 배척의 내용도 많이 포함되어 있다.

잡저 가운데는 경서의 의심나는 부분을 연구한 「경서의의(經書疑義)」가 있고, 「상헌수필(橡軒隨筆)」은 성정(性情) · 주인배빈(主人拜賓) · 노비법 등 60여 항목을 설정하여 각 항목과 관련한 생각과 사실들을 여러 방면으로 다룬 내용이다. 말 그대로 수필이다. 「덕곡서재월삭강회약(德谷書齋月朔講會約)」과 「광주부 경안면 2리 동약(廣州府慶安面二里洞約)」 등은 당시 향촌 사회의 연구에 좋은 자료가 된다. 「함장록(函丈錄)」은 스승인 성호 이익 선생과의 사제간 수작(酬酌)과 문답에 관한 기록이다. 「임진계방일기(壬辰癸坊日記)」와 「갑오계방일기(甲午桂坊日記)」는 세자 익위사 익찬(世子翊衛司翊贊)으로 재직 당시 동궁에게 강의한 서연(書筵)의 기록이다.

「목주정사(木州政事)」는 목천(木川) 현감으로 부임하여 2년 5개월 동안 재임 중 그 행정에 관한 자료를 편차(編次)해 놓은 것으로 유문(諭文)·전령(傳令)·고목(告目)·절목(節目)·권농문(勸農文) 등으로 이루어져 있다. 「천학고(天學考)」는 천주교가 우리나라와 동양에 전래한 유래에 관하여 기록한 것이며, 「천학문답(天學問答)」은 천주교의 사상과 교리에 관한 것을 비판적으로 자문자답한 것이다. 특히 이 두 글은 선생의 주변을 위협하였던 천주교의 박해와 선생과 같은 전통적 학인의 서학(西學)에 대한 인식을 살펴볼 수 있는 중요한 저술이다.

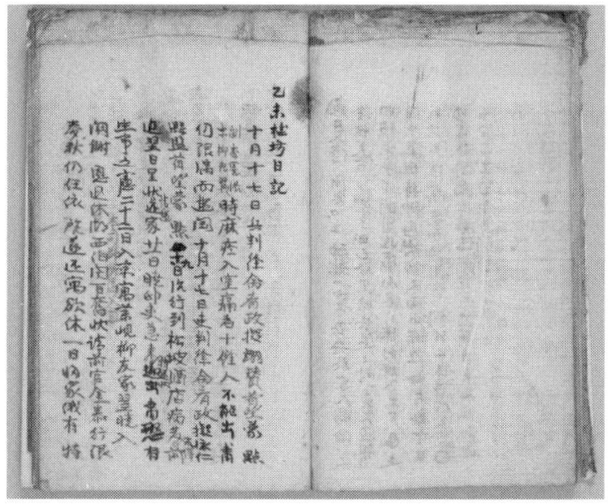

『계방일기』 익위사 익찬 시절의 일기

서(序)에는 성호의 지도와 부탁으로 퇴계(退溪) 이황(李滉)의 글을 뽑아 모은 『이자수어(李子粹語)』에 대한 서문과 『동사강목』, 『경안 2리 동약(洞約)』, 『임관정요』, 『광주지(廣州志)』, 『대록지』 등에 대한 자서(自序)가 있다. 이 가운데는 『광주지』처럼 자작 서문만 있고 본문이 전하지 않는 저술도 허다하다.

설(說)에는 토지제도의 이상적인 구상을 현실화시킨 「정전설(井田說)」, 국방에 대한 「성제설(城制說)」, 국경에 관한 「동국지계설(東國地界說)」, 일본에 관한 「왜국지세설(倭國地勢說)」 등이 있다.

저자에 대한 행장은 황덕길이 썼고, 연보에는 시호를 올릴 때까지의 기록이 상세히 적혀 있다.

선생의 독립된 저술을 제외하고는 이 문집만으로도 순암의 생애와 학문과 선비적 자세를 집약적으로 느껴 볼 수 있는 자료가 된다.

『하학지남(下學指南)』

영조 16년(1740)에 집필하였으나 정조 8년(1784)에 완성한 저술로 상·하 2책으로 이루어져 있다. 필사 원고본이다. 책머리에 선생이 73세 때 자서(自序)가 실린 것을 비롯하여 「하학지남록(下學指南錄)」이 있는 점으로 미루어 선생이 자신의 저서 중에서 상당히 중시했던 것으로 보인다. 여기서 하학(下學)이란 '쉽게 배우고 쉽게 행하는[易知易行]' 일상적 공부를 말하며, 지남(指南)은 '가르쳐 인도한다'는 뜻으로 곧 초학자의 입문 지침서라고 할 수 있다. 하지만 그 속에는 이미 대학자의 학문적 규범이 다 갖추어져 있는 것이다.

편차(編次)를 살펴보면 수권(首卷)은 일용(日用), 상권은 독서(讀書)·위학(爲學)·심술(心術) 등 3편, 하권은 위의(威儀)·정가(正家)·처기(處己)·접인(接人)·출처(出處) 등 5편으로 구성되어 있다.

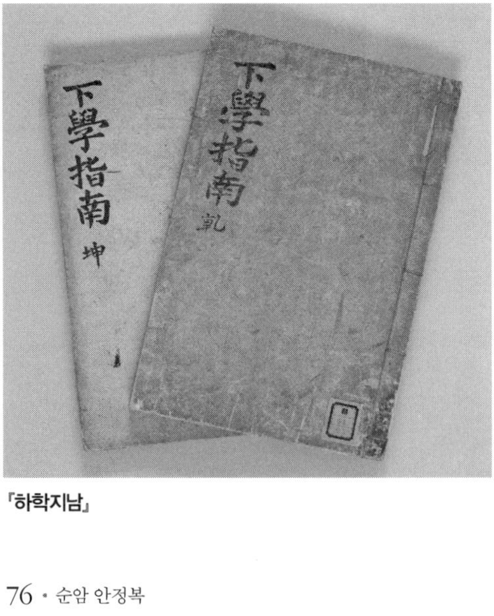

『하학지남』

먼저 「일용(日用)」편은 숙흥(夙興)·일간(日間)·야매(夜寐)의 세 장으로 이루어져 있는데, 여기에서는 인시(寅時)에 일어나서 해시(亥時)에 잠자리에 들 때까지 하루의 일과 중 마땅히 해야 할 행사와 방법 등을 경전이나 선현들의 예를 인용하여 자세하게 열거하였다.

상권의 「독서(讀書)」편에서는 독서하는 순서와 방법 등을 먼저 설명한 다음 소학(小學)과 사서(四書)를 읽는 법, 그 밖의 여러 경서를 읽는 법, 성리학에 관한 책을 읽는 법, 그리고 역사서를 읽는 순서와 방법, 선현의 언행을 논하는 방법 등을 소개하였다. 부록으로 습자(習字)와 작문법(作文法)도 뒤에 붙여 놓았다. 「위학(爲學)」편은 학문을 하는 순서로 이루어져 있는데, 먼저 학문을 하는 까닭과 범위를 설명한 다음 뜻을 세우고 기질의 변화를 통해 구습(舊習)을 타파할 것을 주장한다. 덧붙여 궁리(窮理)를 하여 치지(致知)를 이루고 이를 힘써 실행해야 하며, 존양(存養) · 성찰(省察) · 극치(克治) · 돈독(敦篤) · 성실(誠實)해야 하는데, 만일 이렇게 공부하지 않으면 학문의 진전이 없어 불교나 도교 등 이단의 폐해를 입게 된다고 역설하였다. 「심술(心術)」편에서는 성의(誠意) · 정심(正心)을 비롯한 인격 수양의 방법과 순서 등을 밝혔는데, 「위학」편에서 배운 것을 올바른 방향으로 나아가도록 하는 길을 제시한 부분이라 할 수 있다.

하권은 상권에서 공부한 것을 밖으로 드러내는 것에 관한 내용을 다루고 있다. 먼저 「위의(威儀)」편에서는 거처(居處)와 동작에 경(敬)과 근(謹)으로 할 것을 밝혔으며, 「정가(正家)」편에서는 관혼상제를 비롯해 가정에서 지켜야 할 도리를 선현의 모범을 들어 설명하고 있는데, 특히 효(孝)와 예(禮), 검소한 생활이 강조되었다. 「처기(處己)」편에서는 공겸(恭謙)하고 근신하여 처세함에 몸가짐을 바르게 하여야 할 것을 밝혔다. 「접인(接人)」편에서는 일반적인 대인관계에서 지켜야 할 여러 가지 방법과 도리 등을 다루었으며, 「출처(出處)」편에서는 임금을 섬기는 방법, 목민관으로서 민정(民政)에 임하는 방법, 관리로서 지녀야 할 태도 등에 대해 말하고 있다.

『임관정요(臨官政要)』

관리로서 정무(政務)에 긴요한 사항에 대해 적은 책으로 1권 1책으로 이루어져 있다. 주로 백성을 직접 다스리는 목민관이 알아야 할 내용들이다. 이 책은 일찍이 영조 14년 순암선생이 27세 때쯤에 이미 구상한 것으로 보이나 완성은 46세 때 이루어진다. 필사 원고본이다.

서문에서 천덕(天德)과 왕도(王道), 수기(修己)와 치인(治人)을 일체로 보고, 일찍이 배우지 않고도 잘 다스릴 수 있는 자는 없었는데도 유리(儒吏)와 속리(俗吏)를 구별하고는 항상 법률의 학(學)만을 중히 여기니 슬픈 일이라고 하였다.

본편은 「정어(政語)」·「정적(政蹟)」·「시조(時措)」의 3장으로 분류되어 있는데, 「정어(政語)」에서는 지방 통치를 하는 데 도움이 될 만한 고금(古今) 성현의 교훈을 모아 놓았고, 「정적(政蹟)」에서는 옛사람들의 지방 통치에 나타난 치적을 소개하였으며, 「시조(時措)」는 목민관의 지방 통치에 관한 순암선생 자신의 견해를 밝힌 부분으로 많은 비판과 개선안이 제시되어 있다. 따라서 이 책의 핵심부분은 「시조」라 할 수 있다. 「시조」장은 위정(爲政)·지신(持身)·처사(處事)·풍속(風俗)·임민(臨民)·임인(臨人)·접물(接物)·어리(御吏)·용재(用財)·농상(農桑)·호구(戶口)·교화(敎化)·군정(軍政)·부역(賦役)·전정(田政)·조적(糶糴)·진휼(賑恤)·형법(刑法)·사송(詞訟)·거간(去奸)·치도(治盜) 등 21개의 항목으로 구성되어 있다. 선생은 여기서 목민관이 지녀야 할 기본 정신, 목민관의 몸가짐, 목민관이 백성을 대하는 태도, 목민관의 업무처리 자세, 하급 관리의 업무에 대한 지도 관리, 그리고 대민 업무의 주요 개선책 등에 대해 중점적으로 논하고 있다. 「위정(爲政)」에서는 충(忠)·공(公)·염(廉)·근(勤)·근(謹)의 다섯 가지를 관직자의 중요한 요소라고 말하고 있다. 그리고 세속을 살피고, 아전

[吏輩]으로서 세도를 믿는 세리(勢吏)나 재주부리는 능리(能吏)와 탐리(貪吏)는 모두 배격하고, 백성에게는 불인(不忍, 차마 못할 듯)한 마음으로 대하고, 올바른 사람을 구하여 자기의 중임(重任)을 나누어 맡기고 현준한 인사를 대우하는 데는

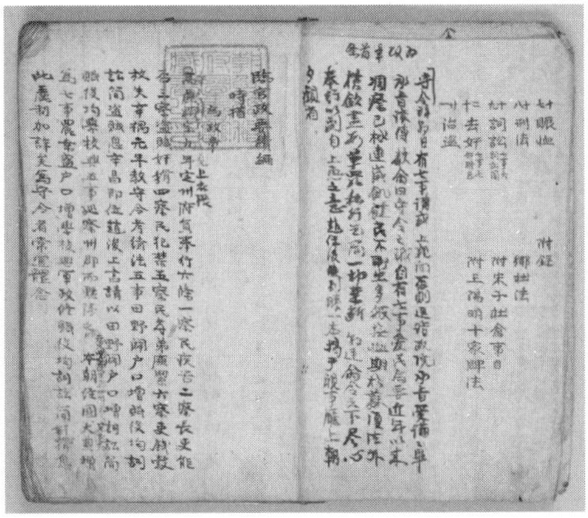

『임관정요』 속편

신분의 미천을 따져서는 안 되며, 관리는 의리로서 감복시켜 부려야 할 것이라고 말하고 있다. 「용재(用材)」에서는 자기 것 아끼듯 절약하고, 농사는 절기와 수리를 원활히 해야 할 것을, 「호구(戶口)」에서는 민수와 가산 파악을 잘하고 적임의 면임(面任)을 선임하여 민적을 작성하게 하여야 하며, 「교화(敎化)」에서는 선발된 유상으로 하여금 풍속을 순미하게 하고 근면성을 길러 주어야 한다고 하였다.

「군정(軍政)」에서는 사망·노제자(老除者)의 대역(代役)에는 언제나 궐원(闕員)에 따라 충정(充定)하고, 일반 한정(閑丁)은 농한기인 연말에 찾아내어 본인의 다짐을 받아 장부를 작성하여 두었다가 봄철이 지난 후 궐원에 따라 충정하여야 하며, 「부역(賦役)」은 법전(法典)에 따라 시행하며 역고(役苦)와 부렴(賦斂)을 균평하게 할 것과, 전지(田地)에 대하여 농사실태를 조사하여 연분등제(年分等第)를 살펴 과세하고, 잡다한 부세(賦稅)는 없애고 대동법(大同法)을 실시하여 민역(民役) 징봉(徵捧)을 통일하여야 한다고 주장하였다.

「전정(田政)」은 양안(量案)을 파악하고 면임을 단속하며 전결과 재실(災實)을 조사한 다음 수령 자신이 현지답사로 공죄(公罪)를 논하여야 하며,

「조적(糶糴)」은 12월 23일부터 빈민 대상의 인구비례로 방출하여 다음 해 10월부터 봉납을 독촉·수납하여야 하고, 「진휼(賑恤)」은 기민(飢民)을 3등으로 구분하여 맥곡(麥穀)이 나기 전까지 10일 간격으로 분급하되 환(鰥)·과(寡)·고(孤)·독(獨)을 중점 구호하여야 한다는 내용이다. 「형법(刑法)」은 정과 법의 경중을 가려 『대명률(大明律)』과 『결송유취(決訟類聚)』를 기본으로 다루어야 하며, 「사송(詞訟)」은 오청(五聽)의 요법(要法)에 따라 공정히 처결하여야 하고, 양민 보호를 위하여 간인(奸人)을 제거하고, 「치도」는 가차 없이 율문(律文)에 따라 다스려야 한다는 것이다.

다음, 부록에서 「향사법(鄕社法)」에 대한 설명과 「사창(社倉)」이 흉년 구제에 좋은 방법이라는 점을 강조하고, 「금송작계절목(禁松作契節目)」에서는 촌민이 계를 결성하여 촌민자치제로 금송하게 하여 백성을 구제해야 한다는 것이며, 끝으로 「치군요법(治郡要法)」은 시조의 내용과 밀접히 관련된 정요(政要) 사항을 기술한 논문이다.

『계갑일록(癸甲日錄)』

순암선생의 나이 32세(1743) 때인 계해(癸亥)년 11월 7일부터 그 다음 해인 갑자(甲子)년 1월 24일까지의 일기문 필사본이다. 『일성록(日省錄)』이라고도 부른다. 겨우 3개월에 걸친 짧은 일기문이지만 그 속에는 선생의 일상생활을 통하여 사상과 감정의 동향이 잘 표현되어 있으며, 고전에 대한 독특한 견해도 여러 곳에서 발견할 수 있다. 또한 선생이 보고 듣고 접촉한 것을 통해 당시 기호(畿湖)지방의 백성들과 몰락 사족(士族)들의 생활상을 선명하게 살펴볼 수 있다.

내용을 살펴보면, 그가 광주(廣州)에서 서울로 가는 도중에 펼쳐진 풍물이라든가, 남대문 근처 도동(桃洞)에 사는 진사(進士) 유발(柳潑)의 집에서 그의 증조(曾祖)인 반계(磻溪) 유형원(柳馨遠)의 이름을 처음 듣고 반계가 저술한 서명(書名)들을 소개받은 사실, 처음 반곡(盤谷) 유형원(柳泂元)으로 잘못 적었다가 다시 정정한 것이라든가, 왕세자[후일의 사도세자(思悼世子)]가 결혼하여 그의 비(妣, 혜경궁 홍씨)를 친영(親迎)하는 행차를 길가에서 구경하면서 왕세자의 용모와 인상을 자세히 말하고 왕자(王者)로서의 그의 장래에 일말의 우려를 표하고 있는 것 등은 특히 흥미를 끄는 대목들이다.

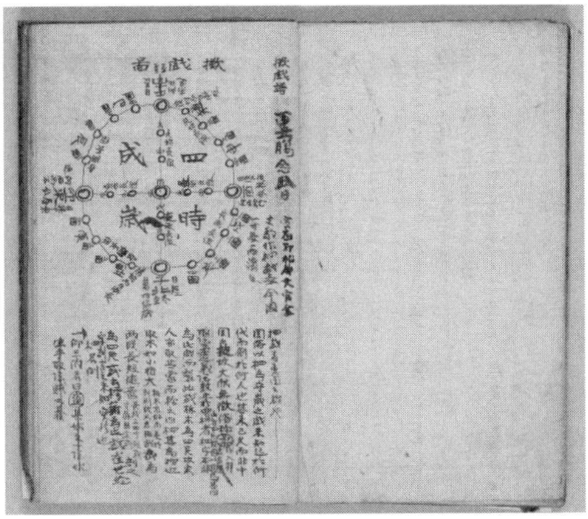

『계갑일록』

『동사강목(東史綱目)』

단군조선으로부터 고려 말까지를 다룬 통사적인 역사책이다. 체재는 20권 20책의 필사본으로 본편 17권과 부록 3권으로 되어 있다. 서술 방식은 편년체이나 주자의 『자치통감강목(資治通鑑綱目)』의 형식에 따라 강(綱)과 목(目)으로 서술된 실학 시기의 대표적인 역사서이다. 선생은 45세 때인 영조 32년(1756)에 편찬을 시작하여 3년 만에 초고를 완성하였으나 이를 준비한 것은 1751년 『자치통감강목』을 연구하면서부터이고, 그 이전 유형원(柳馨遠)의 『동사강목조례(東史綱目條例)』의 초고를 본 뒤에 이 책의 집필을 결심한 것으로 보인다. 초고를 완성한 뒤에 스승인 이익(李瀷), 친구인 윤동규(尹東奎) · 이인섭(李寅燮) 등과 서신을 통하여 역사에 관한 의견을 교환하고, 초고를 수정 · 보완하여 1778년 목천 현감 재직할 때에 일단 완성

『동사강목』 초편

을 보았다. 비록 계속된 작업은 아니었다 할지라도 편찬을 시작한 지 22년간에 걸쳐 완성된 것으로, 서문은 순암선생이 직접 썼다.

선생이 이 책을 편찬한 동기는 기존의 동국사서들의 서술과 동국사에 대한 연구에 불만을 가지고 역사의 편찬을 시도한 것이다. 즉, 기존의 사서들은 사료의 수집을 불철저하고 서술에 요령을 잃었으며, 서술이 의례(義例)에 어긋났고 시비를 가리지 못하였다는 것이다. 이에 그는 자료를 널리 수집하여 이를 비판하고, 또한 평가의 기준으로 『자치통감강목』의 범례를 정법으로 삼아 서술하려 하였다.

이와 같이 기존 사서의 불완전함과 결점을 보완하기 위하여 그는 역사가의 중요한 원칙으로서 다음의 다섯 가지를 들고 있는데, ① 계통을 밝힐 것, ② 찬탈자와 반역자를 엄하게 다스릴 것, ③ 시비를 바르게 내릴 것, ④ 충절을 높이 평할 것, ⑤ 법제를 상세히 살필 것 등이다. 이 밖에 『동사강목』의 「지리고(地理考) 서(序)」에서 역사가는 강역을 먼저 알아야 역사의 성쇠를 알 수 있다고 강조한 바 있다. 이 책을 편찬한 또 하나의 동기로, 우리나라 사람이 아무리 훌륭해도 우리나라 사람일 수밖에 없으며 우리의 역사를 연구하는 것이 무엇보다 중요한 일이라는 그의 서간문에 보이는 견해도 주목할 만하다. 이는 자국사의 중요성에 대한 새로운 인식에서 『동사강목』의 집필이 이루어졌음을 뜻한다. 또한 기왕의 역사서가 당시의 변화된 철학[성리학], 세계관, 새로운 학풍[실학], 또 새로운 역사학 연구의 성과[역사지리학] 및 당시의 시대 의식을 충분히 반영하고 있지 못한 데서 자국사를 새로이 쓸 생각을 굳혔다고 할 수 있다.

그 내용을 살펴보면 책의 첫머리에는 우선 서술 원칙인 범례와 서두의 부록으로 동사강목도(東史綱目圖)를 상·중·하로 싣고 있다.

그 중 상편은 단군기자전세지도(檀君箕子傳世之圖 : 附 衛氏)·신라삼성전세지도(新羅三姓傳世之圖 : 附 駕洛國·大伽倻國)·고구려전세지도(高句麗傳世之圖 : 附 夫餘國·渤海國)·백제전세지도·고려전세지도 등을 싣고 있고, 신라 이후 고려까지의 도표 뒤에는 『동국통감』 편자가 역대 왕의 치적을 평가한 사론을 싣고 있다. 이는 역사가에 있어 계통을 밝히는 것이 중요하다는 원칙을 직접 보여 준 것이다.

동사강목도의 중편은 역사지도로서 당시의 지도, 조선·사군·삼한도·삼국초기도(三國初期圖)·고구려전성도·백제전성도·신라전성도·신라통일도·고려통일도 등을 싣고 있다. 이는 이전의 역사서에서는 볼 수 없었던 새로운 착상으로, 강역을 중시함과 아울러 역사는 지리를 전제하고 있음을 나타내 주고 있다.

동사강목도의 하편은 관직연혁도로서 삼국과 고려시대의 관직의 부서별 변화를 파악하고 있다. 이것도 그의 창의적인 작업의 결과로서 통치제도를 상세히 살핌이 역사에서 중요한 원칙이라는 것과 관계된다.

『동사강목』의 범례는 『자치통감강목』의 범례를 크게 답습한 임상덕(林象德)의 『동사회강(東史會綱)』의 범례를 참조하여 이를 간략하게 줄였다. 『동사강목』 범례의 특징으로는 정통국가(正統國家)·정통군주(正統君主)와 비정통국가·비정통군주에 대해 구별하여 서술하는 원칙이 주류를 이루고 있고, 참고한 서적을 한 항목으로 실으면서 간단한 해제를 붙였다.

본편에서는 강목 형식으로 서술하였는데, 중요한 사건을 강으로 표시하고 그와 관련된 기사는 줄을 낮추어 목으로 서술하였다. 그리고 자신의 견해를 붙여야 할 곳에는 '살핀다' 는 뜻의 '안(按)' 자를 붙여 두 줄로 쓰고 있으며, 그 밖에 주석(註釋)도 두 줄로 썼다. 그리고 본편 서술에서는 기자가 동으로 와서 조선후(朝鮮侯)에 봉해졌다는 기사를 첫 사건으로 강에서 다루고 있으며, 단군에 대한 내용은 그 아래의 목에서 기술하고 있다. 이것은 그가 서두의 전세지도(傳世之圖)나 문집 등에 단군과 기자라는 말을 쓴 표현과 차이가 나는데, 이는 이익의 주장이 작용한 듯하다. 정통왕조를 본편에서는 기자조선 · 마한 · 통일신라 · 신라 · 멸망 뒤의 고려로 파악하고, 마한이 멸망한 뒤의 삼국시대는 정통국가가 없는 시대로 파악하였다. 즉, 한사군의 역사도 '고조선' 의 역사 속에서 다루었으며, 삼국 초기는 마한의 예속하에 있는 것처럼 기술하였다. 정통국가의 경우에는 연대 표기에서부터 그 국가의 왕들에 대한 칭호 및 용어까지 범례의 원칙대로 서술하였다. 또 본편에서 특별한 표현을 할 경우에는 그 이유를 사론에서 보충 설명하고 있다. 또한 본편에는 역사의 내용을 고증하기 위하여 주(註)를 단 것이 많다. 이는 『동사강목』의 내용이 깊은 연구의 결과임을 보여 주는 것이라 할 수 있다.

본편의 역사 서술에서 가장 큰 특색을 이루는 부분은 고려 말의 정치기사에 대한 서술 부분이다. 『고려사』에서는 우왕과 창왕을 신돈(辛旽)의 아들이라 하여 왕으로 다루지 않고 반역열전에 기술하였으며, 왕으로 꼭 기술하여야 할 경우에는 신우(辛禑) · 신창(辛昌)이라 표현하였고, 편년체의 『고려사절요』나 『동국통감』에서도 모두 신우 · 신창으로 표현하여 왔다. 그러나 『동사강목』에서는 이를 정략적인 날조라 평가하면서 왕으로 표기하였는데, 이들은 폐위된 왕이라 하여 폐왕으로 기술하고 있다. 이는 16세기 사림(士林)들의 역사서술에서 싹트기 시작한 것을 순암선생이 확고하게 서술한 것으로 조선 초기 관찬 사서의 역사 인식에 반기를 든 것이다. 조선의 건국이라는 역성혁명(易姓革命)을 합리화하기 위해 왜곡시킨 고려 말의 역사사실을 진실되게 바로잡은 양심적 기술이라 하겠다.

이 책의 역사적 · 사학사적 의미와 평가는 앞의 제1, 2장에서 언급한 바 있어 생략한다.

『열조통기(列朝通紀)』

순암선생이 56세인 1767년(영조 43)에 기초(起草)하여 27책으로 완성한 저술로 현재 필사본으로 남아 있다. 이 책의 편찬을 마친 시기는 정확히 밝혀져 있지 않지만 책의 내용이 1776년 영조의 장례 기사까지 서술하고 있는 것으로 보아 정조 이후에 완성된 것으로 보인다. 이 책은 선생이 48세에 집필을 마친 『동사강목(東史綱目)』이 단군조선에서 고려 말까지의 역사를 서술한 까닭에, 그 뒤의 역사를 체계화하려는 목적에서 다시 조선조(朝鮮朝)의 건국에서부터 선생의 당대인 영조대까지의 역사를 편년체(編年體)로 기술한 것으로 보인다.

조선시대의 편년 서사체인 각 왕의 실록(오늘의 『조선왕조실록』)은 개인이 열람할 수 없었기 때문에 실록의 내용 중 정치적 교훈이 될 만한 내용을 가려 뽑은 『국조보감(國朝寶鑑)』을 기본 자료로 하고 그 밖에 각종 관찬 사료와 문집류를 참고하여 편찬하였다. 이들 자료에 대한 전거(典據) 표시는 제3책에서 쓰이기도 하였지만 전체적으로 보아서는 전거를 밝히지 않은 것이 대부분이다. 당시 자료 수집의 한계성을 고려할 때 많은 노력을 들인 편찬

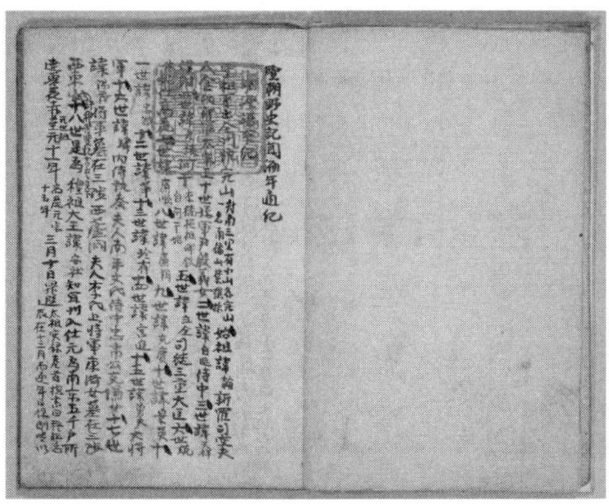

『열조통기』

이기는 하나 오늘에 와서 자료로서의 가치는 그다지 크지 않다.

서술 내용은 각 왕이 즉위하기 전의 기사는 별도로 상세히 기술하고, 즉위한 뒤에는 연월일에 따라 정치적 사건을 기술하였다. 그렇지만 서문이나 발문 · 범례 등이 전혀 없어 저자의 편찬 목적이나 의식 등을 직접적으로 알 수가 없다. 또한 사론(史論)조차 전혀 쓰이지 않아 기사의 나열에 그치고 있다. 실록이 관찬사서로서 국가적 · 공적인 입장에서 기록된 것이었다면, 선생의 이 저서는 재야의 개인학자가 조선왕조사를 어떻게 이해하였는가를 보여준다는 점에서 그 의의와 가치를 둘 수 있다.

『만물유취(萬物類聚)』

건(乾) · 곤(坤) 2책으로 되어 있는데, 건은 천도류(天道類) · 지리류(地理類) · 동식류(動植類)로 필사 원고본이다. 곤은 신도문(臣道門) · 추관문(秋官門) · 동관문(冬官門)으로 나누어져 있다. 특히 「신도」 이하 세 부분 속에는 당시의 정치 · 경제 · 사회에 대한 탁월한 견해와 평론들이 들어 있다.

『잡동산이(雜同散異)』

이름에서도 알 수 있듯이 순암선생이 잡다한 여러 가지 사항을 모아 엮은 백과사전적인 책으로 53책의 방대한 분량이다. 역시 필사본이다.

내용을 살펴보면 우리나라와 중국의 역사와 제도(制度), 그리고 유교경전의 자구(字句), 명가(名家)의 저술, 명물, 도수(度數), 여항(閭巷), 패설(稗說) 등 다양한 분야를 담고 있기는 하지만 분류에 따른 체계는 전혀 세워져 있지 않음을 알 수 있다.

『희현록(希賢錄)』

순암선생이 40세인 1755년(영조 31)에 기초하여 2년 후에 완성한 것으로, 역사상의 인물들 가운데 자기가 존경하는 분들을 골라 그 출처와 행적에 관한 자료를 고전에서 발굴하여 엮은 것이다. '사(士)는 현인(賢人)을 바라고, 현인은 성인(聖人)을 바란다.' 는 옛말을 취하여 책이름으로 삼았다. 모두 3권으로 상권은 이윤(伊尹) · 백이(伯夷) · 유하혜(柳下惠)의 「삼성전(三聖傳)」을, 중권은 제갈공명(諸葛孔明)과 도연명(陶淵明)의 「양현전(兩賢傳)」을 묶은 것이고, 하권에는 희안록(希顔錄)이라 하여 공자(孔子)의 수제자인 안연(顔淵)의 자료를 자세히 발췌하여 소개한 다음 송대(宋代)의 주렴계(周濂溪)와 정명도(程明道)에 대해서도 간략하게 설명하고 있다.

『의문(擬問)』

순암선생이 성리학에 대해 어떻게 생각하고 있었던가를 가장 분명하게 보여 주는 저술이라 할 수 있다. 이 글의 체재는 이기(理氣)의 구성과 운행을 설명한 총론 부분과 이기사칠론(理氣四七論)을 문답식으로 분석하고 정리한 '사칠이기(四七理氣)' 와 '인성지성(人性之性)' 으로 구성되어 있다. 선생은 이 글을 통해 사단칠정(四端七情)이 이발(理發)인가 기발(氣發)인가를 주된 문제로 삼아 객(客)이 묻고 자신이 주인이 되어 답하는 방식으로 이기론에 대한 매우 구체적이고 정연한 설명을 하고 있다.

『목천현지(木川縣志)』

이 빈약한 이전의 읍지(邑誌)를 대신하여 새로 편찬한 것이다. 지방의 연

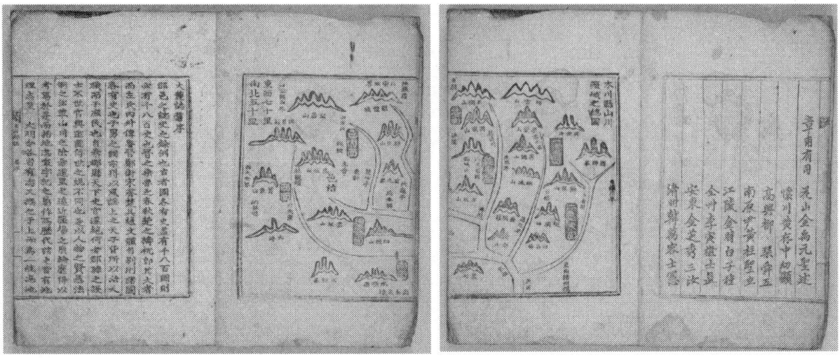

순암이 지은 『목천현지(木川縣志)』 목천 현감으로 있으면서 엮은 현지(縣志). 서문(序文)과 '목천현 산천 강역(江域)'로 시작되고 있다. 목천의 별칭을 따서 '대록지(大麓志)'라고도 한다. 지금은 독립기념관이 있는 목천읍이다.

혁(沿革)과 제도에 관한 설명에서 선생의 역사 지식과 사물에 대한 인식이 곳곳에 나타난다. 관원·향임(鄕任)·이속(吏屬) 등의 인원수를 비롯한 각종 사실들이 1779년을 기준으로 기술되어 있다. 조선조 후기에 지방별 읍지가 만들어지기 시작하여 여러 종류가 나왔는데, 그 중에서 이 『목천현지』는 연조(年條)로 보나 내용으로 보나 매우 규범적인 것으로 평가될 수 있다. 『대록지(大麓志)』[대록은 목주의 별칭]라고도 한다.

제4장

순암 안정복 선생 연보
(順菴安鼎福先生年譜)

숙종대왕(肅宗大王) 38년 임진(1712). –청나라 강희(康熙) 51년이다.– 12월 25일 갑술일에 –술시(戌時)이다.– 선생이 제천현(堤川縣) –호서 좌도(湖西左道)의 현(縣) 이름이다.– 유원(楡院)의 집에서 태어났다.

조부 참의공이 경성(京城)의 청파리(靑坡里)에 우거(寓居)하고 있었다. 이해 3월에 모부인(母夫人) 이씨(李氏)가 붉은 기운이 하늘에서 내려와 침소를 감싸는 꿈을 꾸고는 임신하였다. 10월에 조부 참의공이 가속(家屬)을 거느리고 제천의 유원에 있는 친척 윤훈갑(尹訓甲)의 집으로 이사하여 살았다. 공을 낳던 날 새벽에 또 붉은 반점이 있는 표범을 가슴에 품는 꿈을 꾸고는 놀라 깼다. 이 날 술시(戌時)에 공이 태어났다.

41년 을미(1715), 선생의 나이 4세이다. ○ 가을에 모부인을 따라 제천에서 상경(上京)하였다.

건천동(乾川洞)의 외가(外家)에 우거하였다.

42년 병신(1716), 선생의 나이 5세이다. ○ 겨울에 마마[痘疹]를 앓았다.

43년 정유(1717), 선생의 나이 6세이다. ○ 가을에 모부인을 따라 영광(靈光)의 월산(月山)에 갔다.

바로 외가의 농장(農庄)이 있는 곳이다. 당시 외할머니가 그곳으로 내려갔으므로 모부인과 함께 따라갔던 것이다.

45년 기해(1719), 선생의 나이 8세이다. ○ 겨울에 홍역(紅疫)을 앓았다.

46년 경자(1720), 선생의 나이 9세이다. ○ 봄에 모부인을 따라 서울로 돌아왔다.

당시 집이 남대문 밖 남정동(藍井洞)에 있었다.

경종대왕(景宗大王) 원년 신축(1721), 선생의 나이 10세이다. ○ 처음으로 입학(入學)하여 먼저 『소학(小學)』을 읽었다.

서울과 시골로 옮겨 다니면서 살았기 때문에 이때에 이르러서야 비로소 입학(入學)하였는데, 구두(句讀)를 떼는 것이 분명하고 뜻을 보는 것이 정밀하여 몇 년이 지나지 않아서 문리(文理)가 빨리 트였다.

영종대왕(英宗大王) 원년 을사(1725), 선생의 나이 14세이다. ○ 7월에 조부 참의공을 따라 울산(蔚山)의 임소(任所)로 갔다.

2년 병오(1726), 선생의 나이 15세이다. ○ 조부 참의공이 체직(遞職)되어 돌아와 무주(茂朱) ―호남 좌도의 고을 이름이다.― 읍내(邑內)에 복거(卜居)하기에 선생이 따라갔던 것이다.

4년 무신(1728), 선생의 나이 17세이다.

이해 3월에 호서(湖西)의 역적(逆賊) 이인좌(李麟佐) 등이 청주(淸州)를 함락하였다.

4월 22일에 이르러서 선생이 무주의 집에서 동쪽 하늘을 보니, 검은 기운이 참담한 가운데 붉은 기운이 뻗어 있기에, 기뻐하면서 말하기를,

"이것은 천문서(天文書)에서 말한 전쟁의 기운이니, 주인이 객(客)을 이기는 조짐이다."

하였는데, 다른 사람들이 믿지 않았다. 이틀 뒤에 적장(賊將) 이웅보(李熊報) 등이 안음(安陰)과 무주의 경계 지점에 있는 초현(草峴)의 동쪽에서 싸우다 패하여 사로잡혔다는 소문이 들리니, 선생의 말이 과연 사실이라 사람들이 모두 탄복하였다.

5년 기유(1729), 선생의 나이 18세이다. ○ 10월 무오일에 부인(夫人) 성씨(成氏) ―성순(成純)의 딸이다.― 에게 장가들다.

8년 임자(1732), 선생의 나이 21세이다. ○ 정월 무진일에 아들 경증(景曾)을 낳았다.

11년 을묘(1735), 선생의 나이 24세이다. ○ 11월에 조부 참의공의 상(喪)을 당하였다.

12년 병진(1736), 선생의 나이 25세이다. ○ 10월에 광주(廣州) 경안면(慶安面) 덕곡리(德谷里)에 집을 짓고 살았다.

이듬해 봄에 온 집안이 무주(茂朱)에서 올라왔다.

13년 정사(1737), 선생의 나이 26세이다. ○ 봄에 『성리대전(性理大全)』을 읽었다.

선생은 어릴 때부터 '선비가 이 세상에 태어나서 한 가지 재예(才藝)로 이름을 이루어서는 안 된다.' 고 여겼다. 그리하여 경사(經史)와 시례(詩禮) 이외에 음양(陰陽), 성력(星曆), 의약(醫藥), 복서(卜筮) 등의 서책 및 손자(孫子)·오자(吳子)의 병서(兵書), 불가(佛家)·도가(道家)의 서책, 패승(稗乘)이나 소설(小說)의 등에 이르기까지, 문자가 만들어진 이래 모든 문헌(文獻)들 중 구해 볼 수 있는 것은 두루 다 보았다. 그리하여 15, 6세부터 이미 박학(博學)하다고 일컬어졌다. 그러다가 이때에 이르러서 비로소 성리학(性理學)에 뜻을 두고는 탄식하기를,

> "처음에는 한 가지 사물의 이치라도 알지 못하는 것을 부끄럽게 여겼는데, 끝내는 자기 심신(心身)이 귀한 줄을 몰랐으니, 이는 이른바 눈썹이 눈앞에 있어도 사람이 보지 못한다는 격이다."

하고는 마음을 가라앉히고 깊이 궁구하면서 손으로 베끼고 입으로 외웠다.

5월에 『심경(心經)』을 읽었다.

『심경』을 읽다가 느낌이 있어서 절구 두 수를 지었다. 그 중 한 수는 다음과 같다.

구절마다 방심해선 안 된다고 했으니[1)]
주자의 마음을 먼 훗날 서산(西山)이 알았어라[2)]
평소엔 위미(危微)의 심법(心法)[3)]을 자세히 토론하지만
실제 일을 만나야 비로소 이 마음 알 수 있지

「치통도(治統圖)」와 「도통도(道統圖)」 두 도(圖)를 만들었다.

「치통도」는 역대 제왕들의 계통을 그림으로 그린 것이다. 위로는 상고(上古) 시대부터 아래로는 황명(皇明)에서 청(淸)나라에 이르기까지를 그렸으며, 정통(正統)도 있고 변통(變統)도 있고 무통(無統)도 있는데, 모두 포폄(褒貶)과 여탈

---

1) 구절마다 …… 했으니 : 맹자가 "학문하는 방도는 다른 것이 없다. 그 달아나 버린 마음을 찾는 것일 뿐이다.[學問之道無他 求其放心而已矣]" 하였다. 『孟子 告子 上』.

2) 주자의 …… 알았어라 : 주자가 "학문하는 방도를 맹자는 단연코 놓아버린 마음을 찾는 데에 있다고 했으니, 배우는 사람은 모름지기 먼저 이 놓아버린 마음을 수습해야 한다. 그렇지 않고 이 마음을 놓아버리면 박학(博學)도 쓸데없는 일이고 심문(審問)도 쓸데없는 일이니, 어떻게 밝게 분별하며 어떻게 독실히 행하겠는가. 대개 몸은 하나의 집과 같고 마음은 한 집의 주인과 같은 것이다. 이 집의 주인이 있은 뒤에야 문호를 청소하고 사무를 정돈할 수 있으니, 만약 주인이 없다면 이 집은 하나의 황폐한 집에 불과할 뿐이다.[學問之道, 孟子斷然說在求放心. 學者須先收拾這放心, 不然, 此心放了, 博學也是閑, 審問也是閑. 如何而明辨, 如何而篤行? 蓋身如一屋子, 心如一家主. 有此家主然後, 能灑掃門戶, 整頓事務. 若是無主, 則此屋不過一荒屋爾.]" 하였고, 「구방심재명(求放心齋銘)」이 있다. 『心經附註』 卷3.

3) 위미(危微)의 심법(心法) : 순(舜)임금이 우(禹)임금에게 선양(禪讓)하면서, "인심은 위태롭고 도심은 은미하니, 오직 정밀하게 살피고 한결같이 지켜야 진실로 그 중을 잡을 수 있으리라.[人心惟危, 道心惟微; 惟精惟一, 允執厥中.]" 한 것을 가리킨다. 『書經 大禹謨』. 성리학에서 이 네 구절을 옛 성인이 마음을 전한 지결(旨訣)이라 하기 때문에 이렇게 말한 것이다.

(與奪)의 의리를 담아 상도(上圖)와 하도(下圖)를 만들었다. 「도통도」는 역대 성현(聖賢)들의 계통을 그림으로 그린 것이다. 첫머리에 주자(周子, 주렴계[周濂溪]를 말함)의 역도(易圖)를 내걸어 도의 근본을 밝혔고, 계속해서 복희(伏羲), 신농(神農), 황제(黃帝), 요(堯), 순(舜), 공자(孔子), 맹자(孟子) 등과 염락(濂洛)의 현인들 및 원(元)나라와 명나라의 제유(諸儒)에 이르기까지 모두를 정통(正統)과 방통(旁統)으로 나눈 다음, 역시 상도와 하도를 만들었다. 두 도(圖) 모두 범례(凡例)를 두어 그림의 윗면에 써놓았다.

15년 기미(1739), 선생의 나이 28세이다.

이해 9월에 관상을 보는 자가 선생을 보고 말하기를,

"옛사람이 구양공(歐陽公, 구양수[歐陽脩])의 관상을 보고 말하기를, '귀가 얼굴보다 더 희니 이름이 천하에 가득할 것이고, 입술이 이빨을 가리지 못하니 일없이 비방을 들을 것이다.' 고 하였는데, 공의 관상이 이와 흡사하니, 공은 오늘날의 구양공이 될 것이다."

하였다.

16년 경신(1740), 선생의 나이 29세이다. ○ 『하학지남(下學指南)』을 찬술하였다.

선생은 "옛날부터 학자들의 문제점은 대부분 고원(高遠)한 것에 힘쓰고 비근(卑近)한 것에 소홀한 데 있다." 고 여겼다. 그리하여 일상생활 중에 몸과 마음으로 실행해야 할 도리를 하루 12시(時)에 각각 분배(分排)하고, 또 조목(條目)을 나열한 다음 옛 성현들의 가언(嘉言)과 선행(善行) 중 하학(下學)에 속하는 것들을 덧붙였다. 이를 '하학지남(下學指南)' 이라 이름하고 평소에 취용(取用)할 자료로 삼았다.

「정전설(井田說)」을 지었다.

『주례(周禮)』를 위주로 삼고 여기에 『맹자(孟子)』와 『춘추공양전(春秋公羊傳)』의 하휴(何休)의 주(註), 반고(班固)가 지은 『한서(漢書)』의 「식화지(食貨志)」, 및 주자(朱子)의 학설 등을 참고하여 지었다. -이상의 두 조항은 지은 날짜를 분명히 알 수 없는데, 아마도 이해 봄과 여름 사이에 지은 것 같다.

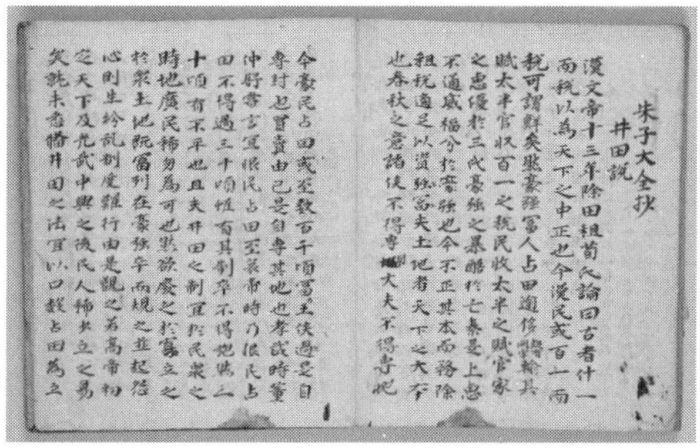

『성리자의』

10월에 딸을 낳았다. -무인년(1758)에 권일신(權日身)에게 시집갔다.

17년 신유(1741), 선생의 나이 30세이다. ○ 6월에 할머니 홍씨(洪氏)의 상을 당하였다. ○ 겨울에 『내범(內範)』을 찬술(撰述)하였다.

주부자(朱夫子)가 일찍이 여계(女戒)가 비천(鄙淺)함을 병통으로 여겨 고어(古語)를 모아서 한 책으로 만들어 『소학(小學)』과 짝이 되게 하려고 하였으나 그 뜻을 이루지 못하였다. 선생이 『하학지남』을 편찬한 다음 또 이 책을 편찬하였으니, 이는 대개 주부자가 남긴 뜻을 이어받고자 한 것으로 편목(篇目)은 대략 주자가 편정(編定)한 책을 모방하였다. 모두 6책이며, '내범(內範)' 이라 이름 붙였다.

22년 병인(1746), 선생의 나이 35세이다. ○ 10월에 성호(星湖) 이선생(李先生)을 찾아가서 배알하였다. -이선생의 이름은 익(瀷)이다.

「일성록」 표지

성호선생이 안산(安山) ―기내(畿內)의 군(郡) 이름이다.― 의 첨성촌(瞻星村)에 살았는데, 선생이 그 덕의(德義)를 흠모하여 가서 배알하고는 스승으로 섬겼다.

23년 정묘(1747), 선생의 나이 36세이다. ○ 봄에 소남(邵南) 윤공(尹公)에게 편지를 보내어 『서경(書經)』「태서(泰誓)」의 뜻을 토론하였다. ―윤공(尹公)의 이름은 동규(東奎)로, 선생과 동문(同門)이며, 조행(操行)이 독실하기로 세상에 일컬어졌다. 선생이 윤공과 편지를 주고받으면서 학문을 강론하면서 우의가 매우 친밀하였다.

9월에 성호선생을 찾아가 배알하였다. ○ 성호선생에게 편지를 올렸다.

관례(冠禮)에 대한 문목(問目)에 성호선생이 답한 편지가 있는데,

"별지(別紙)의 내용을 재삼 자세히 보니 상고하고 교정한 것이 정밀하고 상세하다. 오늘날 세상의 예학이 의탁할 곳이 있겠다."

하였다.

12월에 성호선생에게 편지를 올렸다.

괘변(卦變)의 설에 대해 논하고, 또 종신토록 실행할 한마디 가르침을 내려달라고 청하니, 답서에 이르기를,

"지금 보내온 편지를 보니 긴절하지 않은 것을 찾아 헤매는 세속 선비들의 학문과 크게 다르다. 이는 과연 오당(吾黨)에 훌륭한 학자가 있는 것이니, 이 늙은이의 바람에 매우 위안이 된다."

하였고, 또 이르기를,

"뜻이 있는 선비는 반드시 먼저 주정(主靜)·지경(持敬) 상(上)에 공부를 해야 하니, 그래야 비로소 행실을 닦아 군자가 되는 기본이다."

하였다.

24년 무진(1748), 선생의 나이 37세이다. ○ 12월에 성호선생을 찾아가 배알하였다. ○「홍범연의(洪範衍義)」를 집필하였다.

25년 기사(1749), 선생의 나이 38세이다. ○ 정월에 성호선생의 편지를 받았다.

성호선생이 처음에 선생이 방술(方術)을 잘 한다는 명성이 있기에 세상 사람들이 근거 없이 소문을 퍼뜨렸기 때문에 혹시라도 그런 일이 있었는가 의심하여 편지를 보내 경계하고, 또 이름을 고치라는 가르침이 있었다. 선생이 보낸 답서에서,

"그러나 말씀하신 이름을 고치는 일은 아무래도 평정한 도리가 못될 듯합니다. 이름을 아무리 고치더라도 이 몸은 여전히 그 사람 그대로일 것입니다. 이 문제는 저 자신의 할 도리를 다하여 스스로 지켜 가면 그만일 터이기에 감히 분부를 따르지 못하옵니다. 어떻게 생각하시는지요?"

하니, 성호선생이 답서에서,

"앞 편지에서 내가 말한 것은 단지 그대를 사랑하면서도 도움을 줄 수 없기에 내 나름대로 생각해 본 것이니, 재주를 감추라는 뜻이었다. 지금 그대

의 말이 옳으니, 마음가짐과 일을 할 때 이로써 표준을 삼는다면 광명한 경지에 이르지 못할까 어찌 걱정하겠는가."

하였다.

3월에 동몽교관(童蒙敎官)의 말망(末望)에 들었다.

이때 선생에 대한 좋은 평판이 날로 알려졌기에 정관(政官)이 이 의망을 하게 된 것이다.

5월에 후릉참봉(厚陵參奉)에 제수되었으나 부임하지 않았다.

동몽교관(童蒙敎官)의 의망(擬望)에 들었을 때 경학(經學)으로 현주(懸註)[4]하였는데, 정관이 혹 선생이 부임하지 않을까 염려하여 또 훈신(勳臣)의 적손이라고 현주하였다. 이때 부친 참판공이 살아 있었으므로 선생은 차서를 잃는 것을 혐의하여 부임하지 않았다. 그 당시 성호선생에게 올린 편지에,

"지난날 동몽교관(童蒙敎官)에 제수된 것은 경학(經學)으로 물망에 올랐고 지금 참봉(參奉)에 제수된 것은 문음(門蔭)으로 물망에 올랐다고 합니다. 경학으로 말하자면 그럴 만한 실상이 없고, 문음으로 말한다면 순서가 어긋났으니, 전후 두 차례의 제수에 모두 무턱대고 나갈 수는 없었습니다. 혹자는 이조(吏曹)에 소지를 올려 차서가 어긋났기 때문에 출사(出仕)하지 않는다는 사유를 밝히라고 하지만 이는 도리어 혐의쩍을 수 있습니다. 그래서 기한이 차서 절로 그만두게 되길 되도록 하고자 하는 것에 불과합니다. 그러나

4) 현주(懸註) : 인재를 추천을 하거나 의망(擬望)을 할 때 추천하는 사유나 의망하는 사유를 대상자의 이름 밑에 기록하는 것을 말한다.

까닭 없이 오는 복은 기쁜 일이 아니라 두려운 일이니, 차후에 다시 이런 일이 생기면 어떻게 대처해야 할지 모르겠습니다."

라고 하였다.

11월에 장사랑(將仕郎) 만녕전 참봉(萬寧殿參奉)에 제수되어, 나아가 사은하였다. ○ 12월에 부임하였다.

26년 경오(1750), 선생의 나이 39세이다. ○ 8월에 종사랑(從仕郎)에 제수되었다. —이하 낭계(郎階)는 승진된 날짜를 분명히 알 수 없는 것이 많다. ○ 10월에 조봉대부(朝奉大夫)에 제수되었다. ○ 「잡괘설(雜卦說)」을 지었다. —이듬해 신미년에 또 「후설(後說)」을 지었다.

27년 신미(1751), 선생의 나이 40세이다. ○ 2월에 전례에 따라 조산대부(朝散大夫) 의영고 봉사(義盈庫奉事)에 승진되었기에 서울로 들어가 사은하였다.

선생은 비록 미관말직(微官末職)에 있더라도 자기 도리를 힘써 다하여 오로지 청렴하고 근신한 자세를 지켰다. 이듬해에 정릉직장(靖陵直長)으로 옮겨가니, 백성들이 의영사(義盈司)의 문밖에 거사비(去思碑)를 세웠다. 성호선생이 이 사실을 듣고서 보낸 편지에,

"의영사 문밖에 거사비가 섰으니, 경아문(京衙門)의 낮은 관원에 대해서 이렇게 한 적이 고금에 없네. 여기에서 학문을 하거나 벼슬살이를 하거나 늘 온 힘을 다하였음을 알 수가 있다. 승전(乘田)과 위리(委吏)[5]에서도 성인의

5) 승전(乘田)과 위리(委吏) : 낮은 관직에 있으면서도 직분을 다하는 것을 말한다. 승전은

자취를 알 수 있으니 또한 바라건대 그대는 더욱 미루어 넓혀서 신분이 낮다고 해서 스스로 저상되지 말라. 자신의 뜻을 실행하고 실행하지 못하는 것은 운명이니, 나 자신에게 무슨 상관이 있겠는가."

라고 하였다.

봉렬대부(奉列大夫)에 제수되었다. ○ 성호선생에게 편지를 올렸다.

『가례(家禮)』의 의심스러운 곳들을 질문하였다.

4월에 봉정대부(奉正大夫)에 제수되었다. ○ 5월에 중훈대부(中訓大夫)에 제수되었다. ○ 성호선생에게 편지를 올렸다.

괘사(卦辭)와 효사(爻辭)의 뜻 및 『주역』을 읽는 방법에 대해 논하였다.

윤5월에 중직대부(中直大夫)에 제수되었다. ○ 7월에 성호선생을 찾아가 배알하였다.

병환이 있다는 소식을 듣고 가서 문후(問候)한 것이다.

정산(貞山) 이경협(李景協)의 편지에 답하였다. —이공(李公)은 이름이 병휴(秉休)이다.

채소밭과 목장을 담당하는 관리이고, 위리는 창고를 주관하는 관리로, 모두 낮은 관직이며, 성인은 공자를 가리킨다. 『맹자』 만장 하(萬章下)에, "공자께서 일찍이 위리가 되셔서는 말씀하시기를, '회계를 마땅하게 할 뿐이다.' 고 하셨고, 승전이 되셔서는 말씀하시기를, '소와 양을 잘 키울 뿐이다.' 고 하셨다." 하였다.

이공이 공정한 희노(喜怒)는 이발(理發)이라는 설을 가지고 소남(召南) 윤동규(尹東奎)와 서로 쟁변(爭辨)하였는데, 이때에 이르러서 선생에게 물은 것이다. 선생이 답한 편지의 내용은 대략 다음과 같다.

대저 하늘이 명한 것을 성(性)이라고 하는데, 성은 두 가지가 있으니 천명(天命)의 바름으로부터 온 것을 본연지성(本然之性)이라고 하고, 품수(稟受)의 차이로부터 말하는 것을 기질지성(氣質之性)이라고 합니다. 성(性)이 움직이는 것이 정(情)인데, 정도 두 가지가 있으니 성을 근본으로 발출한 것을 사단(四端)이라고 하고, 형기(形氣) 쪽에서 발출한 것을 칠정(七情)이라고 합니다. 마음은 성과 정을 통괄하는데, 역시 두 갈래로 발출하니 성명(性命)의 바름에 근원하는 것을 도심(道心)이라 하고, 형기(形氣)의 사사로움에 근원하는 것을 인심(人心)이라 합니다. 총괄하여 말하면 사단과 도심은 그 근원이 천명의 본성에서 나와 선하지 않음이 없어 성인(聖人)이냐 광인(狂人)이냐에 따라 차이가 없으니, 이것이 이른바 리일(理一)입니다. 칠정과 인심은 그 근본이 기질지성에서 나와 혹은 선하고 혹은 악하여 어진 자와 어리석은 자의 차이가 있으니, 이것이 이른바 분수(分殊)입니다. 이 리일분수(理一分殊)[6]의 이치를 미루어 보면 이발(理發)과 기발(氣發)의 이치는 그 안에 있습니다.

지금 노형(老兄)께서 사단칠정(四端七情)이라는 큰 공안(公案) 외에 성인의 공정한 희노(喜怒)를 끄집어내어 이발(理發)이라 하였으니, 그야말로 고인이 발명하지 못한 뜻을 발명했다고 할 수 있으며, 또한 학문의 고명(高明)하고 자득(自得)한 경지를 알 만합니다. 그러나 나의 어리석은 소견으로는 아무래도 납득하기 어려운 점이 있습니다. 만약 희노가 바른 것을 이발이라 한다면 사단이 바

---

6) 리일분수(理一分殊) : 우주의 근원인 리(理)는 하나이지만 이것이 나뉘어 각각 다른 만물을 이룬다는 뜻이다. 원래는 정이천(程伊川)이 장횡거(張橫渠)의 「서명(西銘)」을 두고 “「서명」은 리일분수의 이치를 밝힌 것이다.” 한 데서 온 말이다. 『近思錄』 2권 「爲學」.

르지 못한 것을 기발이라 하겠습니까? 성인의 희노는 발하여 자연히 절도에 맞는 것이고, 군자의 희노는 발하여 절도에 맞게 하려고 하는 것이고, 일반 사람들의 희노는 발하여 절도에 맞지 않은 것입니다. 따라서 비록 맞고 맞지 않음의 차이는 있을지라도 그것이 형기(形氣)에서 나온다는 점은 다를 바 없으니, 기발임은 의심할 나위 없습니다. 사단으로 말하자면, 어진 이나 어리석은 이를 말할 것 없이 감촉하는 바에 따라 발출하여, 사사로이 계교(計巧)하기를 기다리지 않고 우리 마음에 갖춰진 본성인 인의예지(仁義禮智)에서 곧바로 나오니, 이것이 이른바 '리가 발함[理之發]' 인 것입니다.

윤장(尹丈)이 하신 확충(擴充)이란 말[7]은 참으로 꼭 맞습니다. 리(理)는 확충할 수 있지만 기(氣)는 확충할 수 없는 것입니다. 측은과 수오는 이발(理發)이기 때문에 확충하면 인(仁)과 의(義)가 지극한 경지에 이를 수가 있지만, 희노 같은 경우는 비록 어진 이와 어리석은 이의 차이는 있을지라도 결국 기(氣)에서 발하는 것입니다. 그런데 이를 확충한다면 그 폐단이 어떠하겠습니까.

28년 임신(1752), 선생의 나이 41세이다.

○ 정월에 효현빈(孝賢嬪)을 장사 지낼 때 차비관(差備官)으로 효장세자(孝章世子)의 묘소(墓所)에 갔다. ○ 2월에 전례(典例)에 따라 통훈대부(通訓大夫)

---

7) 윤장이 …… 말 : 윤장은 조선시대 정조 때의 학자인 윤동규(尹東奎)를 가리킨다. 그의 자는 유장(幼章)이고, 호는 소남(邵南)이며, 성호(星湖) 이익(李瀷)의 문인이다. 그는 벼슬에 뜻을 버리고, 상위(象緯)·역법(曆法)·천문·지리·의약 등 실용적 학문의 수립을 주장하여 실학파의 대가로 손꼽힌다. 저서에 우리나라 네 강에 대해 고증한 『사수변(四水辨)』이 있다. 그는 사단(四端)과 칠정(七情)의 관계를 말하면서 "사단을 확충해 나가면 칠정을 절제하는 공부가 그 가운데 있으니, 희노가 절도에 맞는 것과 사단을 확충하는 것이 절로 서로 도움이 될 것이다. 성인의 희노는 자연히 절도에 맞으니 이발이라고 해도 된다.[四端擴充, 而節情之功, 在其中矣; 喜怒之中節·擴充之功, 自在相資. 聖人之喜怒, 自然中節; 謂之理發, 可也.]" 하였다. 이를 미루어 보면, 윤동규는 사단은 확충할 수 있는 것이고 칠정은 확충할 대상은 아니라 했음을 알 수 있다.

로 승진하고 정릉직장(靖陵直長)에 제수되었다. ○ 이순수(李醇叟)의 유사(遺事)를 찬술하였다. —이공의 이름은 맹휴(孟休)로, 성호선생의 아들인데, 불행하게도 일찍 죽었으므로 선생이 몹시 애석하게 여겨 그의 유사를 찬술한 것이다.— 5월에 성호선생에게 편지를 올렸다.

『맹자』 7편 중 의심스러운 뜻을 가지고 조목을 열거하여 질문하였다.

29년 계유(1753), 선생의 나이 42세이다. ○ 4월에 아산(牙山)으로 가서 장모를 직산(稷山)에 안장하였다. ○ 여름에 『광주지(廣州志)』를 편찬하였다.

책은 총 2권이며, 손수 지은 서문(序文)이 있다.

6월에 정산(貞山)의 편지에 답하였다.

가인괘(家人卦)에 괘의 이름을 붙인 뜻을 논하였다. 그 편지의 내용은 대략 다음과 같다.

가인괘(家人卦)의 괘 이름을 붙인 뜻에 대해 말씀하신 것은 자득(自得)하신 높은 견해에 참으로 흠앙하였습니다. 그렇지만 몽매하고 비루한 나는 고인이 이미 정해놓은 설을 벗어나지 못합니다. 그래서 형이 하신 말씀에 대해 아무래도 의문이 없을 수 없습니다.

대저 육십사괘(六十四卦)의 괘 명칭은 서로 반대로 놓고 미루어 보면 서로 쓰임이 되는 것이 분명합니다. 예컨대 손(損)과 익(益), 비(否)와 태(泰), 진(晋)과 명이(明夷), 박(剝)과 복(復) 같은 괘(卦)들에서 알 수 있습니다. 그렇다면 규(睽)는 두 여인이 서로 뜻이 같지 않음을 나타내는 괘이고 가인(家人)은 두 여인의 뜻이 서로 같음을 나타내는 괘라는 것은 과연 말씀하신 대로입니다. 그렇지만 내 생각에는 꼭 이렇게 말할 필요는 없지 않을까 합니다. 복희(伏羲)가 괘를 명명(命名)할 때 반드시 상(象)에 이와 같은 뜻이 있음을 보았기 때문에 그에 따라 이름을 붙였던 것입니다.

가인괘를 보면 안[內卦]은 문명(文明)하고 밖[外卦]은 손순(巽順)한 것은 마치 사람의 가정이 화목한 것과 같으며, 불[火]은 위로 타오르고 바람[風]은 아래로 부는 것은 마치 사람의 집안 일이 화합하는 것과 같으며, 이효(二爻)와 오효(五爻)가 제 자리를 지키면서 서로 호응하고 있는 것은 마치 사람의 집안 법도가 올바른 것과 같습니다. 『주역』의 괘들 중에서 오직 이 괘만이 과연 가인(家人)의 상이 있고 다른 괘들은 아무래도 이 괘처럼 가인의 상에 가깝고 뜻이 분명히 드러나지 못합니다. 그래서 이 괘를 가인이라고 명명한 것인데, 문왕(文王)의 사(辭)와 공자(孔子)의 전(傳)이 모두 이와 같은 취지를 말하고 있습니다.

존형(尊兄)께서 이효와 오효가 제 자리를 지키면서 서로 호응하고 있는 괘들을 열거하면서, 그 모두가 남녀(男女)가 제 자리를 지키고 있는 괘 아님이 없다고 하셨는데, 그렇다면 그 여러 괘들의 성정(性情)과 체재(體才)가 과연 모두 가인괘처럼 절실하게 부합하는 것입니까? 두 여인이 같이 거처하고 그 뜻도 같다는 것으로 이 괘를 명명한 뜻을 삼는다면 다른 괘도 이와 비슷한 것들이 많은데 왜 유독 상괘(上卦)는 바람[風]이고 하괘(下卦)는 불[火]인 이 괘만을 가인이라 명명했겠습니까?

그리고 인용하신 『시경(詩經)』의 가인(家人)의 뜻에도 의문이 있습니다. "이 아가씨 시집감이여, 그 집안사람들을 마땅하게 하겠네.[之子于歸 宜其家人]"의 그 이 아가씨는 시집가는 여자를 말한 것이고, 가인은 그 집안 식구들의 상하존비(尊卑)를 통틀어 말한 것입니다. "그 가인을 마땅하게 하겠네.[宜其家人]"란 것은 그 여자가 시집가서 위로 부모를 섬기고 아래로 자식을 기르는 일들이 다 마땅하지 않음이 없으리라는 것입니다. 그리고 『대학(大學)』에서 "자기 가인을 마땅하게 한 뒤에야 나라 사람들을 가르칠 수 있다." 한 것은 그 뜻이 더욱 명백한데, 이를 가리켜 처첩(妻妾)의 증거라고 할 수는 없지 않겠습니까.

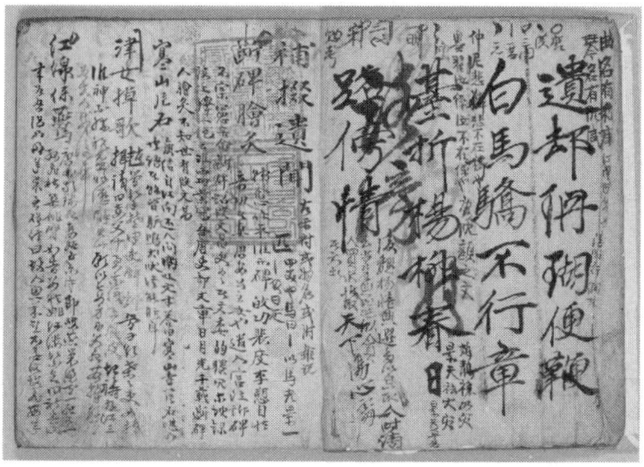

『보철유문』

○ 10월에 전례에 따라 6품으로 승진되고 귀후서 별제(歸厚署別提)가 되었다. ○ 참판공을 모시고 용산(龍山)에 우거하였다.

이때 참판공이 황달(黃疸)을 앓았다. 그래서 선생이 의원을 찾아가 치료할 목적으로 매서(妹壻)인 오석신(吳錫信)의 집에서 산 것이다.

『이자수어(李子粹語)』를 편집하였다.

성호선생이 편찬한 것으로, 퇴계(退溪)의 언행을 모아 놓은 책이다. 처음의 책 이름은 『도동록(道東錄)』이었다. 성호선생이 선생과 소남 윤동규에게 맡겨서 산정(刪定)하게 했는데, 선생과 윤공이 편지를 주고받으며 의논하여 편차(編次)를 개정하고 이름을 『이자수어』라고 하다. 책이 다 만들어진 뒤에 성호선생이 보낸 편지에,

"『이자수어』가 그대들 덕분에 완성될 수 있었으니, 이는 마치 오래 병을 앓은 사람이 갖가지 방법으로 병을 치료했으나, 필경 맥을 짚고 증세를 진단하는 것은 신의(神醫)의 손가락에 공(功)을 돌리는 것과 같다. 지금 이 큰 일을 마쳤으니, 이택(麗澤)[8]의 이익이라는 것이 이를 두고 한 말이 아니겠

는가."

하고는, 이어 선생에게 부탁해서 서문을 짓게 하였다.

○ 12월에 성호선생에게 편지를 올렸다.

『강목(綱目)』의 필법(筆法) 중 의심스러운 점을 논하였다.

30년 갑술(1754), 선생의 나이 43세이다. ○ 2월에 사헌부 감찰(司憲府監察)로 옮겼다. ○ 4월에 참판공을 모시고서 중부동(中部洞)에 있는 외가로 옮겨 가서 살았다. ○ 6월 병인일에 참판공의 상(喪)을 당하였다.

상중(喪中)에 슬퍼하는 것이 과도한 나머지 평소에 앓던 피를 토하는 증세가 이때에 이르러서 더 도져 종신토록 앓는 고질병이 되었다.

8월 갑술일에 참판공을 덕곡(德谷)의 선영에 안장하였다. ○ 12월에 참판공의 행장(行狀)을 찬술하고, 성호선생에게 지문(誌文)을 지어 주기를 청하였다.

31년 을해(1755), 선생의 나이 44세이다. ○ 2월에 성호선생에게 참의공의 지문(誌文)을 지어 주기를 청하였다. ○ 5월에 예서(禮書)를 읽었다.

『가례(家禮)』를 위주로 하여 읽되 먼저 상례(喪禮)부터 시작하여 삼례(三禮)

---

8) 이택(麗澤) : 학우 간에 서로 도와서 학문과 덕을 닦는 것을 말한다. 『주역』 태괘(兌卦)에 "두 개의 못이 붙어 있는 것이 태이니, 군자가 이것을 보고서 붕우들과 더불어 강습한다.[麗澤, 兌. 君子以, 朋友講習.]"라 한 데서 온 말이다.

를 상고하고 『통전(通典)』 및 선유(先儒)들의 설을 참고하였다.

소남(召南) 윤공(尹公)에게 편지를 보냈다.

상제(喪制)의 변제(變除)의 차례와 갈질(葛絰)의 제도를 논하였다.

6월에 소남 윤공의 편지에 답하였다.

학자들이 고원한 것은 힘쓰고 비근한 것에 소홀한 폐단을 논하였다. 그 편지의 내용은 대략 다음과 같다.

『대학(大學)』에 "지선(至善)에 그치라." 하고, 뒤이어 "그칠 곳을 알아야만 정(定)함이 있다."고 했으니, 이는 그칠 곳이 지선임을 안 뒤에야 뜻에 일정한 방향이 있게 된다는 말입니다. 그 아래에 또 "먼저하고 뒤에 할 것을 알면 도(道)에 가까우리라."고 했으며, 『맹자(孟子)』에 "요순(堯舜)의 지혜로도 모든 물건을 두루 살피지 못했던 것은 먼저 할 일부터 했기 때문이다."[9]라 했는데, 『대학』과 『맹자』의 두 '먼저[先]' 라는 글자가 서로 대조해 뜻을 알 수 있습니다. 학자가 이를 알면 생각이 먼 곳으로만 달려가는 습성이 어찌 생기겠습니까.

그러나 정주(程朱) 이후로 학자들이 한 말들이 매우 많으나 그들의 독실한 행실로 말하자면 한(漢)·당(唐) 때 군자들에 도리어 손색이 있습니다. 오늘날에 이르러서는 더욱 심해져서 왕왕 작은 이해를 만나면 평상시 태도를 잃어버리니, 양문공(楊文公)·소장공(蘇長公)의 말이 주자에게 비웃음을 당했던[10] 까닭

9) 요순의 …… 때문이다 : 『맹자』「진심 상(盡心上)」에 보인다.

10) 양문공(楊文公) …… 당했던 : 양문공은 송나라 양억(楊億)을 가리킨다. 그의 자는 대년(大年)이고 시호가 문공(文公)이다. 그는 천재로 문장에 뛰어났고 참선을 하여 도를

입니다.

본조에 와서 선배들 중에는 『자경편(自警編)』[11]은 이학(理學)이고, 『고문진보(古文眞寶)』는 문장이란 말이 있으니, 그들의 취향은 높지 못했으나 그래도 수립(樹立)하고 성취한 바는 후인들이 미칠 수 없습니다. 이를 본다면 우리 학문의 도(道)를 밝힌다는 것이 얼마나 어려운 일인가를 더욱 알 수 있을 것입니다. 장구(章句)와 물리(物理) 위에서만 생각이 오가고 심신(心身)과 일상의 문제는 도리어 소홀히 여기기 때문에 자기도 모르는 사이 절도를 넘는 문제가 있게 되는 것입니다. 그리하여 집사가 말씀하신 이른바 진실로 체득하는 것에 있어

깨달았다는 평판을 받았다. 그러나 주자는 "양억은 아름답고 공교한 문장을 잘 지었으니, 이는 도를 아는 사람이 할 게 아니다. 그러나 자품이 맑고 곧아서 조정에서 벼슬할 때 올린 간언(諫言)과 건의(建議)는 다소 볼 만한 것이 있다. 불교를 믿는 사람들이 그를 도를 아는 사람이라 하는 것은 팔각마반(八角磨盤)이란 시구(詩句)를 읊었기 때문이다. 그러나 불교의 도를 알았다면 사생(死生)의 즈음에 남보다 뛰어난 점이 있어야 할 터인데 정위가 내공(萊公 구준(寇準)의 봉호(封號))을 축출할 때 다른 일로 양억을 불렀는데 양억이 중서성(中書省)에 이르러 그만 두려운 나머지 똥오줌을 다 싸고 얼굴은 사색이 되었다. 이러한 때 팔각마반이 과연 어디에 있단 말인가?[楊億工於纖麗浮巧之文, 已非知道者所爲. 然資禀清介, 立朝獻替, 畧有可觀. 而釋子特以爲知道者, 以其有八角磨盤之句耳. 然旣謂之知釋子之道, 則於死生之際, 宜亦有過人者; 而方丁謂之逐萊公也, 以他事召億, 至中書, 億乃恐懼, 至於便液俱下, 面無人色. 當此時也, 八角磨盤果安在哉?]" 하였다. 『朱子大全』 43권. 「答李伯諫」 팔각마반은 양억의 오도송(悟道頌)에 나오는 말로 깨달음의 경지를 표현한 것이다. 소장공(蘇長公)은 동파(東坡) 소식(蘇軾)을 지칭하는 말이다. 그가 형제 중 맏이기 때문에 이렇게 부르는 것이다. 소식 역시 뛰어난 천재로 그 문장이 당대에 으뜸이었다. 그러나 주자는 "동파가 호주(湖州)에서 체포될 때에 얼굴은 사색이 되고 두 다리가 모두 풀려 거의 걷지 못할 지경이었는데 집에 들어가 가족과 작별 인사를 하게 해 달라고 요청했으나 사자(使者)가 들어주지 않았다.[東坡在湖州被逮時, 面無人色, 兩足俱軟, 幾不能行; 求入與家人訣, 而使者不聽.]" 하였다. 『朱子大全』 45권 「答廖子晦」. 모두 언변이 좋고 문장이 뛰어났으나 조행(操行)이 없는 사람이라고 주자는 평가한 것이다.

11) 『자경편(自警編)』: 송나라의 종실(宗室) 조선료(趙善璙)가 송대(宋代)의 명신(名臣)과 대유(大儒) 들의 훌륭한 말과 행실을 기록한 책이다. 조선시대 세종이 이 책에 매우 감명을 받아 『치평요람(治平要覽)』을 편찬하게 하였고, 성종 때에는 양성지(梁誠之)의 상소로 이 책을 간행하였다.

서는 힘이 미칠 겨를이 없으니 그 얼마나 통탄할 일입니까. 저도 늘 이렇게 스스로를 깨우치면서도 병에 시달려 죽음이 눈앞에 다가오는 터라 스스로 떨치고 일어설 수 없는 형편입니다. 그런데 지금 제 마음에 있는 말을 먼저 해 주시니 얼마나 다행인지 모르겠습니다.

32년 병자(1756), 선생의 나이 45세이다. ○ 8월에 복제(服制)를 마쳤다. ○ 겨울에 동약(洞約)을 세웠다.

『동약』 1권이 있어 마을 사람들을 모아 놓고 반포하였다. 그 서문을 선생이 스스로 지었는데, 내용은 대략 다음과 같다.

나는 『주례(周禮)』를 읽어보고 성왕(聖王)이 천하를 다스린 대법(大法)을 알았다. 성인은 정치할 때 대강(大綱)을 세우는 데 힘쓰는 법인데, 어찌하여 비(比)·여(閭)·족(族)·당(黨)을 낱낱이 챙겨 번거로움을 꺼리지 않은 것인가. 무릇 진작시키지 않으면 일어나지 아니하고 인도하지 않으면 따르지 않는 것이 백성들의 실정인데, 진작시켜 일어나게 하고 인도하여 따르게 하는 방법은 반드시 백성이 눈으로 보는 데로부터 시작해야만 감동하여 따르기 쉬운 것이다. 그러므로 그 가까운 것과 작은 것부터 시작함으로써 온 천하를 하나로 교화하는 것이다. 이렇게 하지 않으면 생양(生養)을 이룰 수가 없고 풍속을 같게 할 수가 없고 정령(政令)을 행할 수 없어 비록 성왕(聖王)이라도 그 교화를 베풀 수가 없다.

한(漢)·당(唐)·송(宋)·명(明)으로 내려오면서 삼로(三老)·이정(里正)·보장(保長)·방장(坊長)의 법이 있었으니 역시 그 제도였다. 그러나 위에서는 도리로써 모범을 보임이 없고 아래에서는 법을 지키지 않아 사람마다 제 자신만 생각하고 선비들은 제각기 다른 주장을 하였다. 그래서 다스림이 비록 잠깐 융

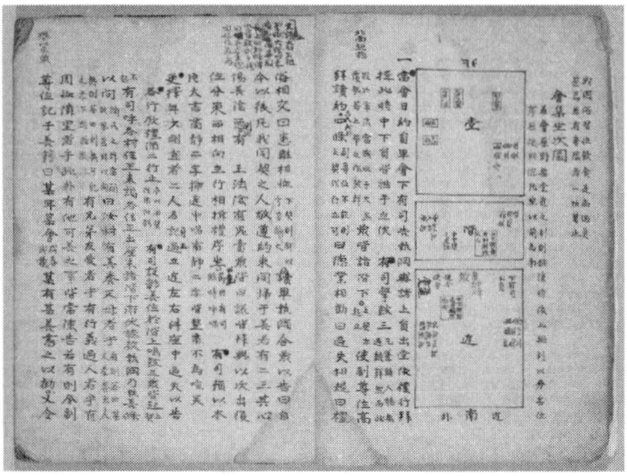

『약헌』 향약

성했더라도 곧바로 더럽혀지고 말았던 것이니, 이 때문에 풍속이 옛날에 미치지 못하여 백세(百世)토록 선치(善治)가 없었던 것이다. 이런 까닭에 곤궁하여 아래에 있는 군자가 간혹 수신제가(修身齊家)의 여력을 미루어 향리(鄕里)에 미쳐 사람들을 착하게 인도하였더라도 주제넘게 윗사람 흉내를 낸다거나 아랫사람으로서 예법(禮法)을 논한다는 혐의가 없었으니, 남전 여씨(藍田呂氏)의 향약(鄕約)같은 경우가 이러한 것이다. 우리나라 선배로서 수령을 맡아 고을을 다스린 지낸 분들이 모두 의심 없이 이를 시행하였으니, 예를 들면 일두(一蠹)가 안음(安陰)에서, 퇴계가 예안(禮安)에서, 율곡(栗谷)이 석담(石潭)에서 실행한 것이다. 따라서 오늘 우리 마을에서 향약을 세운 것 또한 참람한 일이 아니요, 실로 주상께서 시행하고자 하시는 바이다.

아! 우리 마을은 수십 년 이래로 풍속이 퇴폐해진 나머지 매우 풍속이 나쁜 마을로 전락하고 말았다. 그런데다 또 교활한 아전과 완악한 군교(軍校)들이 나라의 권력을 빙자해 방자하게 날뛰니, 어떻게 백성들이 곤궁해지지 않고 풍속이 야박해지지 않을 수 있겠는가.

외부로부터 가해지는 모욕이야 참으로 어쩔 수 없다 하더라도, 예의(禮義)는 사람들의 마음속에 본래 갖추어져 있는 본성에 바탕을 둔 것이다. 따라서 마음속에 본디 가지고 있는 바를 바탕으로 해서 이를 갈고 닦으면 될 것이다.

무릇 법을 만들어 사람들을 인도할 때는 먼저 민심에 순응해야 하니, 민심이 따르지 않는 것은 언제나 폐해를 낳는 정사(政事)에서 말미암는 것이다. 지금 우리 마을 안의 일들 중 백성들에게 해로운 것들을 말끔하게 제거하여 민심이 의지할 곳이 있도록 한 뒤에야 교화가 시행될 수 있을 것이다. 맹자가 왕정(王政)을 논하면서 백성들의 생업을 제정해 주는 것을 학교를 일으키는 것보다 먼저 말한 것이 실로 이 때문이다.

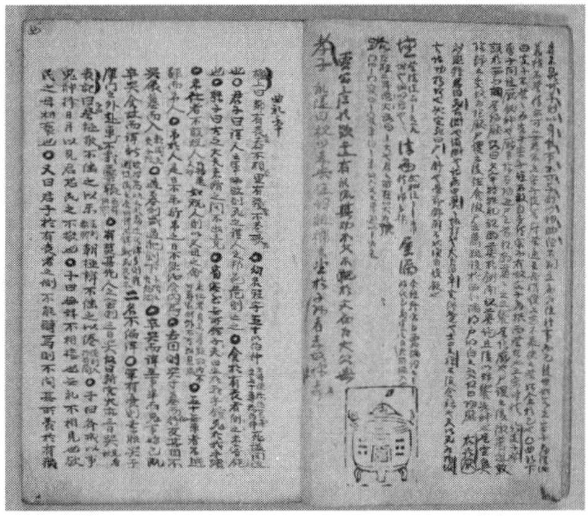

「고례초」

이에 폐정(弊政)을 고치고 교화(敎化)를 돈독히 하며 금령(禁令)을 신칙하고 권징(勸懲)을 분명하게 밝혔으니, 이를 그대로 지켜 실행한다면 우리 성상의 교화(敎化)에 조금은 도움이 있을 것이다.

33년 정축(1757), 선생의 나이 46세이다. ○ 정월 초하룻날에 제례(祭禮)를 개정하고 선묘(先廟)에 고하였다.

선생은 "제사 지내는 예법은 가묘가 중하고 산소가 가벼운 법이니, 설날, 한식(寒食), 단오(端午), 추석(秋夕)에 산소에 성묘하는 것이 바로 우리나라의 옛 풍속이기는 하나 이는 예서(禮書)에 근거가 없는 것이다. 그런데 지금 사람들은 도리어 산소에 성묘하는 것에 대해서는 융숭하게 하면서 사당의 제향은 지내지 않으니, 경중이 뒤바뀌어서 예법을 제정한 뜻에 크게 어긋난다."고 여겼다. 이에 예경(禮經)을 상고하고 나라의 풍속을 채집하여 사시(四時)에 번갈아 사(祠)와 묘(墓)의 제사로 나누되 양(陽) 기운이 생겨나는 동지(冬至)와 음(陰) 기운이 생겨나는 하지(夏至)에는 사당(祠堂)에 제물(祭物)을 올리고, 풀이 자라나는 한식과 곡식이 익는 추석에는 분묘(墳墓)에 전(奠)을 올렸으며, 정월 초하루에 전(奠)을 올리면서 선묘(先廟)에 고유(告由)하였다.

『희현록(希賢錄)』이 완성되었다.

을해년 겨울부터 초고(草稿)를 작성하기 시작하였다. 상권(上卷)은 삼성전(三聖傳)이니, 이윤(伊尹), 백이(伯夷), 유하혜(柳下惠)의 전(傳)이고, 중권(中卷)은 양현전(兩賢傳)이니 제갈 무후(諸葛武侯, 제갈량[諸葛亮])와 도정절(陶靖節, 도연명[陶淵明])의 전이고, 하권은 『희안록(希顏錄)』이니 안자(顏子), 주렴계(周濂溪), 정명도(程明道)의 전으로, 그들의 출처(出處)와 언행을 모아 편찬하고 이를 모아 『희현록』이라고 이름한 다음 이어 「이현전(二賢傳)」에 절구 한 수를 적기를,

> 용강의 일월에 봄날 오수(午睡) 혼곤하고[12]
> 율리의 풍광은 짧은 시에 들었어라[13]
> 무릎 위엔 무현금이요 양보음을 읊었으니[14]
> 아득한 두 분 고인께 이내 마음 의탁하노라

하였고, 또 『희현록』에 적기를,

---

12) 용강의 …… 혼곤하고 : 용강(龍岡)은 와룡강(臥龍岡)의 준말이다. 촉한(蜀漢)의 제갈량(諸葛亮)이 이곳에 은거할 때 유비(劉備)가 삼고초려(三顧草廬)했는데 유비가 세 번째 찾아갔을 때 제갈량이 낮잠을 자고 있었다.

13) 율리의 …… 들었어라 : 율리(栗里)는 중국 강서성(江西省) 구강현(九江縣)에 있는 지명으로, 도연명(陶淵明)이 이곳에 은거하여 시를 읊으며 여생을 보냈다.

14) 무릎 …… 읊었으니 : 무현금(無絃琴)은 현(絃)이 없는 금(琴)으로 소금(素琴)이라고도 한다. 도연명이 음율(音律)을 몰라 소금을 걸어두고 그 흥취만 즐겼다 한다. 제갈량(諸葛亮)이 출사(出仕)하기 전 남양(南陽)에서 몸소 농사를 지을 때 울울한 심회를 담아 양보음(梁甫吟)이란 노래를 지어 매일 새벽과 저녁이면 무릎을 감싸 안은 채 울울한 심회를 길게 불렀다 한다. 이를 포슬음(抱膝吟)이라도 한다.

도연명(陶淵明)은 방광(放狂)했으니 아무래도 정도(正道)가 아니요
제갈량(諸葛亮)은 공명(功名)을 이루느라 정신만 피곤했지
안연(顔淵)은 누항(陋巷)에서 칩거하며 아무런 일도 없었나니[15)]
정자(程子)의 꽃[16)]도 주렴계(周濂溪)의 풀[17)]도 다 같은 봄기운일세

라 하였다.

○ 3월 정사일에 대왕대비(大王大妃)께서 승하하였다.

성호선생에게 편지를 올려서 신민(臣民)들의 복제(服制)를 논하였는데, 그 편지의 내용은 대략 다음과 같다.

국모(國母)의 복(服)을 예문(禮文)에서 "소군(小君)을 위하여"라고 하지 않고

---

15) 안연(顔淵)은 …… 없었나니 : 누항(陋巷)에서 안빈낙도(安貧樂道)하며 한가로이 살았던 안회(顔回)의 삶을 말한 것이다. 북송(北宋)의 학자 여대림(呂大臨)의 시에 "학문은 두원개(杜元凱)와 같아야 비로소 벽(癖)을 이루고 문장은 사마상여(司馬相如)와 같으면 거의 배우와 같다. 그러나 홀로 공자 문하에 서서 한 가지 일도 없이 한가했던 그 안씨(顔氏)의 심재(心齋)만은 못하리.[學如元凱方成癖 文似相如殆類俳 獨立孔門無一事 只輸顔氏得心齋]" 하였다. 『心經』 2권. 심재(心齋)는 『장자(莊子)』 「인간세(人間世)」에 나오는 말로 마음을 텅 비워 모든 잡념을 없애고 순일하게 하는 것이다.
16) 정자(程子)의 꽃 : 정자는 북송의 학자 명도(明道) 정호(程顥)를 가리킨다. 그의 「춘일우성(春日偶成)」이란 시에서 "구름 맑고 바람 가벼운 한낮 가까운 때에, 꽃 곁으로 버들을 따라 앞 냇가에 이르렀네. 세상 사람들은 즐거운 내 마음을 모르고, 한가한 틈에 소년처럼 논다고 하리.[雲淡風輕近午天 傍花隨柳過前川 時人不識余心樂 將謂偸閑學少年]" 한 데서 온 말이다. 『伊洛淵源錄』 3권.
17) 주렴계의 풀 : 북송의 학자 염계(濂溪) 주돈이(周敦頤)가 자기 집의 창 앞에 풀이 무성히 자라도 베지 않기에 어떤 사람이 그 까닭을 물었더니, "나의 의사(意思)와 같기 때문이다.[與自家意思一般]" 하였다. 이 말은 풀의 살려는 뜻[生意]이 자신의 살려는 뜻과 같기 때문에 베지 않는다는 뜻을 담고 있다. 주돈이는 풀을 통해서 천지가 만물을 생생(生生)하는 뜻을 보았던 것이다. 『近思錄』 14권.

"임금의 어머니를 위하여"라고 했으니 처(妻)는 기년복(期年服)이고 보면 원래 복이 없고 임금을 따라 강복(降服)한 것입니다. 서민의 경우는 비록 그 국토에서 살고 있다 하더라도 아무래도 임금을 따르는 의리가 없기 때문에 복이 없습니다.

『오례의(五禮儀)』에는 내상(內喪)인 경우는 "서민은 13일 만에 복을 벗고 졸곡(卒哭) 전에는 홍색 자색 등의 옷을 입을 수 없다."라고 되어 있고 보면, 우리나라 제도에도 그러한 등급이 있는 것입니다. 그런데 지금은 귀천에 관계없이 모두 상을 마칠 때까지 소복을 입도록 되어 있으니, 이는 어느 예(禮)를 따른 것입니까? 혹시 중간에 변경이 있었는데도 알지 못한 것은 아닙니까?

선생님의 전(前) 직함이 비록 위계(位階)가 없는 소관(小官)과 같지만 그래도 옛날 서인(庶人)으로서 관직에 있었던 자와는 차이가 있습니다. 그렇다면 서열로서는 명사(命士)와 같을 수밖에 없으니, 비록 숙사(肅謝)의 예(例)는 없다 하더라도 다시 병으로 공사(供仕)하지 않았다는 이유를 내세워 서인의 의리로 자처하려고 하신다면 혹 너무 지나칠 듯합니다. 우리나라 사족(士族)은 나름대로 하나의 풍속을 형성하고 있어 옛날의 사(士)와는 다릅니다. 그렇기 때문에 『의주(儀註)』에도 "생도(生徒)는 백의(白衣)·백립(白笠) 차림으로 상제(喪制)를 따른다."고 하여 서민과는 구별해 놓고 있으니, 당연히 이 예(例)를 따를 뿐 그 밖의 다른 도리는 없을 것 같습니다.

그리고 기년(期年) 후에 신하들은 다 복을 벗지만 주상께서는 여전히 중복(重服)을 입고 계시니, 품계가 높은 관원과 측근의 신하들은 색채가 있는 길복(吉服)을 입고 알현해서는 안 될 듯합니다. 임금 상(喪)을 방상(方喪)이라고 한 것은 아버지 상과 서로 비교해서 제정했다는 뜻입니다. 그렇다면 보내 온 편지에서 인용하신 "흰 갓에 검정 갓끈은 자성(子姓)의 복이다."라고 하신 대목이 명백한 증거가 되는 셈이니, 최복(衰服)의 베올이 다소 가늘고 굵은 차이가 조금 있다고 해서 의심해서는 안 될 듯합니다.

국조(國朝) 전례가 어떠했는지는 모르겠지만 근래에 『고려사(高麗史)』를 보았더니, 명종(明宗)이 태후(太后) 상을 당하여 졸곡(卒哭)이 지난 후 신하들에게 이르기를, "짐은 아직 검정 띠를 띠고 있는데 경들은 분홍 띠를 띠고 있는가?" 했고 보면, 분홍 띠를 띤 것은 상을 벗었음을 뜻하므로 온당치 못하다고 여겼던 것입니다. 그런데 더구나 지금같이 예교(禮敎)가 아주 밝은 시대야 말할 나위 있겠습니까! 제 생각에 품계가 높은 관원과 측근의 신하들은 천담복(淺淡服) · 오모(烏帽) · 각대(角帶) 차림으로 직무를 보는 것이 옳을 듯한데 어떻게 생각하시는지요?

성호선생에게 편지를 올렸다.

상제(喪祭)의 격식(格式)에 관하여 논하였는데, 그 편지의 내용은 대략 다음과 같다.

사세(四世)를 봉사(奉祀)하는 『가례(家禮)』의 규정은 온 천하에 통용되는 예입니다. 대부(大夫)는 삼대(三代)를 봉사한다는 것은 비록 고례(古禮)에 나와 있고, 국전(國典)에도 실려 있으나 우리 동방의 선비들이 이쪽을 따르지 않고 저쪽을 따르는 것은 『가례』를 더 중시하기 때문입니다.

따라서 지금 와서 갑자기 그 제도를 변통하기는 어려운 일이겠으나, 제물(祭物)에 관해서는 주자도 『가례』에서 "가난하면 집안 형편에 맞추어 하라." 고 했고, 『어류(語類)』에도 "집안 형편 따라서 하면 되니, 밥 한 그릇 국 한 사발로도 정성을 다할 수 있다." 고 했습니다. 따라서 이 뜻을 안다면 음식의 많고 적음은 반드시 『가례』의 규정과 똑같이 할 필요는 없으니 제물의 가지 수를 가감할 때 의리에 어긋나지 않으면 될 뿐입니다. 『역(易)』에서도 췌괘(萃卦)에서는 "대생(大牲)을 쓰는 것이 길(吉)하다." 고 했고, 손괘[損]에서는 "제기 둘이면 된다." 고 했으니, 주자의 뜻도 여기에 근본을 둔 것입니다.

요즘 사람들을 보면 부유하고 현달한 이들은 음식이 남아 돌 정도로 풍족하면서도 선조를 받드는 제사에는 도리어 인색하고, 혹 의지할 데 없이 가난한 이들은 제물의 가지 수를 다 갖추지 못하면 아예 공공연히 제사를 지내지 않으니, 이 두 가지 경우는 모두 옳지 않습니다. 흉년에 제사에 하생(下牲)[18]을 쓰는 것은 임금도 오히려 그렇게 하는데 하물며 사(士)나 서인(庶人)이야 말할 나위 있겠습니까?

후세에 와서 제사가 많아 기제(忌祭)가 있고, 묘제(墓祭)가 있고 또 명절에 음식을 올리는 예도 있습니다. 고인(古人)은 사시의 제향이 있을 뿐이었으니, 『국어(國語)』에 "사(士)와 서인(庶人)은 사시의 제향 말고는 한 해에 한 번 제사할 뿐이다."고 하였습니다. 그리고 사(士)는 변(籩) 하나에 두(豆) 하나[19]이고, 대부(大夫)는 변이 둘에 두가 둘인 것이 후인들의 예에 비긴다면 너무 간소합니다. 이렇게 하지 않고서는 백묘(百畝)의 전지(田地)를 지켜 나갈 수 없었으니, 그 제사의 절목을 보면 그 나머지도 검약했음을 미루어 알 수 있습니다.

중국은 토지가 비옥하고 물산이 풍부한데도 이처럼 법도를 지켜 절제하였는데, 하물며 땅이 척박하고 물산이 빈약하여 가장 가난한 나라로 이름난 우리나라에서 그나마 살아가기도 어려운 터에 물산을 남용까지 해서야 되겠습니까! 그리하여 저는 이렇게 생각했습니다.

제사의 예(禮)는 응당 집이 가난한지 부유한지와 농사가 풍년인지 흉년인지와 한 해 경비의 많고 적음을 살펴서, 이에 따라 절제하여 다음과 같이 일단 세

---

18) 하생(下牲) : 제사에 하등의 희생인 돼지와 염소를 쓰는 것으로 소뢰(小牢)와 같다. 공자가 "흉년에는 노둔한 말을 타고 하생으로 제사한다.[凶年則乘駑馬, 祀以下牲]" 한 데서 온 말이다. 『禮記 雜記下』. 이에 대한 한나라 정현(鄭玄)의 注에 "하생(下牲)은 소뢰(少牢)이다." 하였다.

19) 변(籩) 하나, 두(豆) 하나 : 제기(祭器)로 변(籩)은 대나무를 엮어서 만든 것이고, 두(豆)는 나무를 깎아 만든 것이다. 『禮記 禮器』.

등급으로 정해야 합니다. 집이 부자이고 농사도 풍년이면 『가례』대로 변과 두를 각기 여섯 개씩 놓되 지나쳐서는 안 되고 그렇지 못하면 변과 두를 네 개 또는 두 개를 놓되 정조(鼎俎)[20] · 병면(餠麵)과 같은 것은 경우에 따라서 적당히 줄이며, 또 그 이하는 변과 두 각각 하나씩만 차려도 안 될 것이 없습니다. 또 이 형편도 못되어 제사의 예를 갖출 수 없으면 비록 거친 밥에 나물국이라도 놓아서 제사를 빠뜨리지 않기만 하면 될 것입니다.

이는 아마도 성호선생이 편지에서 상제(喪祭)의 예(禮)에 대해 논하면서 많이 선생과 토론하여 정한 것이 있었기 때문에 이 편지가 있었던 것이다.

○ 7월에 성호선생이 「순암기(順菴記)」를 지어 보냈다.

선생이 작은 집 하나를 짓고 성호선생에게 편지를 보내 기문을 지어주기를 청하기를,

"집을 지은 모양은 암(菴)자를 닮았으니, '菴' 이란 글자는 '艹' 는 띠풀로 지붕을 덮은 것입니다. '一' 은 가로지른 대들보이고, '人' 은 둘러 친 서까래들이고, '电' 는 기둥 하나를 가운데 세워 4칸을 만든 것인데, 기둥이 둘이면 6칸이 되고, 셋이면 8칸이 되어 쓰임새가 더욱 넓어집니다. 전면 두 칸은 방을 만들어 거처하면서 이름을 '순암(順庵)' 이라고 했으니, 저의 자(字) '백순(百順)' 에서 취하여 이름한 것입니다. 생각컨대 천하의 모든 일은 오직 이치를 따르면[順理] 그만일 뿐입니다. 가운데 한 칸은 마루를 만들어서 일을

20) 정조(鼎俎) : 정(鼎)과 조(俎)로 옛날의 제사 또는 연향(燕饗)에 쓰는 예기(禮器)이다. 『주례(周禮)』「천관내옹(天官 內饔)」에 "정과 조를 진열하고 희생의 몸을 담는다.[陳其鼎俎, 以牲體實之.]"라 했는데 이에 대한 정현(鄭玄)의 주(注)에 "솥에서 취하여 정(鼎)에 담고 정에서 취하여 조(俎)에 담는다.[取於鑊以實鼎, 取於鼎以實俎.]" 하였다.

보는 곳으로 삼았는데, 지붕은 띠풀로 이고, 본당은 흙으로 만들고 밭 갈고 땔나무하고 베옷을 입고 거친 밥을 먹고 시를 외우고 글을 읽는 것이 모두 저의 분수에 맞지 않음이 없기에 '분의당(分宜堂)' 이라고 이름했습니다. 그리고 또 한 칸을 막아 방으로 꾸미고 '담숙실(湛肅室)' 이라고 이름했는데, 제사 때 재계하는 곳입니다. 그리고 또 뒤로 세 칸을 틔워 기물을 보관하는 곳으로 삼고 동북쪽 한 칸에는 가묘(家廟)를 봉안하였습니다. 바라옵건대 분의당의 기명(記銘)과 순암의 명(銘)을 받아서 종신토록 외우고 생각할 바탕으로 삼고자 합니다."

하니, 성호선생이 암기(菴記)를 지어 보내왔다.

성호선생에게 편지를 올렸다.

서양(西洋) 학술(學術)의 그름에 대해서 논하였는데, 그 편지의 내용은 대략 다음과 같다.

근래에 서양의 책을 보았더니 그 내용은 비록 정밀했으나 아무래도 이단(異端)의 학문이었습니다. 우리 유자(儒者)들이 자신을 닦고 성품을 기르며 선을 행하고 악을 버리는 것은 당연히 해야 할 일을 하는 것에 불과할 뿐 털끝만큼도 죽은 뒤에 복을 바라는 뜻은 없습니다. 그런데 서학(西學)은 자신을 닦는 목적이 오로지 죽은 뒤 하늘에서의 심판을 대비하는 것이니, 이 점이 우리 유학과는 크게 다릅니다. 『천주실의(天主實義)』에서는 "천주가 노제불아(輅齊拂兒)[21]에게 노하여 그를 마귀로 변화시켜 지옥에 던져 넣으니 이때부터 천지 사이에 비

21) 노제불아(輅齊拂兒) : 천사 루시퍼의 한역(漢譯)이다. 원래 천사였으나 하느님을 시기하다가 타락해서 사탄이 된 존재로 천사일 적에 가지고 있던 이름이 루시퍼이다.

로소 마귀가 있고 비로소 지옥이 있게 되었다."고 하였습니다. 이러한 말들을 보면 그들의 학문은 이단임이 분명합니다. 천주가 만약 노제불아 때문에 지옥을 만들었다면 그 지옥은 도리어 천주의 사사로운 감옥일 뿐입니다. 게다가 그 이전의 악한 짓을 한 사람은 지옥의 고통을 받지 않았으니, 그렇다면 천주의 상벌(賞罰)을 다시 어디에 내리겠습니까? 또 「기인편(畸人篇)」[22]에는 '액륵와략(額勒臥略)이 남을 대신해서 지옥의 고초를 받았다' 고 하였으니, 천주의 상벌이 그 사람의 선악에 따른 것이 아니라 혹 다른 사람의 부탁에 따라 경중을 두기도 하였고 보면 사람의 선악을 심판함에 있어 옳다고 할 수 있겠습니까? 만약 그렇다면 굳이 선한 일을 하지 말고 천주 한 사람에게 아첨만 잘하면 될 것입니다. 또 『변학유독(辨學遺牘)』이라는 책이 있는데, 바로 연지화상(蓮池和尙)[23]이 이마두(利瑪竇)[24]와 학문을 토론한 글로서 그 변론이 정밀하고 확실하여 왕왕 상대방 이론을 가지고 상대방을 공격하여 논파(論破)하였습니다. 그가 마명(馬鳴)·달마(達摩) 같은 사람들과 서로 맞서서 각기 기치를 세우고 서로 쟁변하지 않은 것이 아쉽습니다.

『임관정요(臨官政要)』가 완성되었다.

무오년(1738, 영조 13)부터 초고(草稿)를 작성하기 시작하였으며, 처음의 책 이름은 『치현보(治縣譜)』였는데, 이때에 이르러 다시 증보하고 산삭하여 『임관

22) 『기인편(畸人篇)』: 마테오 리치가 지은 『기인십편(畸人十篇)』의 준말이다.

23) 연지화상(蓮池和尙) : 명나라 때 항주(杭州) 운서사(雲棲寺)의 승려로, 본래 성은 심씨(沈氏)이고 이름은 주굉(袾宏)이며 자는 불혜(佛慧)이다. 운서대사(雲棲大師)라고도 한다. 처음에는 유교를 배우다가 불문(佛門)에 들어가 승려가 되었다.

24) 이마두(利瑪竇) : 마테오 리치(Matteo Ricci)의 중국식 이름이다. 그는 이탈리아의 예수회 수사(修士)로서 명(明)나라 말기 중국에 들어와서 서양의 학술·종교 서적을 한문으로 번역 출판하였다. 저서에 『천주실의(天主實義)』, 『교우론(交友論)』, 『변학유독(辨學遺牘)』, 『기하원본(幾何原本)』, 『만국여지(萬國輿圖)』 등 20여 책이 있다.

정요』라고 이름을 고쳤다. 손수 지은 서문(序文)이 있는데, 그 서문의 내용은 대략 다음과 같다.

천덕(天德)과 왕도(王道)는 본래 한 본체이고 수기(修己)와 치인(治人)은 두 가지 이치가 없다. 배워서 여력이 있으면 벼슬을 하고, 벼슬하면서 여력이 있으면 배우는 것이니, 벼슬길에 나아가고 물러나는 것은 같지 않으나 그 도는 같은 것이다. 진서산(眞西山)이 일찍이 경전(經典) 가운데서 정사에 대해 논한 내용을 편집하여 『정경(政經)』이라는 책 하나를 만들었으니, 학문의 밖에 정사가 따로 있는 것이 아니다.

그러나 정사와 학문이 본체는 비록 같지만, 실제 일에 적용할 때에는 다름이 있다. 그러므로 구별하지 않을 수 없었으니, 이것이 정경이 『심경(心經)』과 서로 표리가 되는 까닭이다.

내가 젊었을 적에 이 책을 지었는데, 비록 나 자신의 분수에 벗어나는 외람된 짓을 하였다는 혐의가 있기는 하지만, 나름대로 목적이 있어서 만든 것이다. 그동안에는 난고(亂藁) 속에 넣어 둔 채 이를 꺼내어서 남에게 보여 준 적이 없었다. 그러나 아는 사람 가운데 혹 정사를 하게 되어 나에게 와서 가르침을 청하는 자가 있을 경우에는 반드시 이 책을 내어 보여 주었으니, 이는 대개 옛사람이 벼슬길에 나아가는 사람에게 좋은 말을 해 주었던 증언(贈言)의 뜻을 따른 것이었다.

나는 아직 벼슬자리에 오르지 못한 사람이다. 그런 탓에 피리를 만지면서 해를 의심하는[25] 격이라 실제 적용에 있어서는 혹 맞지 않을 수 있으나 문을 닫고

25) 피리를 …… 의심하는 : 소동파(蘇東坡)의 『일유(日喩)』에, "태어나면서부터 소경인 자는 해를 모른다. 어떤 사람이, '해의 빛은 촛불의 빛과 같다.' 하자, 초를 만져보면서 해가 그렇게 생겼다고 상상을 하다가 나중에는 피리를 만지며 그것이 해라고 생각하였다." 하였다.

들어앉아서 신발을 만들어도[26] 대체는 그런대로 보존이 된다.

옛날에 부염(傅琰)이 『치현보(治縣譜)』를 만들었는데, 자손들끼리만 서로 전해 보면서 남에게는 보여 주지 않아, 집안 대대로 관리로서 치적을 이루어 『남사(南史)』에 일컬어졌다. 나는 내심 이것을 비루하게 여겨 말하기를,

"이는 혼자서만 잘 한다는 명예를 차지하려고 한 것이다. 참으로 세상 사람들로 하여금 내가 행한 일을 배워서 하게 한다면, 남의 정사가 곧 나의 정사일 것이니, 초궁(楚弓)의 득실(得失)[27]에 어찌 마음을 쓰겠는가."

하였다.

책은 모두 3편이니, 그 가운데 정어(政語)는 성인의 교훈을 적은 것이고, 정적(政蹟)은 이미 시행한 효과를 적은 것이고, 시조(時措)는 나의 어리석은 소견으로 시의(時宜)를 참작하여 적은 것이다. 풍속(風俗)은 피차의 구별이 있고 인심(人心)은 고금의 차이가 있으며, 세도(世道)는 성쇠의 다름이 있고 법제(法制)는 치란의 나뉨이 있는 법이나, 이를 적절히 변통하여 쓰는 것은 당사자에게 달려 있다.

34년 무인(1758), 선생의 나이 47세이다. ○ 정월에 성호선생에게 편지를 올렸다.

부녀자들의 수식(首飾)에 대해 논하였다.

---

26) 문을 …… 만들어도 : 맹자가, "발 크기를 모르고 신을 만들어도 삼태기가 되지는 않는 법이니, 그것은 천하의 발이 대개 비슷하기 때문이다." 한 데서 인용한 말이다. 『孟子 告子上』.

27) 초궁(楚弓)의 득실(得失) : 초왕(楚王)이 활을 잃자 좌우에서 찾으려 하였는데, 왕이, "초왕이 잃은 것을 초인(楚人)이 얻을 것이니 찾을 것이 없다." 하였다. 이 말을 들은 공자가 말하기를, "어찌 그리도 도량이 좁은가. '사람이 잃은 것을 사람이 얻을 것이다.' 고 하지 않으니 ……." 하였다. 『孔子家語』.

「가례부췌」 목판본

3월에 성호선생에게 편지를 올렸다.

귀신(鬼神)의 이치에 대해 논하였다.

10월에 정산(貞山)에게 편지를 보냈다.

『역경(易經)』과 『시경(詩經)』을 읽는 법에 대해 논하였다.

12월에 『교증가례부췌(校證家禮附贅)』의 서문(序文)을 지었다.

바로 선생의 종인(宗人)인 오휴자(五休子) 안신(安玑)[28]이 찬한 책이다.

35년 기묘(1759), 선생의 나이 48세이다. ○ 『동사강목(東史綱目)』이 완성되었다.

선생은 일찍이 우리나라 사람들이 우리나라의 역사를 전혀 모르는 것을 탄식하여 병자년부터 초고를 작성하기 시작하여, 4년이 걸려 책을 완성하였다. 위로는 기자(箕子) 원년(元年)부터 시작하여 아래로는 고려 말에 이르기까지 역사를 강(綱)과 목(目)을 세워 기술하였는데, 모두 18권이다. 또 「고이(考異)」와

28) 오휴자(五休子) 안신(安玑) : 조선시대 선조 때 영남의 학자로 은거하여 예학(禮學)을 연구했는데 특히 『가례』에 조예가 깊었다.

「지리고(地理考)」 두 권이 있어, 도합 20권이다. 손수 서문을 지었는데, 그 내용은 대략 다음과 같다.

동방의 역사도 구비되었으니, 기전체(紀傳體)로는 김문열(金文烈, 김부식[金富軾])의 『삼국사기』와 정문성(鄭文成, 정인지[鄭麟趾])의 『고려사』가 있고, 편년체(編年體)로는 서사가(徐四佳, 서거정[徐居正])와 최금남(崔錦南, 최부[崔溥])이 교지(敎旨)를 받들어 저술한 『동국통감(東國通鑑)』이 있다. 이를 인하여 유계(兪棨)의 『여사제강(麗史提綱)』과 임상덕(林象德)의 『여사회강(麗史會綱)』이 지어졌고, 초절(抄節)한 것으로는 권근(權近)의 『동국사략(東國史略)』과 오운(吳澐)의 『동사찬요(東史撰要)』 등의 책이 있어 찬연하고 성대하다.

그러나 『삼국사기』는 소략하면서 사실과 틀리고, 『고려사』는 번잡하면서 요긴함이 적고, 『동국통감』은 의례(義例)가 많이 어그러졌고, 『여사제강』과 『여사회강』은 필법(筆法)이 간혹 어그러졌으니, 오류를 말미암아 오류를 답습하고 와전된 것을 와전된 대로 전한 것은 모든 책이 비슷하다. 내가 그것을 읽어보고 개탄하고는 마침내 간정(刊正)할 뜻을 갖게 되었다. 그래서 우리나라 역사 및 중국의 역사 중에서 우리나라의 일을 언급한 것을 널리 취하여 오로지 주자(朱子) 강목(綱目)의 성법(成法)을 따라 모아서 한 질의 책을 만들었으니, 사실(私室)에 보관해 두고 고열(考閱)의 자료로 삼고자 한 것뿐이요, 감히 찬술(撰述)로써 자처한 것은 아니다. 오류가 심한 경우에는 따로 부록 2권을 만들어 아래에 붙여 놓았다.

정월에 성호선생에게 편지를 올렸다.

『주역』의 선천(先天)과 후천(後天)의 뜻을 논하였다.

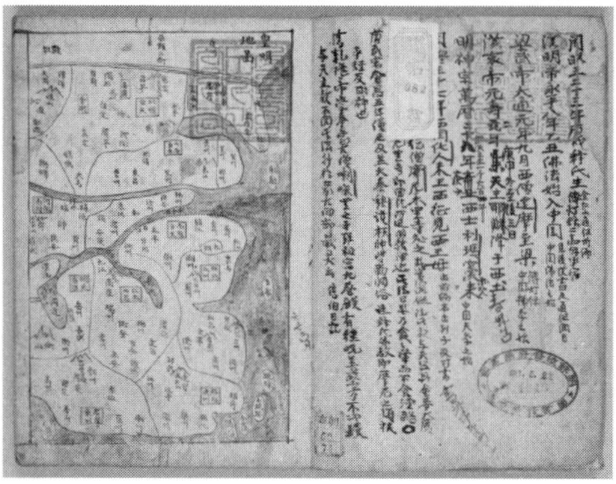

『독사상절』

2월에 소남 윤공에게 편지를 보냈다.

『시경』의 뜻을 논하였다.

11월에 성호선생에게 편지를 올렸다.

열국(列國)의 음운(音韻)과 고금(古今)의 역법(曆法)을 논하였다.

36년 경진(1760), 선생의 나이 49세이다. ○ 12월에 권철신(權哲身)의 편지에 답하였다.

아송(雅頌) 중에서 의심나는 부분에 대해 물어왔으므로 선생이 조목별로 답하였다. 그 편지의 내용은 대략 다음과 같다.

대저 성현의 말씀은 모두 평이(平易)하고 명백하니, 너무 천착해서 별다른 뜻을 찾다가 스스로 혼란 속에 얽혀 들어서는 안 됩니다. 퇴계선생(退溪先生)은 '책을 읽을 때는 별다른 뜻을 깊이 찾을 필요가 없고, 본문에서 현재 있는 뜻을 찾아야 한다.' 하셨습니다. 이 말이 적당(的當)하고 간이(簡易)하니, 한 번 생각해 보십시오.

경문에는 진실로 두 가지 뜻이 있을 수 있는데 후세 사람들은 해석할 때 반드시 자기 생각으로 헤아려 보고서 가장 근사한 것을 취합니다. 지금 그대가 책을 읽을 때 전(傳)의 뜻과 견해가 다른 것이 있거든 그 견해가 다른 곳에 나아가서 어느 쪽이 더 나은지 헤아려 보고 그 대목을 가만히 읊조리며 생각해 보면 절로 변별할 수 있는 길이 있을 것입니다. 나의 사사로운 선입견을 가슴 속에 걸어두고서 도리어 선유(先儒)의 학설을 가지고서 자기 견해에 맞추려 한다면 이는 매우 옳지 못합니다. 그렇게 하려거든 자기 생각대로 글을 쓸 것이지 무엇하러 애써 옛 성현의 책을 읽습니까.

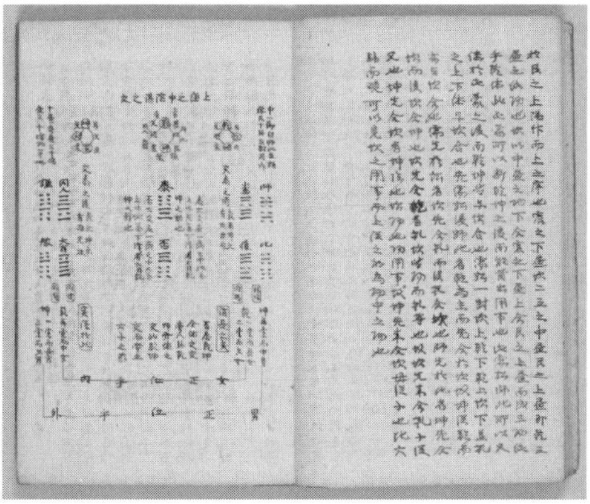

『역상보유』

37년 신사(1761), 선생의 나이 50세이다. ○ 4월에 서재(書齋)를 지었다.

향리(鄕里)의 선생에게 배우는 후진들과 의논하여 덕곡동(德谷洞) 안에 서재를 세우고는 '이택재(麗澤齋)' 라고 이름 붙였다. 5월 이후부터 매달 모여서 『소학(小學)』을 강독하였다.

38년 임오(1762), 선생의 나이 51세이다. ○ 11월에 『새설유편(僿說類編)』의 편차(編次)를 정하였다.

성호선생이 찬술한 것이다. 성호선생이 선생에게 산정(刪正)하고 분류해 주기를 부탁하였는데, 책은 모두 12권이다.

39년 계미(1763), 선생의 나이 52세이다. ○ 3월에 『백선시(百選詩)』가 완성되었다.

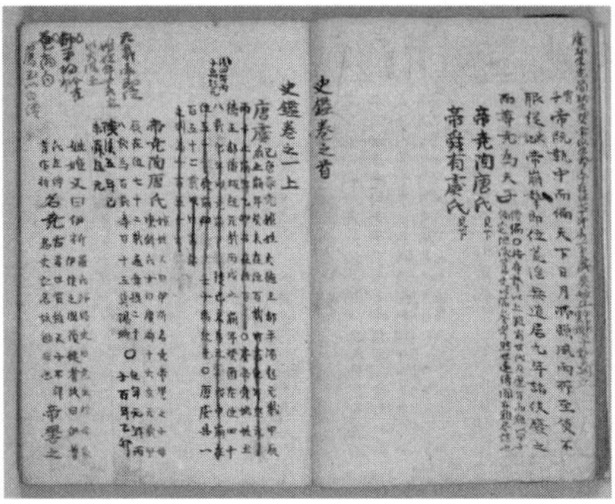

「사감」

역대의 시를 각 문체별로 모두 1백 수를 모아 『백선시』라고 이름하였는데, 책은 모두 7권이고, 선생이 손수 지은 서문이 있다.

『사감(史鑑)』이 완성되었다.

상고 때부터 『강목(綱目)』 이전까지를 산삭(刪削)하여 만들어서 『사감(史鑑)』이라고 이름하였으니[29], 책은 모두 8권이다.

12월에 성호선생의 부음을 듣고 곡하였다.

심상복(心喪服)[30]을 입었다. 선생에게 문학(問學)한 말을 기록한 『함장록(函丈錄)』이 있다.

40년 갑신(1764), 선생의 나이 53세이다. ○ 12월에 소남 윤동규에게 편지를 보냈다.

스승의 복제(服制)에 대하여 논하였다. 그 내용은 대략 다음과 같다.

---

29) 상고 …… 이름하였으니 : 『자치통감강목(資治通鑑綱目)』이 주(周)나라 위열왕(威烈王)부터 송대(宋代)까지의 역사를 기록하고 있는데, 『사감』은 상고시대부터 주나라 위열왕 이전까지의 역사를 기록하였다는 말이다.

30) 심상복(心喪服) : 상복은 입지 아니하되, 상복을 입은 것처럼 마음으로 근신하는 일을 말한다. 제자가 스승의 상에 대하여 이 복을 입었다.

스승의 복(服)은, 생각건대 『예기』 「단궁(檀弓)」에서 3년으로 정하고 있으니 이 밖에 달리 찾을 것이 없습니다. 정자(程子)와 장자(張子) 두 선생이 '정(情)의 후박(厚薄)에 따라 다를 수 있다.' 고 한 뒤로 우리 동방에 와서 율곡(栗谷)이 각각 기(朞)·구월(九月)·오월(五月)·삼월(三月)로 구별해서 예(禮)를 정했기 때문에 세상 사람들이 대개 이를 따릅니다. 이는 사세로 보아서는 두루 편리한 듯해도 생삼사일(生三事一)[31]의 의리로 미루어 보면 존자의 복을 적당히 재량한다는 그 자체부터가 아무래도 미안한 일입니다.

정자(程子) 제자들이 스승의 상(喪)에 어떻게 복(服)을 입었는지는 상고할 길이 없으나 유입지(劉立之)가 '북방 변지의 관직에 매여 복 입는 대열에 참여할 수가 없었다.' 고 한[32] 것을 보면 복제가 있었던 것이 분명합니다. 주자(朱子)가 연평(延平) 선생의 제문(祭文)에서 '묘소 곁에 집을 짓고 3년을 나려고 했던 당초의 뜻을 이루지 못했습니다.' 한 것을 보면 여러 가지 일이 많아 집을 짓고 3년을 나려던 뜻을 이루지 못했으니, 삼년상을 모시는 뜻만은 아마 변함없이 지녔던 듯합니다.

다만 스승과 제자 사이는 이미 한집에서 사는 사람이 아니기 때문에 자기 집안사람과 똑같이 전(奠)을 올리고 곡읍(哭泣)하지는 못하겠지만 그러나 슬픈 마음과 추모의 정은 감히 잠시도 잊지 못하는 것입니다. 따라서 혹 질대(絰帶)나 소대(素帶)를 띰으로써 마음을 표시하고 모임에도 가지 않고 음악도 듣지 않음으로써 일반 사람들과는 같을 수 없다는 뜻을 보여주는 것이 옛날 법에도 어긋날 것이 없고 마음에 부끄럽지도 않을 것입니다.

---

31) 생삼사일(生三事一) : 부모·스승·임금을 똑같이 섬김을 말한다. 춘추시대 진(晉)나라 대부 난공자(欒共子)가 "백성은 부모·스승·임금 셋에 의해 사니, 섬기기를 한결같이 해야 한다.[民生於三, 事之如一.]" 한 데서 온 말이다. 『國語 晉語』.

32) 유입지(劉立之)가 …… 한 : 『이정유서(二程遺書)』 부록(附錄)의 「명도선생행장(明道先生行狀)」에 보인다. 유립지는 정자(程子)의 제자로 이름은 입지(立之)이고 자는 종례(宗禮)이다. 그가 「명도선생행장」을 썼다. 『伊洛淵源錄』 14卷 「程氏門人無記述文字者」.

퇴계(退溪)의 제자들 중에서는 월천(月川)[33]이 1년 동안 소대(素帶)를 띠고 3년 동안 모임에 가지 않고 음악을 듣지 않았으니, 이를 옛날 예(禮)에 맞추어 보면 어떨지 모르겠으나 실로 제 마음에 맞는 점이 있습니다. 그래서 감히 그대로 시행하고자 했습니다.

41년 을유(1765), 선생의 나이 54세이다. ○ 4월에 「무명오현찬(無名五賢贊)」을 지었다.

오현은 바로 노(魯)나라의 양생(兩生)[34], 제(齊)나라의 우인(虞人)[35], 노나라의 유자(儒者)[36], 새상옹(塞上翁)[37]이다.

7월에 제용감 주부(濟用監主簿)에 제수되었으나, 병을 이유로 부임하지 않았다. ○ 동약(洞約)을 중수(重修)하였다. ○ 8월에 의금부 도사(義禁府都事)로 옮겨졌으나, 부임하지 않았다. ○ 이 달에 큰 종기를 앓았다.

왼쪽 팔뚝에 침을 맞다가 풍(風)이 들어 증세가 매우 위중하였다. 종기를 짼

33) 월천(月川) : 퇴계의 제자인 조목(趙穆, 1524~1606)의 호이다. 그의 자는 사경(士敬)이고 또 다른 호는 동고(東皐)이다. 향리에 은거하며 누차 조정에서 벼슬을 제수하였으나 거의 대부분 부임하지 않고 학문 연구에만 힘썼다.

34) 노(魯)나라의 양생(兩生) : 한 고조(漢高祖)가 조정으로 불러내지 못한 노나라의 서생 두 명을 가리킨다. 『史記』 卷七十九 「劉敬叔孫通列傳」.

35) 제(齊)나라의 우인(虞人) : 제 경공(齊景公)이 사냥을 나갔을 때 우인(虞人)을 부르는 예가 아닌 대부(大夫)를 부르는 예인 정(旌)을 써서 부르자, 자신의 신분에 걸맞지 않다고 하여 오히려 죽음으로써 지키고 가지 않은 사람을 가리킨다. 『孟子 滕文公章句下』.

36) 노(魯)나라의 유자(儒者) : 이백(李白)의 시 「노나라의 유자를 조롱하다[嘲魯儒]」에 나오는 사람을 가리킨다.

37) 새상옹(塞上翁) : 새옹지마(塞翁之馬)의 고사에 나오는, 변경(邊境)에 사는 노인을 가리킨다. 『淮南子 人間訓』.

뒤 아들 안경증(安景曾)이 고름을 입으로 빨아내었으며, 10월이 되어서야 비로소 차도가 있었다.

42년 병술(1766), 선생의 나이 55세이다. ○ 「도정절찬(陶靖節贊)」을 지었다. －지은 날짜에 대한 기록이 없는데, 아마도 이해 봄과 여름 사이에 지은 듯하다.－ ○ 6월에 「육잠(六箴)」을 지어 자신을 경책(警策)하였다.

그 서문은 대략 다음과 같다.

옛사람 중에 덕(德)을 이루고 큰일을 한 사람은 모두 강명(剛明)하고 침중(沈重)한 덕에 힘입었는데, 나는 성품이 용렬(庸劣)하고 천근(淺近)하기 때문에 공부가 전일하지 못하여 늙은 나이에 이르도록 성취한 것이 없다. 더구나 지금은 병으로 공부를 그만 둔 지가 십여 년이 지났음에랴! 안으로 마음의 은미(隱微)함에서부터 밖으로 시(視)·청(聽)·언(言)·동(動)에 이르기까지 모두 그 직분을 잃고 있기에, 흠칫 놀라 깨닫고 잠(箴)을 지어 자신을 경계하노라.

네 체는 비록 고요하지만
네 용은 느낌이 많나니
고요할 때 보존하기를
물처럼 담담하게 하고
움직일 때 살피되
기미를 자세히 보라
어둡기 쉽고 어지럽기 쉬우니
늘 두려워하고 조심하라
기욕을 단절하고

객념을 쓸어 없앨지어다

사욕을 꼼꼼히 따져 마지않기를

혹독한 관리가 조사하듯 하고

마음에 일물도 남기지 않기를

촘촘한 빗자루로 먼지를 쓸 듯 하라

오래 가면 공부가 깊어져

나의 천진을 되찾으리라

— 이상은 심잠(心箴)이다.

선을 보기를 반드시 밝게 하고

악을 보기를 맹인처럼 하라

바르지 못한 색은

사람의 마음을 현혹시키나니

너의 눈을 거두어서

밖으로 치달리지 말라

— 이상은 목잠(目箴)이다.

선을 들을 땐 반드시 귀 기울이고

악을 들을 땐 귀머거리가 되라

음탕한 소리는

나의 천성을 해치나니

너의 귀를 단속해야

정신이 안에서 충만하리라

— 이상은 이잠(耳箴)이다.

앉으면 반드시 단정히 공수(拱手)하고
서면 반드시 손 모양을 공손히 하라
함부로 가리켜 보는 사람 놀라게 하지 말고
가볍게 놀려 위의를 잃지 말라
— 이상은 수잠(手箴)이다.

법도에 맞게 가고 그치며
빠르고 더디기를 적절히 하라
발걸음을 무겁게 디뎌 공경을 다하고
움직일 때 위태로움이 많음을 두려워하라
— 이상은 족잠(足箴)이다.

말로써 마음을 드러내나니
길흉과 선악이 여기에서 드러나며
음식으로 몸을 기르나니
수요와 사생이 달려 있는 바이다
그러므로 성인은
말을 삼가고 음식을 절제한다.
— 이상은 구잠(口箴)이다.

10월에 권철신의 편지에 답하였다.

왕양명(王陽明)의 치지설(致知說)에 대해 논하였는데, 그 내용은 대략 다음과 같다.

지난번에 그대가 '왕양명(王陽明)의 치지설(致知說)이 매우 옳다.' 고 했는데, 내가 그때 나의 견해를 말해 주고 싶었으나 충동만 일고 결국 말해주지 못한 것이 아직도 후회가 됩니다. 왕양명이 선유들에게 죄를 얻은 까닭도 바로 처음 공부의 길을 잘못 들어섰기 때문입니다. 주자가 물(物)을 리(理)로 풀이했는데, 왕양명이 틀렸다고 하면서 말하기를,

'리(理)는 따로 물(物)에 있는 것이 아니라, 내 마음이 바로 리이다. 마음이 움직이는 것이 양지(良知)가 아님이 없으니 심(心)과 리(理)를 둘로 나누어서는 안 된다.'

라고 하여, 마침내 주자의 주장은 의(義)를 마음 밖에 있는 것으로 간주한 고자(告子)의 학설과 같다고 비판하였으니, 이 어찌 터무니없는 자가 아니겠습니까.

마음의 기능은 생각[思]이고, 생각은 지각[知]을 맡고 있으니, 주자가 치지격물(致知格物)을 해석하면서 '내 마음의 지각으로 사물의 이치를 궁구(窮究)하는 것이다.' 라고 했습니다. 이는 마음에는 앎의 이치가 있기 때문에 사물의 이치를 궁구할 수 있으니 그렇게 되면 내 마음이 알고 있는 이치와 각 사물에 산재해 있는 이치가 합일이 되는 것입니다. 그런데 굳이 마음[心]이 바로 이치[理]라고 곧바로 풀이할 필요가 있겠습니까. 또 마음이 아는 것이 양지(良知)라고 하는데, 사람마다 기질이 달라 성인의 마음은 그것이 다 양지의 본연(本然)에서 나오지만, 중인(衆人)들 마음은 기질에 편승되고 치우치고 막혀있어 마음의 앎이 대개 인욕(人欲)에서 나옵니다. 양명의 이 설은 인욕을 천리(天理)로 오인하고 있으니 그 유폐는 이루 말할 수 있겠습니까!

43년 정해(1767), 선생의 나이 56세이다. ○ 정월에 소남 윤동규에게 편지를 보냈다.

그 편지의 내용은 대략 다음과 같다.

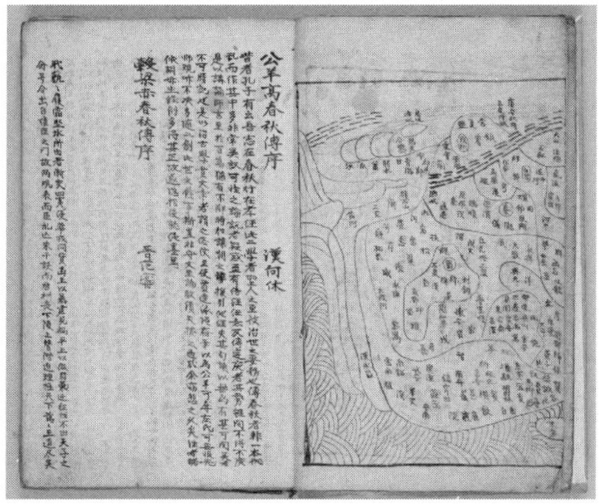

「중국고대사초」

저는 성품이 원래 어리석고 거칠어서 오묘한 성명(性命)의 이치는 애당초 연구하지 않고 단지 선유들의 정설에 입각해서 어렴풋이 알고 있었을 뿐입니다. 이런 까닭에 자득(自得)한 실효가 없고, 사칠설(四七說)에 있어서는 어려서부터 선입견이 있어 퇴계의 것만을 옳은 것으로 여겨 오다가 선생님의 「사칠신편(四七新編)」을 보고 나서는 더욱 독실히 믿어서 오묘한 뜻이 이보다 더한 것은 없는 것으로 알아왔습니다.

옛날 의영고(義盈庫)에 숙직하고 있을 때 이경협(李景協)이 보내온 서신에 '성인의 공정한 희노(喜怒)는 이발(理發)이다.' 고 하면서 그 내용이 길어서 수백자나 되고 변증한 것이 명백했으니 매우 좋았습니다. 그때는 참고할 만한 서적이 없어서 대충 답을 했는데, 그 줄거리는 '희노의 글자 뜻이나 생긴 모양을 보면 아무래도 기(氣)에서 나온 것으로서 거기에는 성우(聖愚)의 차별이 없을 것 같다.' 고 하였습니다. 경협이 더 이상 이에 대해 답하지 않기에 저도 그 소견만 그대로 가지고 있었을 뿐 다시 의심해보지 않았는데, 뒤에 들으니 그 발단은 신진사(愼進士) —이름은 후담(後聃)이다.— 에게서 나온 것으로 선생님도 이를 따랐기에 집사(執事)께서는 쟁변하지 못하고 말았다는 것이었습니다. 동문 사이에 이러한 논의가 있었는데도 그 사실을 모르고 오늘에 이르렀으니 그 얼마나 어리석은 일입니까. 저의 소견을 개진하니 재택(裁擇)해 주시기 바랍니다.

대저 성(性)이 동(動)하여 정(情)이 되니 정이 원래는 선한 것이지만 절제하지 않으면 너무 치성해서 악하게 됩니다. 성인의 공정한 칠정(七情)도 곧바로 성이

동하여 정이 되는, 최초의 본래 선한 곳으로부터 왔고, 보면 사단(四端)과 다를 바 없으니 이발(理發)이라고 해도 불가할 게 없습니다. 그러나 비록 일반 사람의 정이라 할지라도 성명(性命)에서 나온 것이라는 점은 역시 성인의 경우와 다르지 않을 듯합니다. 이렇게 보면 설명하기가 쉬워, 까다로워 이해하기 어려울 곳이 없을 것입니다.

그러나 퇴도(退陶) 이자(李子)는 성인의 희노(喜老)는 기(氣)가 이(理)에 순응하여 발로된 것이라고 하니, 그 말이 공평하고 정당하여 고칠 것이 없고, 의심스러운 것은 고봉(高峯)의 「후설(後說)」에서 '견해의 합일을 보았다.' 라고 했지만 그 중에

'칠정(七情)이 비록 기(氣)에 속하지만 이(理)가 그 가운데에 있으니, 발하여 절도에 맞는 것은 바로 천명의 성(性)입니다. 이를 어떻게 기발(氣發)이라고 하겠습니까?' 하여, '기가 이에 순응한다.' 는 이자(李子)의 말을 배척했는데, 퇴계께서 더 이상 변석하지 않은 것은 어째서입니까? 「심통성정중도(心統性情中圖)」에 사단을 칠정 속에 포함시켜 놓고는 '선(善)과 악(惡)이 나뉘는 곳에서 선 한 쪽만을 말한 것이다.' 했고, 또 이평숙(李平叔)에게 답한 편지에서도 똑같이 말씀했습니다.

지금 퇴계의 문집(文集)에 의거하면, 고봉의 「후설」은 병인년(1566)에 지은 것이고, 『성학십도(聖學十圖)』는 무진년(1568)에 지은 것이고, 이평숙에게 보낸 편지는 기사년(1569)에 지은 것입니다. 그렇다면 만년의 정론은 역시 고봉의 견해를 따라 그러한 것입니까?

『맹자(孟子)』는 사단(四端)에서 심(心)이라 하고, 또 '그 정(情)의 경우에는[乃若其情]' 이라고 했고, 『예기(禮記)』「예운(禮運)」에서는 정(情)이라 하고, 「악기(樂記)」에서는 또 희노(喜怒)를 심(心)이라 했으니, 심이 정을 통괄하는 묘한 이치를 알 수 있을 것입니다. 인심(人心)과 도심(道心), 사단과 칠정이 이름은 다르고 내용은 같다는 뜻은 과연 집사의 주장과 같습니다.

집사께서는 또, '사단을 확충해 나가면 칠정을 절제하는 공부가 그 가운데 있으니, 희노가 절도에 맞는 것과 사단을 확충하는 것이 절로 서로 도움이 될 것이다. 성인의 희노는 자연히 절도에 맞으니 이발이라고 해도 된다.' 라고 하였습니다. 집사께서도 지금은 견해의 합의를 보셨으니 이는 이치의 당연한 것으로 다시 의심할 것이 없겠으나 우매한 이 사람으로서는 끝내 석연찮은 데가 있습니다. 맹자가 말한 사단은 정의 선한 측면을 지적해내어 인의예지(仁義禮智)의 정(情)을 밝힌 것이지만 또 형기(形氣)와 상관관계를 갖고 있는 것으로 말하자면 그 정이라는 것이 여러 갈래여서 넷으로 말한 데가 있고, —『중용(中庸)』에는 희(喜)·노(怒)·애(哀)·락(樂)이라고 하였다.— 다섯으로 말한 데가 있고, —『대대례(大戴禮)』에는 희(喜)·노(怒)·욕(欲)·구(懼)·애(哀)라 하였고, 「홍범(洪範)」의 채전(蔡傳)에는 희(喜)·락(樂)·욕(欲)·노(怒)·애(哀)라 하였다.— 여섯으로 말한 데가 있고, —『좌전(左傳)』에 자태숙(子太叔)이 '사람에게는 호(好)·오(惡)·희(喜)·노(怒)·애(哀)·락(樂)이 있으니 육기(六氣)에서 나온다.' 하였고, 「악기(樂記)」에는 애(哀)·락(樂)·희(喜)·노(怒)·경(敬)·애(愛)의 마음이라고 했고, 『장자(莊子)』에는 오(惡)·욕(欲)·희(喜)·노(怒)·애(哀)·락(樂)이라고 했다.— 일곱으로 말한 데가 있으며 —「예운(禮運)」에는 "무엇을 사람의 정이라고 하는가? 사람의 정을 희(喜)·노(怒)·애(哀)·구(懼)·애(愛)·오(惡)·욕(欲)이라 한다." 하였고, 정자(程子)의 「호학론(好學論)」에는 희(喜)·노(怒)·애(哀)·락(樂)·애(愛)·오(惡)·욕(欲)이라고 했으며, 『황제내경(黃帝內經)』에는 희(喜)·노(怒)·우(憂)·사(思)·비(悲)·경(驚)·공(恐)이라 했다.— 이 밖의 자의(字義)로 정(情)을 말할 수 있는 것들도 얼마든지 있습니다.

이미 형기(形氣)가 있고 보면 호오선악(好惡善惡)을 말미암아 감촉에 따라 동하는 것이 또한 수없이 많습니다. 성인은 비록 자기 마음이 하고자 하는 대로 따라 해도 법도를 넘지 않는다고 하지만 모든 감정이 각각 기(氣)를 따라 발하는 면에 있어서는 일반 사람들과 똑같습니다. 『좌전』에 육정(六情)이 육기(六氣)에서 나온다고 했는데, 육기는 기(氣)입니다. 지금 육기가 어지럽지 않고 차서를 따르는 것을 이발(理發)이라 해도 되겠습니까.

의서(醫書)에 칠정에 소속된 장기(臟器)가 각기 따로 있고 치료법도 그 장기에 따라 맞는 약을 쓰니, 비록 성인의 칠정이라 하더라도 형기(形氣) 속에 있는 것은 사실인데, 그것이 형기로부터 나오는 것이고 보면 기발(氣發)이라고 해야 될 것입니다. 칠정은 기가 이를 순응하는 것이라고 하신 이자(李子)의 말씀이 옳지 않겠습니까. 굳이 이발(理發)이라고 해야만 되겠습니까.

보통 사람들로 말한다면 희노의 감정이 까닭 없이 발할 이치는 없고 반드시 기쁜 일 또는 성낼 만한 일이 있어 발하는 것이니, 만약 그 일이 기쁜 일이고 성낼 만한 일이어서 희노가 발하였다면 그 희노는 당연한 희노일 것입니다. 그 당연한 희노를 모두 이발이라고 한다면 처음 나올 때는 이에서 나왔다가 중간에 희노가 절도를 잃은 뒤에야 비로소 기발이라고 하는 것입니까?

정산(貞山)에게 편지를 보냈다.

이기설(理氣說)을 논하였는데, 소남(邵南)에게 보낸 편지와 뜻이 같다.

『열조통기(列朝通紀)』를 집필하기 시작했다.

국조(國朝)의 고사(故事) 및 문집(文集)이나 야승(野乘) 등 여러 책에서 뽑아 편년체(編年體)로 만들었다. 책은 모두 25권이다.

8월 병인일에 모부인(母夫人)의 상(喪)을 당하였다. ○ 10월 정묘일에 이 부인(李夫人)을 장사 지내고, 참판공의 묘소를 옮겨 선영(先塋)의 서쪽에 합장하였다.

옛 산소의 광(壙)에 수환(水患)이 있어서 옮긴 것이다.

44년 무자(1768), 선생의 나이 57세이다. ○ 5월에 소남 윤동규에게 편지를 보냈다.

상(殤)[38]은 입후(立後)하지 않는 뜻에 대해 논하였다.

11월에 소남 윤동규에게 편지를 보냈다.

『대학(大學)』 청송장(聽訟章)을 논하였다.

12월에 권철신에게 편지를 보냈다.

그 편지의 내용은 대략 다음과 같다.

내가 공의 독서를 보면 언제나 자기주장을 내세우면서 꼭 깊고 높게만 보려고 합니다. 그래서 한 권의 책을 읽고 하나의 이치를 터득할 때에도 미처 침착하고 진밀(縝密)한 공부를 하기도 전에 지레 자기 견해를 주장하여 반드시 자기 뜻에 맞추려고 합니다. 만약 여기에서 속히 머리를 돌리고 빨리 발꿈치를 돌리지 않으면, 막히고 굳어진 상태가 오래 가면서 자기 생각을 주장하는 마음은 우세해지고 손순(遜順)하게 마음을 비워 받아들이는 자세는 적어질 터이니, 심술(心術)에 해독이 될 뿐만 아니라 진덕수업(進德修業)의 큰 공부에 방해가 되지

38) 상(殤) : 일찍 죽는 것을 말한다. 16세에서 19세 사이에 죽는 것을 장상(長殤), 12세부터 15세 사이에 죽는 것을 중상(中殤), 8세에서 11세 사이에 죽는 것을 하상(下殤), 7세 이하에 죽는 것을 무복지상(無服之殤)이라 한다. 『儀禮』 「喪服」 第十一.

않는다는 보장이 없을 것입니다.

공은 늘 '『대학(大學)』은 고본(古本)이 좋으니 굳이 개정할 필요가 없다.' 하고, 또 '「격치장(格致章)」은 본래 있으니, 굳이 「보망장(補亡章)」을 넣을 필요가 없다.' 하고, 또 '「청송장(聽訟章)」은 전후 맥락에서 꼭 맞지 않는 듯하다.' 고 했는데, 이러한 주장들은 공이 스스로 터득한 것이 아니라 선유(先儒)들이 이미 익히 말한 것입니다. 나는 늘 '장구(章句)를 난숙(爛熟)하게 읽어 주자(朱子)의 본의(本意)에 있어 한 글자 한 구절도 모두 딱 들어맞는 뜻을 안 뒤에야 비로소 다른 학설들을 보아 그들의 의론을 보아야 한다.' 고 생각했습니다.

지금 오래 쌓고 정밀하게 연구한 공부가 없이 무슨 단상이나 새로운 뜻이 가슴 속에 떠오르면 대뜸 이것은 옳고 저것은 그르다고 하니, 학문을 향상하는 공부에 무슨 도움이 되겠습니까? 공이 말한 의리의 두뇌라는 것이 이러한 곳에 있지 않을 듯합니다.

45년 기축(1769), 선생의 나이 58세이다. ○ 3월에 이기양(李基讓)의 편지에 답하였다.

이기양(李基讓)의 설에, 『중용』의 희로애락(喜怒哀樂)의 정이 발하지 않은 중(中)을 가지고서, 사려가 이미 발한 것이고 발하지 않았다고 하는 것은 단지 희로애락이 발하지 않았다는 것일 뿐이라고 하면서 이를 부연하여 설을 지어 선생에게 질문하였다. 이에 선생이 조목조목 그 잘못을 변석(辨析)하였다. 그 답서의 내용은 대략 다음과 같다.

『중용(中庸)』 수장(首章) '미발(未發)' 의 뜻은 나로서는 처음 들은 바이니 감히 대답할 수 없습니다. 무릇 장구(章句)나 훈고(訓詁) 중에 소소한 의심스러운 곳은 나도 한두 가지 의심해 본 것이 있습니다. 그러나 이러한 곳에 이르러서는 의리(義理)의 대두뇌(大頭腦)이니, 이것을 잘못 알면 잘못 알지 않는 곳이 없을 것입니다. 정주(程朱)는 후세의 성인(聖人)이니 이분들을 따르지 않는다면 장차 누구를 따르겠습니까? 이와 같이 하기를 그치지 않는다면 그 유폐(流弊)는 결국 기탄(忌憚) 없는 소인(小人)[39]이 되고 말 것입니다. 그대의 고명(高明)한 견해로 어찌하여 생각이 여기에 미치지 않아 이처럼 천만뜻밖의 말을 한단 말입니까. 공의 말처럼 본다면 무슨 이익이 있겠으며, 구설(舊說)에 따라 읽는다면 무슨 해가 있겠습니까.

공이 또 기명(旣明)에게 보낸 편지에 '경(敬)은 선(禪)으로 흐르기 쉽고, 격물치지(格物致知)는 구이지학(口耳之學)에 흐르기 쉽다.' 라고 하였으니, 이는 모두 두 공부의 말폐(末弊)를 가리켜 말한 것입니다. 공이 그 폐단을 알았다면 정자(程子)의 경(敬)에 힘을 써서 주일무적(主一無適)[40]하되 정(靜)에 치우치지 않으며 주자(朱子)의 격물치지(格物致知)에 힘을 다하여 경(敬)공부와 격물치지를 수레의 두 바퀴와 새의 양 날개처럼 번갈아 닦고 나란히 해나가 어느 한쪽에 떨어지지 않는다면 더할 나위 없을 것입니다. 그런데 하필이면 정주(程朱)의 문하생(門下生) 중에 학문을 잘하지 못한 자를 가지고 의심하지 않아야 할 데에 의심한단 말입니까.

요(堯)·순(舜)의 읍손(揖遜)과 탕왕(湯王)·무왕(武王)의 정벌은 간웅(奸雄)의 구실거리가 되었으니, 이를 가지고 성인(聖人)을 의심해서야 되겠습니까?

---

39) 기탄(忌憚) 없는 소인 : 『중용장구(中庸章句)』 2장에 "군자가 중용을 하는 것은 군자이면서 때에 맞게 하기 때문이요, 소인이 중용을 반대로 함은 소인이면서 기탄이 없기 때문이다.[君子之中庸也, 君子而時中; 小人之反中庸也, 小人而無忌憚也.]" 하였다.

40) 주일무적(主一無適) : 마음이 전일(專一)하여 다른 데로 가지 않는 것이다. 이천(伊川) 정이(程頤)가 학문의 요체인 경(敬)을 설명하면서 "하나를 주장함을 '경' 이라 하고, 마음이 다른 곳으로 감이 없는 것을 '하나' 라 한다.[主一之謂敬, 無適之謂一]" 한 데서 온 말이다.

정산(貞山)의 편지에 답하였다.

그 편지의 내용은 대략 다음과 같다.

지난날 제가 선생님의 말씀을 들은 적이 있는데 그때 말씀하시기를,

"성인이 천하를 다스릴 때 우선 언로(言路)부터 열었다. 도를 밝히고 학문을 강론하는 것이 그 얼마나 중대한 일인데, 후생들의 말을 막는단 말인가. 그러므로 학문은 자득(自得)이 중요한 것이지 꼭 선배들 말에 얽매일 필요는 없다."

하시기에 제가 일어나서 대답하기를,

"그 말씀이 참으로 옳습니다. 그렇지만 염려스러운 것은 다만 오로지 자득한 소견으로 먼저 주관을 세워두면 사의가 제멋대로 생겨나 그 유폐가 적지 않을까 염려됩니다. 만약 젊은 후생이 궁리와 격물[窮格]도 제대로 못하고 의지와 사려도 확고하지 못하면서 약간의 소견이 있다고 해서 자기주장만을 내세우며, 옛 분들도 몰랐던 것이라고 말하는 그러한 습성이 점점 자라게 되면 경박하고 부조(浮躁)한 기상만 더해 줄 뿐 덕을 쌓아가는 일에 도움이 되지는 않을 것입니다."

라고 했습니다. 선생님께서 웃으시면서, "이 말도 참으로 옳다."고 하셨습니다.

그래서 저는 늘 재기(才氣)가 있고 말만 앞세우는 소년들을 위해 그 폐단을 바로잡아 줄 뿐이지, 참으로 자득하여 분명한 견해가 있는 자에 대해서는 어찌 감히 일률적으로 배척하겠습니까! 그러나 참으로 자득한다는 것이 어찌 쉬운 일이겠습니까. 그렇기 때문에 억지로 별다른 뜻을 찾는 것이 차라리 선유들의 말씀을 지켜 잊지 않는 것만 못할 것입니다.

이는 아마도 정산이 보낸 편지에 "선유들의 가르침과 다르다고 해서 모두를 배척해 몰아치는 것은 옳지 않다."고 하였기 때문에 이와 같이 편지에서 답한

것이다.

5월에 「성호예식서(星湖禮式序)」를 지었다.

정산이 편집한 책인데, 선생에게 서문을 지어 주기를 요구하였으므로 선생이 지은 것이다.

8월에 정산에게 편지를 보냈다.

내외종(內外從) 간에 혼인하는 중국(中國) 풍습의 잘못을 논하였다.

소남 윤동규에게 편지를 보냈다.

『가례(家禮)』가 주자 만년의 저술이 아님을 논하였다.

46년 경인(1770), 선생의 나이 59세이다. ○ 4월에 선부인(先夫人)의 행장(行狀)을 찬술하였다. ○ 5월에 대산(大山) 이경문(李景文)에게 편지를 보냈다. —이공의 이름은 상정(象靖)이다.

사칠설(四七說)을 논하였다.

윤5월에 소남 윤동규에게 편지를 보냈다.

옛사람들의 학문의 공부와 말학(末學)의 폐단에 대해 논하고, 또 『가례』가 주자 만년의 저술이 아님을 논하였다.

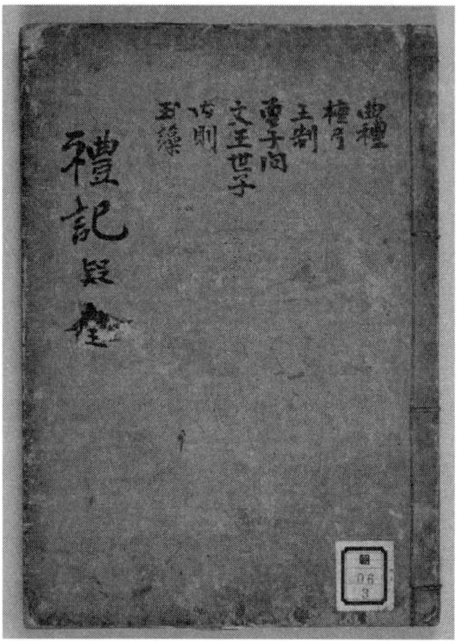

「예기의」

8월에 권철신의 편지에 답하였다.

사칠설(四七說)에 대해 논하였다. 그 내용은 대략 다음과 같다.

나는 퇴계(退溪)를 존신(尊信)하고 사문(師門)에 귀의하여 감히 다른 주장을 하지 않는 것이 평소 자처하는 바인데, 보내오신 편지에서 '내가 사웅(士凝) —이기양(李基讓)의 자(字)이다.— 에게 보낸 편지를 사흥(士興) —한정운(韓鼎運)의 자이다.— 이 보고서 나의 설이 두 갈래 길 속에 또 두 갈래 길이 있다고 하더라.' 했으니, '또 두 갈래 길이 있다' 라고 한 것은 아마 용호공(龍湖公) —소남(邵南) 윤동규(尹東奎)를 가리킨다.— 이 공정한 희노(喜怒)는 결국 칠정(七情)과 같다고 한 설을 가리킨 듯한데, 그 속에 두 갈래 길이 또 있다고 한 것은 나의 설에서 어느 구절을 가리켜 말한 것입니까? 내가 그렇게 주장한 까닭을 대략 설명해 보겠습니다.

주자(朱子)가 이르기를,

"인심(人心)과 도심(道心)은 이미 발원처(發源處)가 형기(形氣)와 성명(性命)의 다름이 있기 때문에 그 이름이 붙여졌는데, 합해서 말하면 인심을 말할 때 도심도 그 가운데 있다."

하였습니다. 그리고 퇴계 이자(李子)는 이르기를,

"정(情)에 사단(四端)·칠정(七情)의 나뉨이 있는 것이 마치 성(性)에 본연(本然)과 기품(氣稟)의 다름이 있는 것과 같다."

하였고, 또 이르기를,

"사단은 도심이고, 칠정은 인심이다. 그러나 만약 세분한다면 사단 · 칠정이 본연 · 기품, 인심 · 도심과는 실로 같지 아니한 점이 있다."

하였으니, 퇴계께서 어찌 이를 모르셨겠습니까. 그 대체를 개괄적으로 말했기 때문에 이렇게 말한 것뿐입니다.

나는 퇴계의 이 말을 이어받아서,

'성(性)은 하나이나 본연과 기품의 차이가 있고, 심(心)은 하나이나 인심과 도심의 구별이 있고, 정(情)은 하나이나 사단과 칠정의 구분이 있는 것이니, 혼륜(渾淪)[41]해서 말할 때는 다만 성(性), 심(心), 정(情)이라 하면 된다. 사단과 칠정이 비록 리(理) · 기(氣)의 다름이 있어 각각 대립(對立)한다. 그러나 사단과 칠정이 다 같은 정(情)이고 보면 정만을 말할 때에는 사단과 칠정 모두가 정의 테두리 안에 있지 않겠는가. 그 발하는 바가 같지 않은 뒤에야 실로 두 길로 분개(分開)되어 상통할 수 없게 된다.'

라고 주장합니다.

정산공(貞山公)의 '공정한 희노(喜怒)는 이발(理發)'이라고 설에서 정(情)은 『예기(禮記)』「예운(禮運)」에 나오는 칠정과는 전혀 다릅니다. 이 이치는 지난날에 공과 말한 적이 있는데, 공은 또 그 사실을 잊고서 이렇게 말합니까?

47년 신묘(1771), 선생의 나이 60세이다. ○ 3월에 소남 윤동규의 편지에 답하였다.

---

41) 혼륜(渾淪) : 혼륜은 본래 『열자(列子)』「천서(天瑞)」에서 온 말로 둘 이상의 사물이 혼합하여 하나가 되어 분리되지 않은 상태를 말한다. 주희(朱熹)는 "이른바 리(理)와 기(氣)는 결단코 둘이다. 다만 사물 상에서 보면 이 둘이 혼륜하여 분개(分開)할 수 없어 각 사물의 리(理)와 기(氣)가 한곳에 있다. 그러나 이 둘이 각각 일물(一物)이 되는 데는 문제될 것이 없다.[所謂理與氣, 此決是二物, 但在物上看, 則二物渾淪, 不可分開, 各在一處, 然不害二物之各爲一物也.]라 하여 혼륜과 분개를 하나이면서 둘이고 둘이면서 하나인 리(理)와 기(氣)의 관계를 설명하는 논리로 사용하였다. 『朱子大全』 46권「答劉叔文」.

소남이 편지를 보내어서 『역경(易經)』 본의(本義) 중의 의심스러운 점과 『고려사(高麗史)』 및 『강목(綱目)』 가운데 고려(高麗) 묘제(廟制)의 미심쩍은 부분을 물었는데, 선생이 변석(辨釋)하여 답하였다.

48년 임진(1772), 선생의 나이 61세이다. ○ 정월에 권철신의 편지에 답하였다.

홍범구주(洪範九疇)를 논했는데, 그 편지의 내용은 대략 다음과 같다.

보내온 편지에서 구주(九疇)[42]는 「낙서(洛書)」를 본떴다는 설을 의심스럽다고 하면서, 심지어 '1에서 9까지의 수는 어린애도 아는 것이니, 어찌 하늘에서 내려준 뒤에야 알았겠느냐.' 라 하고, 또 '「하도(河圖)」와 「낙서(洛書)」는 위서(緯書)에서 나온 것으로 대구리일(戴九履一)[43]의 수는 믿을 것이 못 된다.' 고 했습니다. 구양공(歐陽公)이 「하도」·「낙서」를 괴망(怪妄)한 글이라고 했는데[44],

42) 구주(九疇) : 『서경(書經)』 「홍범(洪範)」의 구주(九疇)이다. 구주는 천하를 다스리는 아홉 가지 대법(大法)인 오행(五行)·오사(五事)·팔정(八政)·오기(五紀)·황극(皇極)·삼덕(三德)·계의(稽疑)·서징(庶徵)·오복(五福)이다. 우(禹)가 치수(治水)를 성공하니 낙수(洛水)에서 신령한 거북이 나왔는데, 그 등에 무늬가 배열되어 있었다고 한다. 이 무늬를 낙서라고 하는데, 북쪽에 1, 남쪽에 9, 동쪽에 3, 서쪽에 7, 동북쪽에 8, 서북쪽에 6, 동남쪽에 4, 서남쪽에 2가 배열되어 있었고, 우(禹)가 이를 본떠서 배열하여 구류(九類)를 만든 것이 홍범구주(洪範九疇)라 한다. 『周易 繫辭傳上 孔穎達正義』, 『書經 洪範 孔穎達正義』.

43) 대구리일(戴九履一) : 낙수에서 나온 거북의 머리 부분에 9라는 수가 쓰여 있고, 꼬리 부분에 1이란 수가 쓰여 있었다고 한다.

44) 구양공(歐陽公)이 …… 했는데 : 구양공은 북송의 구양수(歐陽脩)를 가리킨다. 구양수의 「요씨문집서(廖氏文集序)」에 "공자가 세상을 떠난 뒤부터 주(周)나라가 쇠퇴하여 전국시대에 이르렀고 진(秦)나라는 마침내 분서(焚書)하였다. 육경(六經)이 이에 중도에 그 맥이 끊어졌다가 한(漢)나라가 일어난 지 오랜 뒤에 세상에 나왔으니, 그 전적이 산란(散亂)하고 마멸되어 바른 전수를 잃었다. 그런 뒤에 학자들이 이로 말미암아 이

공이 또 믿지 못하겠다는 말을 할 줄은 생각지도 못했습니다. 「하도」·「낙서」가 괴망한 것이라면 어찌하여 '하수(河水)에서 도(圖)가 나오고 낙수(洛水)에서 서(書)가 나옴에 성인이 이를 본떴다.' 고 했겠습니까?

복희(伏羲)씨가 「하도」를 본떠 팔괘(八卦)를 그렸다는 것은 『역전(易傳)』을 보면 알 수 있으니, 거기에 천일(天一)부터 지십(地十)까지 운운한 것이 지금 전해지고 있는 「하도」와 조금도 틀림없이 딱 맞으니, 이것이 괴망하여 믿을 수 없는 것이란 말입니까?

대우(大禹)가 「낙서」를 본떠 구주(九疇)를 만들었다는 말은 경전에는 비록 보이지 않지만, 『대대례(大戴禮)』 「명당편(明堂篇)」에 二·九·四·七·五·三·六·一·八이라는 말이 있으며, 게다가 1로부터 10에 이른 것이 그저 범연(泛然)하게 숫자를 배열해 놓은 것이 아닙니다.

하늘은 자(子)에서 열렸고 1은 수(數)의 시작이기 때문에 1의 수를 자(子)의 방위인 북(北)에서부터 일어나며, 하늘[陽]은 3으로 하고 땅[陰]은 2로 하여 수가 이에 의지하기 때문에 1을 3으로 곱하여 3이 동쪽에 위치하고, 3을 3으로 곱하여 9가 남쪽에 위치하고, 9를 3으로 곱하여 7이 서쪽에 위치하고, 7을 3으로 곱하여 1의 수가 북쪽으로 돌아오니, 이 양(陽)의 수는 바로 셈하여 정사방(正四方)에 위치합니다. 그리고 2의 수는 서남쪽에 위치하는데, 2를 2로 곱하여 4는 동남쪽에 위치하고, 4를 2로 곱하여 8은 동북쪽에 위치하고, 8을 2로 곱하여 6은 서북쪽에 위치하고, 6을 2로 곱하여 2가 다시 서남쪽으로 가니, 이 음(陰)의

설(異說)을 주장하였으니, 하도(河圖)·낙서(洛書)와 같은 것들은 괴망(怪妄)함이 더욱 심한 것이다.[自孔子沒而周衰, 接乎戰國, 秦遂焚書. 六經於是中絶, 漢興蓋久而後出. 其散亂磨滅, 旣失其傳, 然後諸儒因得措其異說於其間. 如河圖洛書, 怪妄之尤甚者.]"라 하였다. 『文忠集』 43권.

이에 대해 주희(朱熹)는 "하도와 낙서를 믿을 것이 못 된다는 것은 구양공 이래로 이미 이러한 주장이 있었다. 그러나 『서경』의 「고명(顧命)」과 『주역』의 「계사(繫辭)」와 『논어』에 모두 그 사실을 증명하는 말이 있다.[夫以河圖洛書爲不足信, 自歐陽公以來, 已有此說, 然終无奈「顧命」·「繫辭」·『論語』, 皆有是言.]" 하였다.

수는 거꾸로 셈하여 사우(四隅)에 위치합니다. 따라서 이를 보면 어찌 위치의 순서와 수가 일어나는 자연스러운 형상이 아니겠습니까.

그리고 이일대구(履一戴九)이니 1과 9가 합하여 10이 되며, 좌삼우칠(左三右七)이니 3과 7일이 합하여 10이 되며, 2와 8, 4와 6이 모두 상대하여 10이 됩니다. 따라서 「낙서」는 그 수가 비록 9에서 끝나지만 10의 수가 그 속에 들어 있으니 역시 총수(總數)가 55가 되어서 「하도」와 합치합니다. 또 가로로 세거나 세로로 세거나 모두 15가 되는데, 이는 법상(法象)이 절로 그러한 것이니, 사람이 만든 것이라 하여 괴망하여 믿을 수 없는 것이라 할 수 있겠습니까.

복희씨가 위로 하늘의 형상을 보고 아래로 땅의 이치를 살폈으며 대우가 치수(治水)를 성공했을 때 장차 괘(卦)를 긋고 구주(九疇)를 펼쳐서 개물성무(開物成務)[45]의 일을 하고자 하였다. 이러한 때에 「하도」와 「낙서」의 상서(祥瑞)가 나타났는데 그 위치와 수가 근거로 삼아 밝힐 만한 것이 있었던 것입니다. 그래서 그 위치와 수를 가져다 놓고 본떴던 것입니다.

「하도」와 「낙서」는 수리(數理)의 조종(祖宗)인데 참위서(讖緯書)는 오로지 술수(術數)를 위주한 책이기 때문에 위서에서 「하도」·「낙서」를 인용한다고 해도 이상할 것은 없습니다. 위서에서 인용했다고 해서 믿지 못하겠다고 하고 『주역』 「계사」의 분명한 말을 버리는 것은 무슨 까닭입니까?

5월에 익위사 익찬(翊衛司翊贊)에 제수됨에 서울로 들어가 사은(謝恩)하였다. 임술일에 서연(書筵)에 들어가 참여하였다.

45) 개물성무(開物成務) : 사람이 아직 알지 못하는 도리를 복서(卜筮)를 통하여 알게 해서 이것을 실지로 일에 시행하여 성공하게 하는 것이다. 『주역』 「계사 상(繫辭上)」에 "역(易)은 개물성무하고 천하의 일체 도리를 포괄하니, 이와 같을 따름이다.[夫易開物成務, 冒天下之道, 如斯而已者也.]" 하였다.

이때 서연에서 『심경(心經)』을 강(講)하였는데, 이날 강한 것은 '자절사(子絶四)[46]'에서부터 '고여차야(固如此也)'까지였다. 빈객(賓客) 채제공(蔡濟恭)이 아뢰기를,

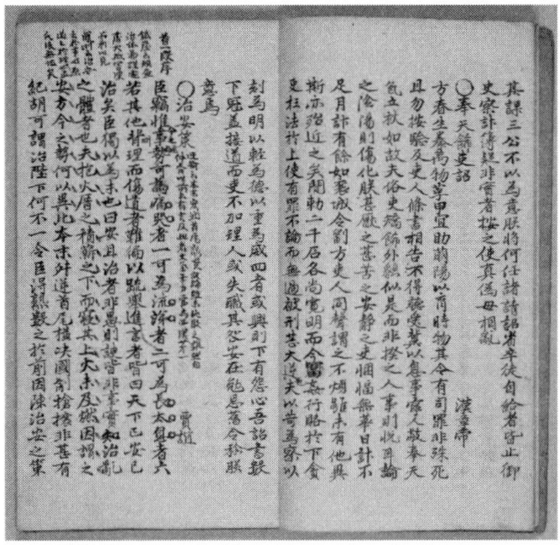
『경제문』

"계방(桂坊)이 박식하고 견문이 많아 고문(顧問)에 대비할 만합니다."

하니, 동궁이 글 뜻을 아뢰라고 하였다. 선생이 이에 대답하기를,

"윗장의 절사(絶四)는 성인(聖人)의 일이고 아랫장의 사물(四勿)은 배우는 자의 일입니다. 성인은 본래 이 네 가지가 없기 때문에 『한서(漢書)』에서는 '무(毋)' 자를 '무(無)' 자로 썼으니, 그 뜻이 참으로 그렇습니다. 대개 보통 사람은 의(意)가 있는데도 살피지 못하여 필(必)에 이르고, 필(必)한데도 살펴 알지 못하여 고(固)와 아(我)에 이르니, 이는 공자의 문인들이 면치 못했던 바입니다. 문인들이 이 네 가지를 가지고 공자를 관찰하여 그것이 있는가 없는가를 징험하였으니, 이것이 이른바 '소인(小人)의 마음을 가지고 군자의 마음을 헤아린다.'는 것입니다. 이 네 가지를 가지고 공자를 관찰했지만 공자는 원래부터 이 네 가지가 없었습니다. 공자는 천리(天理)가 혼연(混然)하여 사욕이 전혀 없었기에 마음에 하고자 하는 대로 해도 두루 곡진하고 합당하였으니, 이 네 가지를 말할 것이 어디에 있겠습니까. '절(絶)'이라는 것

46) 자절사(子絶四) : 『논어』「자한(子罕)」에 "공자는 네 가지가 전혀 없으시니, 의도적으로 하지 않으셨으며, 기필코 하려 하지 않으셨으며, 고집하지 않으셨으며, 아집이 없으셨다.[子絶四, 毋意, 毋必, 毋固, 毋我.]"고 하였다.

은 그 사사로운 마음을 본래부터 끊어 없애 털끝만큼도 남겨두지 않는다는 말입니다. 안자(顔子)는 성인(聖人)보다 한 등급이 낮기 때문에 아직 순화되지 못한 찌꺼기가 마음에 다소나마 남아있지 않을 수 없었으니, 반드시 '물(勿)' 자의 공부를 한 뒤에야 덕을 이룰 수 있었던 것입니다. 이것이 바로 성인과 현인(賢人)의 차이이니, 진덕수(眞德秀)가 순서에 따라 편성한 뜻을 또한 알 수 있습니다."

하였다.

동궁이 이어서 '정자왈경즉례(程子曰敬卽禮)' 부터 '시즉수절사(始則須絶四)' 까지를 들어서 선생에게 말하게 하였다. 선생이 대답하기를,

"「곡례(曲禮)」에 '공경하지 않음이 없다.' 라 하였으니, 예(禮)는 본래 경(敬)을 위주로 하기 때문에 '경(敬)이 곧 예(禮)이다.' 라고 한 것입니다. 경(敬)을 통해서 안에 있는 마음을 바르게 하면 사욕이 물러가서 마음의 명령을 듣게 되니 극복할 자기 사욕이 없게 되는 것입니다. 배우는 자가 만약에 극기(克己)공부를 하려고 하면 반드시 성의(誠意)로부터 시작해야 합니다. 뜻이 성실해지면 자연 그다음의 세 가지 걱정이 없어질 것입니다. 그러므로 '처음에 네 가지를 단절하여 없애야 한다.' 고 한 것입니다."

하니, 동궁이 이르기를,

"그 아래에 있는 웅씨(熊氏)의 성의(誠意)에 관한 설은 옳지 않다."

하기에, 선생이 대답하기를,

"성의의 '의(意)' 는 선악을 포괄하여 말한 것이고, 무의(毋意)의 '의' 는 악 한쪽만을 위주로 말한 것이니, 이것이 그 차이점입니다. 공부할 때 반드시 성의로부터 시작하는 것은 존귀한 임금으로부터 천한 필부(匹夫)에 이르기까지 애당초 다른 것이 없습니다. 아랫장의 시(視) · 청(聽) · 언(言) · 동(動)은 곧 그 실천 요목 중의 큰 것이니, 반드시 이에 대해서 항상 마음을 두어 잊지 않고 뜻을 붙여 성찰해서 잠시라도 간단(間斷)이 없어야 될 것입니

다. 그래야만 사욕(私慾)이 차츰 사라지고 천리가 점점 회복될 것입니다."

하였다.

또 빈객 채제공이 문사(文辭)에 관해서 진계(進戒)한 것을 인하여 선생이 아뢰기를,

"대개 제왕(帝王)의 학문은 실로 문사(文辭)를 중시하지 않고 반드시 제왕의 문장(文章)에 힘쓰는 법입니다. 『주역』에 '인문(人文)을 관찰하여 천하를 화성(化成)한다.' 하였으니, 예악(禮樂)과 형정(刑政)이 문장의 갖추어진 게 아님이 없습니다. 저하께서 만약 이와 같은 문장에 마음을 두신다면 어찌 신민(臣民)들의 복이 아니겠습니까."

하였다.

6월 을축일에 서연(書筵)에 참석하였다.

'혹문안연(或問顔淵)' 부터 '일이관지(一以貫之)' 까지 강(講)하였다. 동궁이 선생으로 하여금 글 뜻을 진달하게 하자, 선생이 아뢰기를,

"이 장은 '극기복례(克己復禮)' 장(章)입니다. 대저 심학(心學)이란 천리와 인욕을 분별하는 일에 불과하니, 정일집중(精一執中)과 극기복례는 모두 이 한 꿰미에 꿰어집니다. 이 마음에 인욕이 1분 자라면 천리가 1분 줄어들고, 인욕이 1분 극복하면 천리가 1분 회복되는 것입니다. '복(復)' 자에는 '옛것을 회복한다' 는 뜻이 있습니다. 마음속에는 본래 오상(五常)과 사단(四端)의 본래 갖추어진 덕이 있으나, 다만 물욕에 가려져서 그 본래 갖추어진 덕을 잃어버리는 것입니다. 그러다가 기사(己私)를 극복하여 제거하면 그 본래 갖추어진 덕이 다시 나타나는 것이 마치 거울의 본래 밝은 본체가 먼지와 때가 묻어 본래 밝은 본체를 잃었다가 잘 닦아주면 다시 광명한 본체가 나타나는 것과 같습니다."

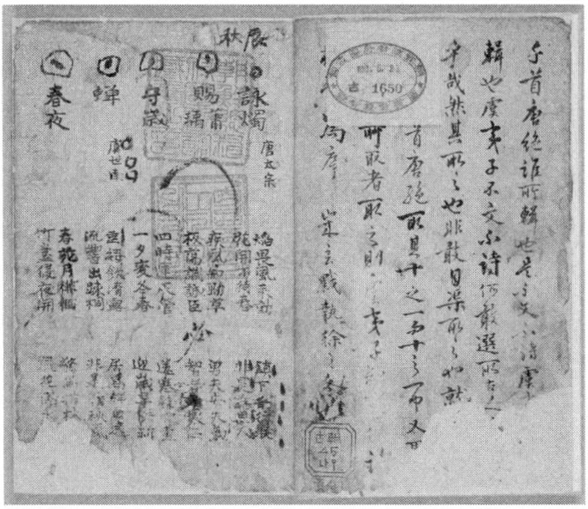

「천수당절」

하였다. 또 '물(勿)' 자의 뜻을 논하기를,

"오사(五事)인 용모[貌]·말씨[言]·시각[視]·청각[聽]·생각[思]은, 곧 오행(五行)의 수(水)·화(火)·목(木)·금(金)·토(土)입니다. 생각을 토에 귀속시킨 것은 사람의 생각이 미치지 않는 곳이 없음이 마치 토가 나머지 사행(四行) 중에 유행(流行)하는 것과 같기 때문입니다. 이 장에서 말한 시·청·언·동은 오사(五事)의 항목과 서로 부합되지만, 다만 토라고 말할 만한 것이 없습니다. '물(勿)' 자는 금지의 뜻이니, 시·청·언·동 네 가지에 두루 유행하는 것이 생각이 모·언·시·청의 사사(四事)에 있어서와 같습니다."

하였다. 동궁이 이르기를,

"글 뜻이 좋다."

하였다. 동궁이 또 인도(仁道)가 큼을 말하자, 선생이 아뢰기를,

"옛사람이 글자를 만든 데는 모두 뜻이 있으니, 이것이 상형(象形)·회의(會意) 등 육서(六書)가 만들어진 까닭입니다. 일찍이 자서(字書)를 보았는데, '인(仁) 자의 이(二)는 곧 위의 하늘과 아래의 땅을 본뜬 것이며, 변(邊)인 인(人) 자는 사람을 본뜬 것이다.' 하였으니, 인도(仁道)가 삼재(三才)를 관통하기 때문에 그렇게 말한 것입니다."

하였다. 빈객이 말하기를,

"우연히 그런 것이지 어찌 그렇겠습니까."

하니, 선생이 아뢰기를,

"만약 글자만을 좇아서 설명을 한다면 실로 천착(穿鑿)의 폐단이 생기게 되어 왕안석(王安石)의 『자설(字說)』과 다름이 없을 것입니다. 대저 이러한 경우가 많습니다. 정자(程子)는 '중심(中心)이 충(忠)이고 여심(如心)이 서(恕)이다.' 라고 새긴 것이 있고, 주자도 '심생(心生)이 성(性)이다.' 는 말을 한 일이 있습니다. 또 '사(思)' 라는 글자는 전(田) 아래에 심(心)이 있습니다. 대개 밭을 가는 방법이 가로로 갈기도 하고 세로로 갈기도 하니, 사람이 생각하는 것이 밭을 가는 것과 같습니다. 글자를 만든 뜻이 범연(泛然)하지는 않은 것 같습니다."

하였다. 동궁이 이르기를,

"평소에 안자(顏子)가 즐거워한 즐거움을 찾으려 하여도 끝내 얻지 못하였다. 만약 그저 도(道)를 즐긴다고 말한다면 너무 느슨해서 착수할 곳이 없을 것이다."

하니, 선생이 아뢰기를,

"도라는 글자는 의미가 너무 넓고 큽니다. 그러므로 옛사람도 이미 '도의 넓고 넓음이여, 어디에다 손을 댈 것인가.' 하였습니다. 그러나 『중용』에 '안자는 한 가지 선(善)을 얻으면 이를 정성스럽게 가슴속에 간직하여 잃지 않는다.' 하였습니다. 만약 선을 실천하면서 끊임없이 노력하여 조금도 간단이 없어 모든 선이 다 모여 일상생활에 있어서의 말과 행동이 모두 천리(天理)로부터 유출(流出)되는 데 이른다면, 이 어찌 즐거운 일이 아니겠습니까."

하였다. 강이 끝나고 동궁이 선생에게 명하기를,

"옥당(玉堂)이나 강원(講院)에 있는 서적들을 가져다 보아도 좋다."

하였으니, 이는 이례적인 은수(恩數)였다.

기사일에 서연에 참가하였다.

'중용천명지성(中庸天命之性)' 에서부터 '불가이유가의(不可以有加矣)' 까지 강(講)하였다. 선생이 아뢰기를,

"『중용』의 수장(首章)은 만세의 도학(道學)의 근원으로서, 제왕(帝王)이 천하를 다스리는 대법(大法)이 여기에서 벗어나지 않습니다.

수절(首節)의 성(性)·도(道)·교(敎)를 가지고 말한다면 '솔성(率性)' 한 구절이 가장 절실하고 긴요한 곳입니다. 근본을 미루어 말한다면 '천명지성(天命之性)' 이 되니, 하늘의 명이 심원(深遠)하여 그치지 않음에 만물이 이를 받아 성(性)으로 삼는 것입니다. 미루어 내려와서 사물에 흩어져 있으면 '수도지교(修道之敎)' 가 되니, 큰 것으로 말하면 예(禮)·악(樂)·형(刑)·정(政) 따위가 이것이고, 작은 것으로 말하면 말을 타고 소를 부리는 이치가 모두 교(敎)입니다.

'솔성지도(率性之道)' 로 말하자면 성은 체(體)이고 도는 용(用)입니다. 도의 체는 크고 드넓어 손을 댈 곳이 없으니 사람들이 미혹하여 학문을 하는 방법을 모르고서 공허하고 고원(高遠)한 데만 힘쓸 염려가 있습니다. 그러므로 먼저 그 지극히 가까운 곳을 드러내어 말하고 계구(戒懼)의 뜻으로 뒤를 이음으로써 먼저 본원(本源)을 세웠으니, 이것은 존양(存養)의 일입니다. 그러나 그저 존양만 한다면 사물을 접응(接應)하는 방법을 모르므로 한쪽에만 빠져버릴 염려가 있습니다. 그러므로 그다음에 신독(愼獨)의 뜻을 말하여 그 기미를 증험(證驗)하도록 하였으니, 이것은 성찰(省察)의 일입니다.

이미 존양하여 그 근본을 세우고 또 성찰하여 그 기미를 살핀 다음이라야 선은 확충하고 악은 극복하여 다스리게 되는데, 그 공부로는 성정(性情)보다 더 절실한 것이 없기 때문에 계속하여 중화(中和)를 말하였습니다. 화(和)란 절도(節度)에 맞는 것을 일컫는 말입니다. 절도에 맞지 않으면 불화(不和)하여 불선(不善)이 되는데, 이럴 경우에는 반드시 극복하여 다스려야 합니다. 공부란 존양(存養), 성찰(省察), 극치(克治) 이 세 가지를 벗어나지 않으니, 존

양하여 성찰하고 성찰하여 극치하며 극치하여 다시 존양하기를 끊임없이 순환하면서 잠시도 쉼이 없는 것, 이것이 이른바 '솔성지도(率性之道)' 라는 것입니다.

마지막 절(節)에서는 그 공효(功效)에 대하여 말하였으니, 위의 극기장과 한 꿰미로 꿰어집니다. 극기복례란 곧 위의 세 가지 공부로서, '극기복례' 장에서 말한 '천하가 모두 인(仁)으로 돌아온다.' 는 것은 여기에서 말한 위육(位育)과 같은 뜻입니다."

하니, 동궁이 이르기를,

"글 뜻이 좋다."

하였다. 선생이 이어서 아뢰기를,

"옛사람이 말하기를, '아는 것이 어려운 것이 아니라 실행하는 것이 어렵다.' 하였습니다. 지금 목전의 일을 가지고 말씀드려 보겠습니다. 서연(書筵)과 소대(召對)를 날마다 여는 것은 실로 임금의 덕의 성취가 달려 있는 일입니다. 그러나 날마다 강학(講學)하는 것만으로 그친다면 체행(體行)하는 곳에는 미치지 못할 염려가 있을 듯합니다. 일상생활의 언행 중에 성찰하고 체험하시는 공부가 어떤지는 모르겠습니다."

하니, 답하기를,

"체행하기가 실로 어렵다."

하였다. 이어 선생의 세계(世系)에 대해 묻기에 선생이 대충 세덕(世德)을 열거하여 답하였다.

경오일에 서연에 참여하였다.

'혹문희로애락지전(或問喜怒哀樂之前)' 부터 '자불진록(玆不盡錄)' 까지 강(講)하였다. 동궁이 미발(未發)과 이발(已發)에 대한 공부 방법을 묻자, 선생이

아뢰기를,

“성인의 마음은 천리(天理)가 혼연(渾然)하여 영명(靈明)한 본성이 저절로 보존되니, 사물을 두루 수응(酬應)함에 합당하지 않음이 없습니다. 그러나 중인(衆人)의 마음은 혼매함과 동요됨의 두 가지 병폐가 있어서 아득히 혼매하지 않으면 반드시 사물을 따라 동요(動搖)를 일으킵니다. 그래서 마음을 맑게 하고 일에 따라 성찰하는 공부가 없으니, 미발(未發)이라거나 이발(已發)이라고 말할 만한 게 없습니다. 이것이 바로 중인(衆人)에 그치는 이유입니다.

맹자(孟子)가 말씀하시기를, ‘잊어버리지도 말며 조장하지도 말라.’ 하였습니다. 잊어버리지 않으면 마음이 혼매한 때가 없을 것이고, 조장하지 않으면 마음이 사물을 좇아갈 우려가 없을 것이니, 그 요령은 곧 경(敬)입니다. 고요할 때에 남이 보지 못하는 곳에서 계신(戒愼)하고 듣지 못하는 곳에서 공구(恐懼)해야 합니다. 『예기(禮記)』에서 이르기를 ‘귀중한 보옥을 손에 받든 듯, 가득 찬 물그릇을 받든 듯 공경하고 조심하라.’ 하였고, 『시경』에서 ‘두려워하고 조심하여 깊은 못 가에 선 듯, 살얼음을 밟는 듯한다.’ 하였으니, 이것이 경(敬)을 실천하는 절도(節度)입니다. 그러나 혹시 지나치게 마음을 쓰다 보면 마음을 가지고 다시 마음을 잡는 폐단이 있게 됩니다. 그러므로 선유(先儒)가 말하기를, ‘공부하려는 생각을 갖는 것도 아니고 갖지 않는 아니다. 평이하게 보존하고 가볍게 마음을 수습(收拾)해야 한다.’ 하였으니, 이것이 가장 절실하고 긴요한 말입니다. 저하(邸下)께서 시험 삼아 평소 한가하실 때나 사물을 접응(接應)할 때에 반드시 존양과 성찰의 공부를 하신다면, 처음에는 비록 생삽(生澁)하더라도 오래도록 익히다 보면 저절로 맥락이 점차 밝아질 것입니다. 이것은 남이 지적하여 말해 줄 수 있는 곳이 아니니, 대의(大義)가 밝혀진 뒤에는 전적으로 자득(自得)하는 데 달려 있습니다.”

하니, 동궁이 말하기를,

"마음을 평이하게 보존하고 가볍게 수습한다는 말은 무슨 뜻인가?"
하였다. 선생이 대답하기를,

"마음이란 활동하고 흘러서 움직이는 것입니다. 만약 뜻을 오로지 하여 마음을 꼭 잡는다면 이는 곧 마음을 가지고 다시 마음을 잡는 것이니 두 개의 마음이 있는 셈이 되는 것입니다. 이렇게 하면 더욱 마음이 조급하고 번잡해져서 존양(存養)의 공부를 이루지 못합니다. 따라서 반드시 아주 가볍게 착수하여 오랜 시간을 두고 익혀나가도록 하되, 요컨대 잊어버리지도 말고 조장(助長)하지도 말아야 한다는 점을 유념해야 합니다. 선유(先儒)가 말한 '오래 지속하면 반드시 알게 된다.' 는 것이 바로 이러한 것을 가리키는 것일 듯합니다."

하였다.

정축일에 서연에 참가하였다.

'잠수복의(潛雖伏矣)' 부터 이 장(章)의 끝까지 강하였다. 선생이 신독(愼獨)의 글 뜻에 대하여 대답하기를,

"으슥한 곳에 홀로 있어서 마음대로 할 수 있는 경우에 반드시 조심하고 경계하는 공부를 해야 합니다. 으슥하고 어두운 곳에서 하는 하찮은 일을 남들이 모를 것이라고 여기지만, 옛 역사를 통해 징험해 보면, 여희(驪姬)의 한밤중의 울음[47]과 양귀비(楊貴妃)의 칠석(七夕)의 맹세[48]가 후세에 전해졌으

47) 여희(驪姬)의 한밤중의 울음 : 춘추시대 진(晉)나라 헌공(獻公)의 후궁인 여희가 부인(夫人)이 되어 전 부인이 낳은 태자 신생(申生)을 참살(譖殺)하고 자기가 낳은 해제(奚齊)를 세우려 한밤중에 눈물을 흘리면서 헌공에게 "내가 듣기로는 신생은 인(仁)을 좋아하면서도 강하고 매우 너그러워 백성을 사랑한다고 하니, 이는 술수를 부리는 것입니다."라고 하면서 참소하였다. 이를 안 신생은 목을 매어 자결하였다 죽고 말았다. 『國語』 卷7 「晉語」.

니, 그 두려워할 만한 것이 이와 같습니다."

하였다.

기묘일에 서연에 참가하였다.

'우왈흉중(又曰胸中)' 부터 '지자이언야(至者而言也)' 까지 강하였다. 선생이 아뢰기를,

"옛사람이 말하기를, '아는 것이 어려운 것이 아니라 행하는 것이 어렵다.' 하였습니다. 유안세(劉安世)는 함부로 말하지 말라는 훈계를 들은 뒤로 이를 잊지 않고 항상 마음에 새겨서 7년이 되도록 그만두지 않았으니, 옛사람이 각고 노력하여 공부하고 허위로 공부하지 않았음을 알 수 있습니다. 『소학(小學)』을 보면, 절효(節孝) 서적(徐積)이 또한 '머리를 반듯이 하라.'는 호 안정(胡安定)의 경계를 듣고는, 머리만 반듯이 할 것이 아니라 마음 또한 바르게 해야겠다고 생각하여, 이로부터 감히 사특한 마음을 갖지 않았다고 하였습니다. 한 번 변하자 곧바로 도에 이르러 그 전환하는 사이에 터럭 하나 용납하지 아니하여 그 거침없는 기세를 막을 수 없었으니, 이것이 이른바 '천하의 대용(大勇)이 아니고는 이렇게 할 수 없다.'는 것입니다. 후세의 선비들이 인순하고 골몰하여 성취하지 못하는 이유는 대개 용감하지 못한 데 있습니다. 주자(朱子)가 젊은 시절에 책을 하나 만들고는 그 이름을 『곤학공문(困學恐聞)』이라고 하였으니, '자로(子路)는 들은 말을 아직 실천하지

---

48) 양귀비(楊貴妃)의 칠석(七夕)의 맹세 : 당(唐)나라 현종(玄宗)이 양귀비(楊貴妃)와 여산(驪山)의 화청궁(華淸宮)에서 피서할 때 칠월 칠석 밤에 양귀비가 현종의 어깨에 기대 음밀히 속삭이기를 "원컨대 세세생생(世世生生) 부부가 되고자 합니다." 하였다. 그래서 백낙천의 「장한가(長恨歌)」에 "칠월칠석 장생전에 한밤중 사람이 없고 속삭일 때 하늘에서는 원컨대 비익조가 되고 땅에서는 원컨대 연리지가 되고자 했지.[七月七日長生殿 夜半無人私語時 在天願爲比翼鳥 在地願爲連理枝]"라 하였다.

못하였으면 새로운 가르침을 듣게 될까봐 두려워하였다.' 는 말에서 취한 것이었습니다. 진실한 마음으로 학문을 하는 것이 이와 같아야만 대성할 수 있습니다."

하였다.

경진일에 서연에 참가하였다.

'난계범씨(蘭溪范氏)' 부터 '자행지야(自行之也)' 까지 강하였다. 선생이 대답하기를,

"'유주상(流注想)' 이라는 말은 유가(儒家)에서 이르는 부념(浮念)과 객려(客慮)이니, 무릇 일체 욕심에서 나오는 생각은 맹렬하게 반성하여 극복할 수 있지만, 부념과 객려는 금방 있다가 금방 없어지고 금방 갔다가 금방 오기 때문에 분란스러워서 제거하기 어렵습니다. 이것이 가장 힘써 공부해야 할 대목입니다. 경(敬)은 온갖 사특함을 이기며, 사특함을 막아 성(誠)을 보존하여야 하니, 만약 성과 경 두 글자에서 공부하는 도리를 안다면 이런 걱정이 없어질 것입니다."

하였다. 또 '인유살심(人有殺心)' 이하의 네 구절에 대한 물음을 받고 대답하기를,

"마음[心]이란 것은 한 몸을 주재(主宰)하는 것으로, 마음이 태연하면 백체(百體)가 그 명령에 따릅니다. 마음이 한 번 동할 경우 그것이 외부로 나타나는 것을 가리기가 어려움이 이와 같습니다."

하였다.

갑신일에 서연에 참가하였다.

'소위수신(所謂修身)' 부터 '불란지위(不亂之謂)' 까지를 강하였다. 선생이 성의장(誠意章)은 성찰(省察)의 공부이고 정심장(正心章)은 조존(操存)의 공부라고 대답하였으며, 또 유심(有心)과 무심(無心)의 두 가지 뜻 및 잊지도 말고 조장하지도 말아야 한다는 것, 치우치거나 얽매이는 마음의 병통에 대하여 말하였다.

을유일에 서연에 참석하였다.

'열기사(閱機事)' 부터 '저개심(這箇心)' 까지를 강(講)하였다. 선생이 대답하기를,

"성실하여 거짓이 없으면 기심(機心)을 제거하여 만사에 수응(酬應)할 수 있다. 한번 기심이 일어나면 곧장 거짓의 구렁에 떨어지게 되니, 이것이 성인이 크게 미워하는 바입니다. 자신의 마음이 엄한 스승입니다."라 하고, "조심하고 두려워하라. 하루에도 일만 가지 기틀이 생긴다."는 말을 인용하여 대답하였다.

7월에 병으로 상소하여 체차되었다. ○ 8월에 집에 돌아왔다.

49년 계사(1773), 선생의 나이 62세이다. ○ 여름에 대신(大臣)이 계방(桂坊)에서 오래 직임을 맡은 사람을 천거하였는데, 선생이 뽑혔다. ○ 8월에 소남 윤동규의 부음(訃音)에 곡하였다. -제문(祭文)이 있다.- ○ 12월에 익위사위솔(翊衛司衛率)에 제수되었다.

50년 갑오(1774), 선생의 나이 63세이다. ○ 정월에 서울로 들어갔다.

산림동(山林洞)에 있는 장령(掌令) 성영(成穎)의 집에 우거하였다.

경오일에 나아가서 숙배(肅拜)하였다. ○ 임신일에 서연에 참가하였다.

이때 서연에서 『성학집요(聖學輯要)』의 '수렴용지(收斂容止)' 장(章)을 강하였다. 선생이 아뢰기를,

"용지(容止)를 수렴하는 근본은 경(敬)에 있는데, 경은 동정(動靜)을 관통하는 것입니다. 만약 외형만 수렴하고 내면을 경으로 지켜가지 않는다면 한(漢)나라 성제(成帝)가 조회에 임할 때는 근엄하였으나 혼음(昏淫)에 그치고 만 것과 다를 바 없습니다. 만약 경을 지킨다면 모든 움직임에 다 법도가 있어서 다닐 때는 걸음걸이가 저절로 중후해지고 볼 때는 시선이 저절로 단정해지는 등 구용(九容)이 모두 도리를 따르게 될 것입니다. 만약 그 경을 잃어서 잠시라도 잊어버리거나 소홀함이 있으면 걸어갈 때에는 반드시 미끄러지고 넘어지며 시선은 반드시 들뜨고 바르지 못할 것이며, 말할 때에도 급박하여 안정되지 못할 것입니다."

하였다.

동궁이 이어서 묻기를,

"연전에는 왜 그리 급하게 돌아갔는가?"

하였다. 대답하기를,

"신이 괴질(怪疾)을 앓는 몸이라 벼슬에 종사할 수 없음은 이미 살피어 통촉하시는 바입니다. 그때 더위를 견디지 못하여 병을 이유로 사직하고 돌아갔던 것인데, 갑자기 저하 곁을 떠나는 서운한 감회를 절로 억제할 수 없었습니다. 그런데 뜻밖에도 이번에 또다시 제수의 명이 내렸습니다. 그러나 병세가 여전하여 실로 나와 숙배하기가 어려웠습니다만, 예학(睿學)이 날로 진보한다는 말을 듣고 사모하는 마음을 가눌 길이 없어 다시 한 번 저하(邸下)를 뵙고자 하여 병을 무릅쓰고 올라왔으니, 실로 오래 머물러서 벼슬에 종사할 수는 없겠습니다."

하였다. 동궁이 이르기를,

"지금 날씨가 차츰 따뜻해지고 있으니 지난해의 무덥던 때와는 같지 않다. 자주자주 입번(入番)하는 것이 좋겠다."

하고는 이어서 매우 도타운 말로 위로해 주었다.

선생이 입직(入直)한 뒤에 안경빈(安敬彬)의 무리가 춘방과 계방에 포진하고 있었는데, 모두 말하기를,

"근래에 서연을 총총히 끝내는데 무엇 때문에 그런지 모르겠다."

하였다. 선생이 말하기를,

"성수(聖壽)가 점차 높아가는 터라, 좌우로 봉양함에 사무가 많으니, 이는 당연하다. 무슨 걱정할 것이 있겠는가."

하였다. 대개 이들 무리는 말하는 것이 흔히 모호하여 사람들로 하여금 의심하게 하니, 마음속으로 통탄하였다. 이날 물러 나올 즈음에 선생이 아뢰기를,

"계방의 직책은 시위(侍衛)하는 것이니 감히 주제넘게 아뢰지 못하겠습니다. 그러나 이미 등연(登筵)을 허락하셨으니 변변치 못한 생각을 아뢰지 않을 수 없습니다. 신이 입직할 때 요원(僚員)들의 말을 들으니, 모두들 근래에 서연을 급히 끝낸다고 하면서 자못 의아해하는 말을 했었는데, 지금 보니 과연 그렇습니다. 신은 저하께서 어떤 바쁜 일이 있어서 그런지를 모르겠습니다. 혹시 감선(監膳)이나 시좌(侍坐)하는 때와 상치(相置)되어 그런 것입니까? 황공하게도 감히 여쭙니다."

하였다. 동궁이 음성을 낮추어 조용히 대답하기를,

"성수(聖壽)가 날로 높아가니 자연 바쁜 일이 많아서 그런 것이다."

하였다. 선생이 다시 아뢰기를,

"제왕(帝王)의 행실은 효도보다 더한 것이 없으니, 그 지극하게 하면 형체가 없는 데서도 보고 소리가 없는 데서도 듣게 되는 것입니다. 오늘날의 일을 가지고 말한다면, 서연이 비록 중하지만 오히려 이것은 두 번째의 일입

니다."

하였다. 동궁이 자못 가납(嘉納)하는 뜻이 있었다. 내가 물러 나와서 사람들에게 말하기를,

"서연을 바삐 끝낸 것은 과연 내가 말한 대로였다. 무슨 걱정할 것이 있겠는가. 또한 신민(臣民)의 다행이 아니겠는가?"

하였다.

갑술일에 서연에 참가하였다.

'수렴언어(收斂言語)' 장(章)을 강(講)하였다. 선생이 아뢰기를,

"공자(孔子)의 이 말은 곧 「계사(繫辭)」에서 중부괘(中孚卦)의 이효(二爻)를 풀이한 것입니다. 『주역』에 '우는 학이 그늘에 있으니 그 새끼가 화답하도다. 나에게 좋은 벼슬이 있으니 내 너와 함께 하노라.' 하였습니다. '부(孚)' 란 믿음입니다. 이효(二爻)와 오효(五爻)가 상응(相應)하여 서로 신뢰하여 감응함이 이와 같은 것입니다."

하였다. 동궁이 이르기를,

"내가 아직 『주역』을 읽지 못해서 역(易)을 모른다. '이오(二五)가 상응한다.' 는 것은 무슨 말인가?"

하였다. 선생이 내괘(內卦)와 외괘(外卦)가 상응하는 뜻에 대하여 부연 설명하고, 이어서 아뢰기를,

"공자가 전(傳)을 지을 때는 상(象)을 취하여 말하였으니, 그저 언행(言行)만 말한 것이 아닙니다. 이 괘의 내괘는 태(兌)인데, 태는 기쁨입니다. 사람이 기쁘면 말을 합니다. 또 태(兌)의 글자에는 '구(口)' 자의 상(象)이 있으므로 말[言]이 되는 것입니다. 그리고 이효(二爻)가 움직이면 진(震)이 되는데, 진은 움직임입니다. 행동은 움직임에 속합니다. 그러므로 공자가 사람에게 절

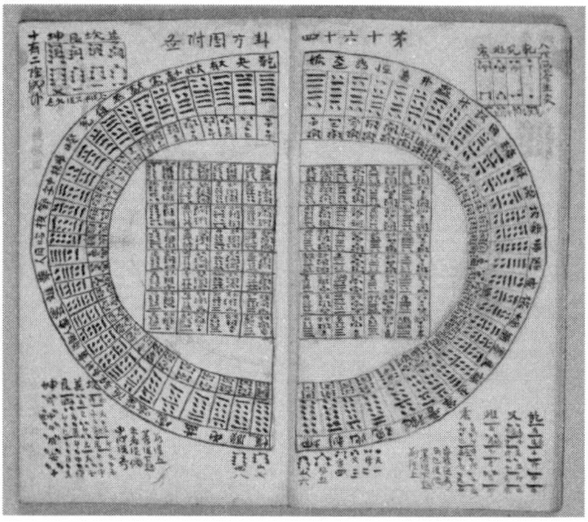

『역학도』

실한 것으로 언행(言行)보다 더한 것이 없다고 생각하여 상(象)에서 뜻을 취하여 밝힌 것이니, 언행을 신중히 하지 않을 수 없음이 대개 이와 같습니다.

그리고 임금 된 분은 더욱 조심하고 두려워해서 한마디 말도 실수함이 없고 한가지 행동도 잘못됨이 없도록 해야 합니다. 혹시라도 잘못하는 일이 있으면 잠깐 사이에 사방이 다 알게 되니, 그 기미가 과연 두렵습니다.

옛사람이 또 말하기를, '대청에서 말을 하면 대청에 가득하고 방에서 말을 하면 방에 가득하다. 말이 천하에 가득하여도 입의 잘못이 없고 행동이 천하에 가득하여도 몸의 잘못이 없다.' 하였습니다. 말을 삼가는 것은 수신(修身)의 지극함이니, 공부가 능히 이런 경계점에 이를 수 있다면 어찌 즐겁지 않겠습니까. 사람의 행실에는 여러 가지가 있습니다만, 옛사람은 효(孝)가 모든 행실의 근원이라고 하였고, 또 말하기를, '효제(孝悌)의 덕은 신명(神明)에 통하는 것이다.' 하였습니다. 인주(人主)가 참으로 먼저 그 효를 다할 수 있다면 궁중이 모두 공경하고 근신하여 화기가 충만해서 바깥으로 흘러넘칠 것이니, 그렇게 되면 신명(神明)에 통하고 천지를 감동시킬 수 있을 것입니다."

하였다.

동궁이 『시경(詩經)』「억장(抑章)」에 대하여 말하기를,

"위 무공(衛武公)은 늙어서도 공부를 게을리하지 않았으니 어찌 어질지 않은가."

하였다. 선생이 말하기를,

"이 편에서 첫머리에 '빈틈없는 위의는 덕의 방정함이니라.[抑抑威儀 維德是隅]' 라고 했으니 외면을 다스림을 말한 것이며, 중간에 '따사롭고 공손한 분은 오로지 덕의 바탕이라네.[溫溫恭人 維德之基]' 라고 했으니 내면을 다스림을 말한 것입니다. 사람의 공부는 외면을 제어하여 내면을 함양하는 데 불과합니다. 그렇기 때문에 그 문세(文勢)와 구법(句法)이 같습니다. 이 두 구절은 실로 이 억(抑) 시의 강령입니다.

대저 공손의 덕이 크니, 외면만 공근(恭謹)할 뿐 아니라, 그 내심(內心)이 진실로 공근한 다음이라야 덕의 바탕이 될 수 있는 것입니다. 『주역』의 겸괘(謙卦)는 모두 길(吉)하고 흉(凶)이 없으며, 요순(堯舜)과 공자의 덕도 모두 공(恭)자를 써서 일컬었으니, 그 공효가 독공(篤恭)하여 천하가 평안해지는 데까지 이른 것입니다."

하였다.

을해일에 서연에 참가하였다.

수렴기신장(收斂其身章)을 강하였다. 선생이 '오불가장(傲不可長)' 구절을 해석하여 아뢰기를,

"오만[敖]은 대단히 큰 흉덕(凶德)입니다. 그래서 네 가지 중에서 앞에 있는 것입니다. 진(秦)나라 이후로 군도(君道)는 날로 높아지고 신도(臣道)는 날로 낮아져 상하간의 정의(情意)가 막혀버려 임금이 된 자가 자신이 현명하며 옳다고 여기는 병통을 가지게 되었으니, 모두 오만한 덕[敖德]입니다."

하니, 동궁이 자못 용모를 가다듬어 가납(嘉納)하는 뜻이 있었다.

이때 『주자어류(朱子語類)』에 토를 다는 일이 있었다. 선생이 아뢰기를,

"토를 다는 일은 매우 어렵습니다. 더구나 『주자어류』는 당시의 속어(俗

語)가 태반이니 실로 이해하기가 어렵습니다. 신의 생각으로는, 차라리 토를 달지 않고 그 문세(文勢)를 따라 읽으면서 침잠하여 완미(玩味)하고 탐색하는 편이 좋으니 그렇게 하면 거의 그 뜻을 알 수 있을 것입니다. 만약 억지로 토를 단다면 도리어 그 의미를 단천(短淺)하게 만들 것입니다."

하니, 동궁이 이르기를,

"한 질의 책을 반은 달고 반은 달지 않으면 얼룩덜룩해 보기 흉하기 때문이다."

하였다. 선생이 토를 단 것은 『주역』과 『예기』 각 2권이다. 동궁이, 선생이 찬술한 『동사강목(東史綱目)』을 볼 수 없는지 물으니, 선생은 초고본(草稿本)이라서 볼 것이 못 된다는 뜻으로 진달하였다.

4월 갑신일에 서연에 참가하였다.

이기장(理氣章)을 강(講)하였다. 강을 마치고 동궁이 선생에게 묻기를,

"퇴계와 율곡의 이기설(理氣說)이 서로 같지 않은데, 그대는 어느 설을 따르는가?"

하였다. 선생이 대답하기를,

"신이 늙고 어리석은 사람이라 성리(性理)의 근원은 감히 말하지 못하겠습니다. 다만 율곡의 자득(自得)한 견해가 비록 좋으나 퇴계의 설은 주자(朱子)에 근본한 것입니다. 『어류(語類)』 중 보광(輔廣)이 기록한 것에 '사단(四端)은 리(理)가 발(發)한 것이며, 칠정(七情)은 기(氣)가 발한 것이다.' 하였습니다. 보광은 주자 문하의 고제(高弟)이니 필시 잘못 기록하지는 않았을 것입니다. 퇴계의 설은 그 내력의 연원이 있기 때문에 신은 일찍이 퇴계의 설을 따랐습니다."

하였다.

○ 입직(入直)을 하고 있을 때 우연히 읊은 절구(絶句) 4수가 있는데, 그 중 한 수는 다음과 같다.

> 게으른 나는 산골 집에 누웠어야 제격이니
> 사월 들어 서울이 싫어져 돌아가고 싶어라
> 떠날까 머물까 마음 결정하기 어려워
> 동룡[49]에 무성한 나무들을 바라보노라

7월에 집으로 돌아왔다.

선생이 일찍이 설서(說書) 이상준(李商駿)에게 편지를 보냈다. 그 내용은 대략 다음과 같다.

돌아가신 부모를 그리는 풍수(風樹)의 슬픔이 심하고 부모님이 안 계시기에 다시는 벼슬길에 나아가려고 하지 않았는데, 계방(桂坊)의 자리에 다시 나아간 것은 참으로 저하를 그리는 마음이 간절해서입니다.

근래 동궁(東宮)의 학문이 날로 진취한다는 소식을 듣고 동궁의 청광(淸光)을 다시 우러러 뵙고 하찮은 정성이나마 조금 펴보고 싶어서 병든 몸을 애써 일으켜 무턱대고 나갔다가 뜻밖에도 노쇠하고 무능하여 보통 사람에도 전혀 못 미치는 이 몸이 누차 총애하여 포장(褒奬)해 마지않으시는 은혜를 입었으니, 이는 실로 미천한 소신(小臣)이 감당할 수 있는 바가 아닙니다. 이에 자신을 속이고 남을 속이다가 위로 동궁을 속이는 데 이르렀으니, 황송하여 몸 둘 바를 모르겠

49) 동룡(銅龍) : 세자시강원(世子侍講院)을 가리킨다. 한(漢)나라 때 태자궁(太子宮)의 대문을 동룡문(銅龍門)이라 하였으므로 이렇게 부르는 것이다.

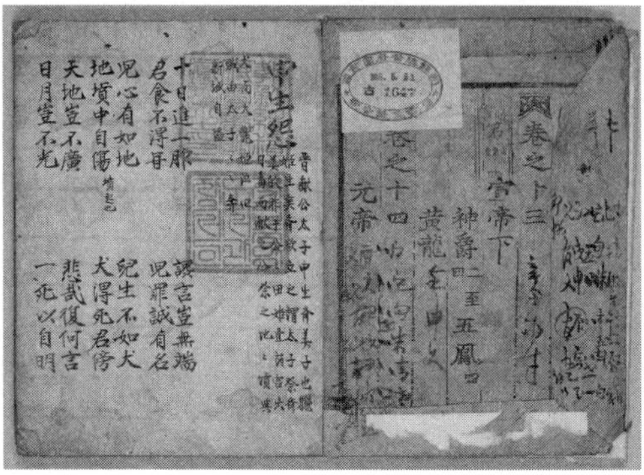

「서최집」

는데, 매양 박흡(博洽)하다고 인정해 주십니다. 박학(博學)과 박문(博聞)은 비록 성인(聖人)의 문하에서도 버림받은 것은 아니지만 고사(古事)를 기록하고 고례(古例)를 상고하는 일은 예악 제도(禮樂制度)를 맡는 한 명의 관리만으로도 충분할 것입니다. 이는 실로 군자(君子)의 원대(遠大)한 사업에도 도움이 안 되거늘 하물며 제왕(帝王)의 학문에는 말할 나위 뭐 있겠습니까.

이번에 와서 열 차례나 서연(書筵)에 나갔습니다만 글의 뜻이나 대략 주달(奏達)했을 뿐이고, 이른바 원대한 사업을 경영할 수 있는 성현(聖賢)의 공부와 제왕(帝王)의 대업(大業)에 이르러서는 나의 재주가 노둔하여 아는 바가 없을 뿐 아니라 또한 감히 지위를 벗어서 함부로 진달하지 못하고 그저 입을 다문 채 물러났으니, 자신을 부끄러워 탄식합니다.

지금은 병세가 더욱 심해지고 우거(寓居)할 곳마저 없어 몇 달 동안에 네 번이나 거처를 옮기느라 이리저리 떠돌아다니면서 온갖 신고를 다 겪었습니다. 그리고 객사(客舍)에서 병으로 누워 있느라 전후의 동궁의 거둥에 한 번도 수행하지 못하였으니, 이는 실로 병들어 목숨이 위태한 상황에서 무모하게 수행하여 다니기는 어렵지만 포만(逋慢)한 죄는 많습니다. 형편상 곧바로 향리로 돌아가야 마땅하지만 차마 곧바로 결별하지 못하여 일후(日後)에 일차 입직(入直)하면서 동궁께 아뢰어 향리로 돌아갈 작정입니다.

○ 집으로 돌아온 뒤 또 편지를 보내 제왕(帝王)의 학문 및 세자의 학문을 성취시킬 방도에 관해 논하였다.

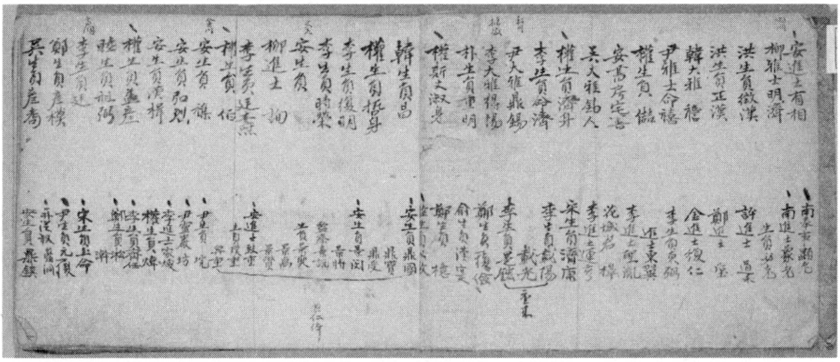

『통운록』

51년 을미(1775), 선생의 나이 64세이다. ○ 정월에 부인 성씨(成氏)가 졸하였다. ○ 가을에 『주자어류절요(朱子語類節要)』가 완성되었다.

선생은 『어류』가 학자에게 있어서 긴요한 책인데도 말뜻이 중첩되고 권질이 매우 많아서 학자들이 읽어보기 어렵다고 여겨서 번잡한 것을 잘라내고 요점만을 추렸다. 책은 모두 8권인데, 이름을 『어류절요(語類節要)』라고 하였다.

10월에 다시 익위사 익찬에 제수되었으나 부임하지 않았다. ○ 윤10월에 회인 현감(懷仁縣監)에 제수되었는데, 나가서 사은숙배하고 바로 체차되었다.

도백(道伯)이 전임관을 그대로 잉임(仍任)시킬 것을 계청하였으므로 바로 체차된 것이다.

이날 특별 전교로 다시 익위사 익찬에 제수하니, 사은(謝恩)하였다.

약현(藥峴)에 있는 승지 유훈(柳薰)의 집에 머물렀다. ○ 이때 상의 체후(體

候)가 편치 않아서 주원(廚院)에 직숙(直宿)하였는데, 전례에 의거해 개강(開講)하지 않았으므로 비록 여러 차례 입직하였으나 한 번도 서연에 나아가지 못했다.

11월에 상께서 비망기(備忘記)를 내렸다.

11월 13일에 비망기를 내리기를,

"이의철(李宜哲)이 아뢴 바에 의거해 대신에게 물어서 계방(桂坊)의 좌목(座目)을 가져다 보니, 그중에 김이안(金履安)은 고(故) 찬선(贊善) 김원행(金元行)의 아들이니, 이 사람에 대해서는 내가 이미 생각하고 있었으며, 안정복(安鼎福), 이겸진(李謙鎭)은 영상(領相)이 칭찬하였다. 김이안이 입직하였기에 내가 지금 불러 보았다. 이 하교를 정서한 다음 세손궁(世孫宮)에 들여서 어린 아들로 하여금 이것을 보고서 서연에서 소대(召對)할 때 반드시 학문을 토론하도록 하라. 이 역시 동궁에게 한 가지 도움이 될 것이다. 이번의 계방은 이조에서 과연 잘 가려 뽑았다. 이 뒤로도 역시 각별하게 가려 뽑도록 하라."

하였다. 14일에 시임 대신과 원임 대신을 인견(引見)하여 입시할 때 영상 한익모(韓翼謨)가 아뢰기를,

"춘방과 계방의 관원은 극히 엄선하지 않으면 안 됩니다."

하니, 상이 이르기를,

"아뢴 바가 참으로 옳다. 계방은 어떤 사람인가?"

하자, 대답하기를,

"익찬 안정복인데 경학(經學)이 풍부하고, 또 듣건대 그의 사람됨이 매우 한아(閒雅)하다고 합니다."

하니, 상이 이르기를,

"어느 집안사람인가?"

하자, 대답하기를,

"상세히 알지 못합니다."

하였다.

12월 계축일에 동궁이 대리청정(代理聽政)하면서 경현당(景賢堂)에서 백관들의 조참(朝參)을 받았는데, 들어가 시위(侍衛)로 참여하였다. ○ 정묘일에 병으로 인해 정사(呈辭)하고 집으로 돌아왔다. ○ 반계(磻溪) 유 선생(柳先生)의 연보(年譜)를 찬술하였다. ―선생의 이름은 형원(馨遠)으로, 인조(仁祖) 때의 사람이다.

52년 병신(1776), 선생의 나이 65세이다.

새해 초 동궁의 영지(令旨)를 보고 기뻐서 절구(絶句) 한 수를 읊기를,

하늘의 운행 돌아와 석목진[50]이 빛나니
밝은 해가 높이 떠올라 왕춘[51]이어라
선포하신 새 정책에 백성들 다 고무되니

50) 석목진(析木津) : 석목(析木)은 별자리[星次]의 이름이고 석목진은 은하수의 나루이다. 기성(箕星)과 두성(斗星) 두 별자리 사이에 위치하며 십이지(十二支)의 인(寅)에 속하여 동방을 상징하며, 동궁(東宮)을 가리키는 말로 쓰인다. 당(唐)나라 양형(楊炯)의 「혼천부(渾天賦)」에 "동궁은 석목의 나루요, 수성(壽星)의 들판이다.[東宮則析木之津, 壽星之野.]" 하였다.

51) 왕춘(王春) : 음력 정월인 신춘을 이른다. 『춘추공양전(春秋公羊傳)』 은공(隱公) 원년조에 "元年春, 王正月."에 대해 "봄이란 무엇인가? 한 해의 시작이다. 왕이란 누구를 말하는가? 문왕을 이른다.[春者何? 歲之始也 ; 王者孰謂? 謂文王也.]" 한 데서 유래하였다.

백발의 이 늙은 신하 마음 흐뭇합니다

라고 하였다.

정월에 외방에 있다는 이유로 체차(遞差)되었다. ○ 3월에 영종대왕(英宗大王)이 승하하였다.

마을 앞에 곡하는 자리를 설치하고 가인(家人), 종족(宗族), 빈객(賓客), 촌민(村民)들과 함께 모여 곡하였고, 날마다 성복(成服)할 때까지 아침에 모여 곡하였다. 인산(因山) 때에는 족인(族人)의 외사(外舍)로 나가 며칠 동안 기거하였으며, 이어서 망곡(望哭)하였다.

8월에 정산의 부음(訃音)을 듣고 곡하였다. ○ 9월에 목천 현감(木川縣監)에 제수되었기에 서울로 들어와 사은하였다.

효교(孝橋)에 있는 권생(權生)의 집에서 머물렀다.

10월에 부임하였다.

목천 고을로 내려간 당초에 먼저 백성들에게 교화(教化)를 돈독히 하고 명분(名分)을 바로잡겠다는 뜻으로 유시(諭示)하였다. 그리고 대명(大明)의 태조황제(太祖皇帝)가 제정한 "부모에게 효도하고 순종하며, 웃어른을 존경하고, 마을 사람들과 화목하게 지내고, 자손들을 가르치고, 각자의 생업에 안정하고, 비위(非爲)를 저지르지 말라."는 내용의 훈민육조(訓民六條)를 가지고 조목별로 나열하여 효유(曉諭)한 다음, 매월 초하룻날 상하의 백성들이 모여서 약조(約條)

를 읽게 하였다. 그리고 혹 부모에게 순종하지 않거나, 형제간에 화목하게 지내지 못하거나, 이웃 사람들과 화목하게 지내지 못하거나, 웃어른을 능멸하거나, 술에 취해 행패를 부리거나, 남의 물건을 훔치거나 간사한 짓을 하여 여섯 조목을 범하는 자가 있을 경우에는 통렬히 다스려서 엄금하겠다는 뜻을 역시 효유하여 백성들로 하여금 권면 징계되는 바가 있게 하였다. 이후로 매월 신칙(申飭)하여 성과가 있도록 하였다.

12월에 관청에서 얼음을 저장하였다.

목천 고을의 옛 규례에 매번 얼음을 저장할 때에는 반드시 온 고을의 백성들을 동원하였는데, 때가 엄동설한인데다 걸핏하면 여러 날 동안을 부역하는 탓에 갖가지 폐해가 많았다. 이해 겨울에 관가에서 고을의 민정(民丁)들을 고용해서 술과 밥을 후하게 먹여 주면서 얼음을 채취하게 하여 하루 만에 일이 끝내니 백성들이 모두 감사하였다. 그 뒤에 이 폐해를 감사(監司)에게 보고하여 얼음을 채취하는 일을 폐지하였다.

정종대왕(正宗大王) 원년 정유(1777), 선생의 나이 66세이다. ○ 정월에 방역소(防役所)를 설치하였다.

목천 고을에는 당초에 고마(雇馬)를 설치하는 규정이 없어서 신임 수령과 전임 수령이 교대할 때면 매번 민결(民結)에서 수납(收納)하여 백성들의 고질적인 폐해가 되었다. 선생이 그 폐단을 바로잡고자 하였는데 마침 호적(戶籍) 정리를 하는 식년(式年) 때라, 아전의 무리들로 하여금 호적을 나누어서 베끼게 하여 서사 조(書寫租) 1백여 석을 얻고, 또 별도로 조처해서 쌀 3백여 말[斗]을 얻어서, 이를 돈으로 바꾸어 수백 금을 마련하였다. 그런 다음 이를 각 동(洞)에 나누어 주어 해마다 이자를 받아들여 불리게 하되, 관가에서는 그 돈의 출입은 묻지 않고, 관원이 교체할 때의 쇄마가(刷馬價)와 각종 진상(進上)에 따른 백성들의 부담금 등 일체의 백성들의 부역을 모두 이것으로 해결하게 하였다. 그리고 절목(節目)을 상정(詳定)하여 백성들로 하여금 폐지하지 말고 영구히 준행(遵行)하게 하였다. 또 동회의(洞會儀)를 만들어서 백성들로 하여금 봄가을로 서로 모여 약조(約條)를 읽고 준행하게 하였다.

백성들이 목비(木碑)를 세우는 것을 금하였다.

선생이 고을에 도착한 지 몇 달이 지나지 않아 혜택이 백성들에게 미치니, 백성들이 모두 감격하면서 칭송하여 온 경내에 목비(木碑)가 세워졌다. 선생이 마침 관아로 나갔다가 돌아오는 길에 이를 보고는 사람들을 시켜서 그 목비를 뽑아 버리게 하였는데, 1백 리 안에 나무 조각을 깎아 만든 비가 거의 한 짐이나 되었다. 어떤 비에 쓰기를,

관가에서 스스로 얼음을 채취하니
정사의 맑기가 얼음과 같고
관가에서 스스로 호적을 쓰니
정사를 역사책에 기록할 만하도다

라고 하였는데, 선생이 이것을 보고는 웃으면서 말하기를,

"한 가지 정사를 펴고 한 가지 명령을 내어 조금이라도 백성에게 혜택이 있으면 비를 세워 칭송하니, 만약 조금이라도 잘못하는 것이 있으면 반드시 깎아 내고 쪼개 버릴 것이다. 그리고 비를 세워 덕을 칭송하는 것은 관장(官長)을 희롱하는 뜻이 있으니, 결단코 아름다운 풍습이 아니니, 이런 뜻으로

효유하여 엄금하라."

하였다.

동몽(童蒙) 이인갑(李仁甲)의 효행(孝行)을 감사(監司)에게 보고하였다.

목천 사람 이인갑은 18세에 탁월한 행실이 있었는데, 사림(士林)이 상서(上書)하여 그 사실을 보고하기에 조정에 아뢰어 주기를 청한 것이다.

고을 안에 농사를 권장하는 뜻을 두루 유시하였다.

규례(規例)를 조목별로 나열하였는데, 그 한 조목에,

"지금 농사지을 철을 당하여 남녀를 가릴 것 없이 모두 밭에 나가 일하고 있는데, 남녀의 구별은 예로부터 매우 엄하다. 따라서 비록 들에서 일을 할 때일지라도 남자와 여자가 따로따로 일하여, 한 곳에 뒤섞여 일하면서 희롱하고 불경(不敬)스러운 짓을 하는 일이 없도록 하라."

하였다.

3월에 아들 안경증(安景曾)의 상(喪)을 당하였다.

2년 무술(1778), 선생의 나이 67세이다. ○ 2월에 휴가를 받아 집으로 돌아갔다. ○ 7월에 임소(任所)로 돌아갔다.

2월에 집으로 돌아갈 때 이미 벼슬을 버리고 향리로 돌아갈 뜻이 있어 집에 있는 몇 달 동안 일곱 차례나 감사에게 사장(辭狀)을 올렸으나, 감사가 끝내 체직을 허락하지 않았다. 그러므로 부득이해서 임소로 돌아가게 된 것이다.

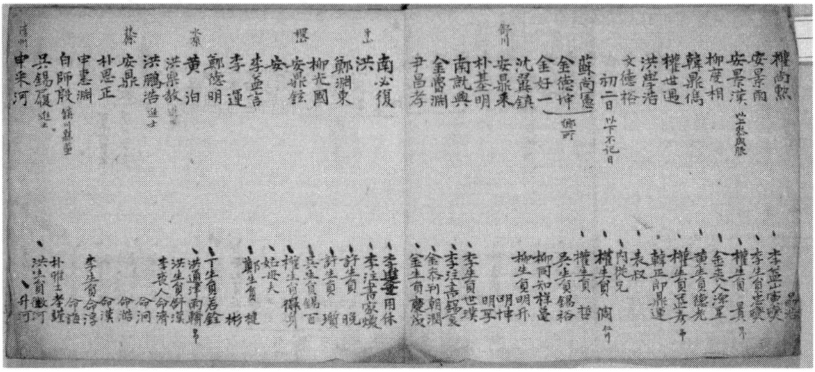

『조객록』

8월에 사람을 보내 황후천(黃杇淺)의 묘(墓)에 제사하였다.

후천은 이름은 종해(黃宗海)이고, 묘는 목천 고을에 있다. 선생이 글을 지어 제사 지냈는데, 그 제문의 내용은 대략 다음과 같다.

제가 어렸을 때에 가숙(家塾)의 책상자에서 선생의 문집을 꺼내어 읽고는 선생의 학문을 알고서 일찍부터 사모하고 공경하였습니다. 그런데 뜻밖에 외람되이 조정의 명을 받들고 이 고을에 부임하니, 이곳은 실로 선생께서 사셨던 곳이며 묘소도 여기에 있습니다.

아! 산천은 옛날 그대로이고 인사(人事) 또한 예전과 같건만 한스럽게도 선생 같은 이가 다시 나와서 선생의 업을 이어 닦는 이가 없기 때문에 선비들의 추향(趨向)이 바르지 못하고 인심이 날로 그릇되어 가고 있습니다. 내가 이 고을 수령을 맡고 있으니 의당 풍속을 변화시키는 권한이 있는데도, 덕은 얕고 재주는 낮으며 나이는 많고 뜻은 시들하여 한갓 지난 옛일을 느꺼워하고 오늘의 시속을 슬퍼하는 탄식이 간절할 따름입니다.

10월에 감사에게 사장을 올렸으나, 허락받지 못하였다. ○ 12월에 봉급을 줄여서 금년 치의 결전(結錢)을 반으로 견감하였다.

3년 기해(1779), 선생의 나이 68세이다. ○ 2월에 봉급을 줄여서 고을 안의 굶주린 백성들을 진휼하였다.

2월부터 4월에 이르기까지 진휼한 자가 2천여 명이었다.

『대록지(大麓志)』를 편찬하였다.

대록(大麓)은 목천(木川) 고을의 별칭이다. 선생이 고을에 읍지(邑志)가 없어서는 안 된다고 여겨 편찬한 것이다.

백성들에게 향약(鄕約)을 권장하여 시행하게 하였다.

이때 내린 체문(帖文)의 내용은 대략 다음과 같다.

생각건대, 정치를 하면서 삼대(三代)를 본받지 않으면 구차할 뿐이다. 삼대의 백성이라 하여 백성들이 본래 착했던 것은 아니니 그 가르치는 방법이 분명하고 권면하여 인도하는 데 방도가 있었기 때문이었다.

성인의 교화가 이미 아득히 멀어지면서 백성들의 풍속이 날로 경박해져서 놀며 떠도는 것이 습속이 되고 간사하고 교활한 자들이 무리를 이루었다. 이를 다잡으려 한다면 약속(約束)의 정치를 할 수밖에 없다. 이것이 바로 여씨향약(呂氏鄕約)이 만들어진 까닭인데, 주자(朱子)가 이를 적절히 손질하여 후세에 반드시 시행해야 할 좋은 법으로 만들었다.

그러나 옛사람이 말하기를, "'큰 나라를 다스리는 것은 작은 생선을 굽는 것과 같다.' 하였으니, 반드시 점차적으로 길들여서 백성들로 하여금 기꺼이 따르도록 하여 갑작스레 서둘러 거부감을 일으키는 폐단이 없게 해야 한다." 하였다. 전일에 반포한 동회의(洞會儀)는 간이(簡易)하여 실행하기 쉬우니, 이를 가지고 차츰 단결하여 민심이 다소 안정된 뒤에 비로소 여씨의 본조(本條)를 참작해서 시행하도록 한다면 어찌 아름답지 않겠는가. 약속이 없으면 검속(檢束)할 수 없으며, 상벌이 없으면 칙려(飭勵)할 수 없으니, 요컨대 군자들이 적절히 헤아려서 시행해야 할 것이다.

아! 민심이 비록 경박하더라도 제(齋)나라가 변하면 노(魯)나라의 수준에 이를 수 있고, 세도(世道)가 비록 떨어졌으나 은(殷)나라의 예(禮)를 송(宋)나라에서 충분히 징험할 수 있다. 그렇다면 향약의 시행은 실로 오늘날 시급한 일이다. 이제 듣건대 동면에 이 향약을 실행하는 동(洞)이 있다고 하니, 각 면과 각 동이 차차 이를 본받아서 점차 시행해 나간다면 좋은 예속(禮俗)이 머지않아 이루어질 터이니, 우리 성상의 치화(治化)에 도움됨이 과연 어떠하겠는가.

다시 군자들에게 드릴 한마디 말이 있다. 주자가 일찍이 향약에 대해 말하기를, '전배(前輩)들이 사람을 가르쳐서 풍속을 선하게 한 방법을 통해 자신을 도리를 닦는 방법을 알게 된다.' 하였으니, 이 말은 더욱더 가슴에 새겨야 할 말이다. 여러분은 부디 깊이 유념하기 바란다.

옛사람들은 마을마다 단(壇)을 쌓고 나무를 심고는 매년 봄가을 중월(仲月)의 첫 번째 무일(戊日)에 집집마다 돈을 징수하여 음식의 경비를 마련해서 사신(社神)에게 제사를 올리고, 이어서 향음례(鄕飮禮)와 향사례(鄕射禮)를 행했으니, 그 법이 두우(杜佑)의 『통전(通典)』에 갖추어져 있다. 이것은 실로 주저하지 말고 반드시 실행해야 할 것이다.

사마소(司馬所)를 다시 설치하였다.

사마소는 바로 고을 안의 선비들이 모여서 공부하는 곳으로, 국초에 창설되었다가 중도에 폐지되었다. 그러므로 관가에서 재력(財力)을 도우고 또 조약(條約)을 세워 유생들에게 유시하여 다시 설치하였다.

4월에 관직을 버리고 향리로 돌아갔다.

6월에 감사에게 세 번 사장(辭狀)을 올려서 비로소 체직되었다. —그 뒤 신축년(1781)에 고을 백성들이 거사비(去思碑)를 고을 동쪽에 있는 복귀정(伏龜亭)에 세웠다.

4년 경자(1780), 선생의 나이 69세이다. ○ 4월에 향사례(鄕射禮)를 행하였다.

동네의 유생들 중 예를 좋아하는 사람들이 찾아와서 향사례를 행할 것을 청하니, 선생이 고금의 마땅함을 참작하여 향사홀기(鄕射笏記)를 만들어서 시행하였다.

5년 신축(1781), 선생의 나이 70세이다. ○ 4월에 『가례집해(家禮集解)』를 완성하였다.

선생은 일찍이 세상의 학자들이 『가례』에 대해 글 뜻을 엉터리로 풀이하고 적절한 예(禮)를 모르는 것을 걱정하였다. 이에 구절에 따라 주석(註釋)을 달고 간간이 선유(先儒)들의 학설을 덧붙여 『가례집해』라고 이름하였다. 을해년(1755, 영조 31)부터 초고(草稿)를 작성하기 시작하여 미처 수정하지 못하고 있다가 이때에 이르러서 문인인 황덕일(黃德壹)과 함께 교열하고 교정한 다음 정서하여 베꼈다.

6월에 상께서 『동사강목(東史綱目)』을 들이라는 하교를 내렸다.

승선(承宣) 정지검(鄭志儉)을 통해서 올렸다.

12월에 돈령부 주부에 제수되었으나, 부임하지 않았다.

돈령(敦寧)의 임기가 다하였다는 이유로 정장(呈狀)하여 체차된 것이다.

6년 임인(1782), 선생의 나이 71세이다. ○ 8월에 권철신의 편지에 답하였다.

그 편지의 내용은 대략 다음과 같다.

예로부터 예(禮)는 시대에 따라 인혁(因革)이 있었으니, 구차히 다르게 바꾼 게 아니라 그 시대 습속의 숭상하는 유행이 점점 변하여 그렇게 된 것입니다. 그러므로 "군자가 예(禮)를 행하는 데는 굳이 시속(時俗)을 바꾸지 않는다." 한 것이니, 진실로 대체(大體)만 그대로 있으면 사소한 형식은 시속을 따라 조금 바꾸는 것은 어쩔 수 없는 형세입니다.

지금 공이 '『가례』에 유식(侑食)이 삼헌(三獻) 뒤에 있고, 독축(讀祝)이 초헌 때 읽게 한 것을 두고 성인의 본의와는 매우 틀리다.' 라고 말했는데, 나는 그렇지 않다고 생각합니다. 고례(古禮)에는 시동(尸童)이 있었기 때문에 시동을 맞기 전에 신의 자리를 만들고 제물을 차려두고 축문을 읽어 신이 흠향하도록 하였고, 그런 다음 시동을 맞은 뒤에 삼헌을 하면서 그때마다 유식과 고포(告飽)의 절차가 있었습니다. 그렇지만 후세에는 시동이 없으니 형편상 부득이 초헌 후에 독축(讀祝)할 수밖에 없고, -『개원례(開元禮)』가 이미 그러하다.- 시동을 흠향하게 하는 절차가 없으니 형편상 삼헌 후에 유식하지 않을 수 없습니다. 그런데 공이 이를 그르다고 했으니, 공의 생각은 독축은 강신(降神)한 뒤에 하고 삼헌(三獻) 때에 모두 유식하기를 고례(古禮)에 시동을 흠향하게 하던 때와 같이 하고자 하는 것입니까? 고례는 매우 번거로웠는데 『가례』에서는 생략하여 간편하게 했으니 이것을 굳이 그르다고 할 필요는 없을 것입니다.

강신하기 위해 술을 붓고 쑥을 사르는 의식이 참람하다는 것은 사마온공(司馬溫公)이 이미 말하여 분향하고 술 붓는 것으로 대신하였고, 주자(朱子)도 "강신주(降神酒)를 붓고 쑥불을 사르는 것은 천자와 제후의 예(禮)이다." 하였으며, 구씨(丘氏)는 "후세에 향을 피워 신을 제사하는 것은 비록 고례(古禮)는 아니지만 통용한 지가 이미 오래이니, 귀신도 편안하게 여길 것이다." 하였습니다. 그리고 『개원례』를 살펴보면 사대부 이하는 제례(祭禮)에 모두 "화로에 숯불을 피워 쑥과 기장, 쇠기름을 태운다."는 기록이 있고 보면, 당(唐)나라 때부터 이미 허락했으니 그렇게 해도 진실로 무방합니다. 게다가 향을 사르고 술을 붓는 것은 신을 음(陰)과 양(陽)에서 찾는다는 뜻으로, 그 이치가 정미하니, '귀신도 편안하게 여길 것이다.' 라고 한 구씨(丘氏)의 설이 옳습니다.

고례를 좋아하는 공의 뜻은 참으로 흠탄할 만합니다. 그렇지만 당송(唐宋) 이후 정자(程子)·주자(朱子)가 행한 예(禮)까지 모두 무시해 버리고 공이 홀로 고례를 행할 수 있겠습니까? 이러한 예들은 왕자(王者)가 세상에 나타나서 일왕(一王)의 예를 제정한 뒤에야 고칠 수 있을 것입니다. 그러나 나의 생각에는 자질구레한 절목들은 굳이 따질 필요가 없다고 봅니다.

7년 계묘(1783), 선생의 나이 72세이다. ○ 7월에 다시 돈녕부 주부에 제수되었다. ○ 8월에 특별 전교를 내려 장릉령(長陵令)으로 자리를 바꾸어 주기에 사은(謝恩)하였다.

전교는 다음과 같다.

지난번에 이 자리에 낙점(落點)하였을 때 곧바로 정장(呈狀)하여 체차되었던 것은 신병이 있어서 그러하였던 것으로 생각하였다. 그런데 작일(昨日)에 승선(承宣)의 말을 듣건대, 돈녕(敦寧)의 자격이 없어서였다고 했다 하니, 그렇다면 지금 다시 그 자리에 제수하더라도 역시 응당 체차되어야 할 것이다. 이 사람에 대해서는 내가 이미 계방(桂坊)에 있을 적부터 잘 알고 있으며, 또 서책을 편찬한 것도 있으니, 한 번 불러 보고 싶다. 돈녕부 주부 안정복을 다른 관사의 한가한 자리로 바꾸어 주라.

또 특별 전교를 내려 헌릉 령(獻陵令)으로 바꾸어 주기에, 사은하였다.

장릉은 거리가 멀어서 특별히 전교를 내려 바꾸게 한 것이다. 사은을 하니 머물러 기다리고 있다가 입시(入侍)하라고 명하였다. 이때 상(上)이 장차 원릉(元陵)에 알현하고자 편전(便殿)에서 재숙(齋宿)하고 있었는데, 어떤 한 나이 어린 문관(文官)이 나와 앞에서 인도하여 들어갔다.

어전(御前)에 이르자, 상이 웃으면서 하유하기를,

"그동안 만나보지 못한 지 8, 9년이 되는데 얼굴이 전에 계방에 있을 때보다 더 좋아졌다."

하니, 선생이 일어났다 엎드려 아뢰기를,

"국가의 경사는 실로 종사(宗社)와 백성들의 복이니, 축하하는 마음을 금치 못하겠습니다. 그런데 신은 예전에 비해 더욱 늙고 또 괴질(怪疾)이 있어서 직임을 감당하지 못하겠으니, 이 때문에 황공스럽고 걱정스럽습니다."

하자, 상이 이르기를,

"이번에는 직임에 종사할 수 있겠는가? 능소(陵所)의 일은 편하고 또 집에서도 멀지 않으니, 실로 노인에게 합당한 자리다."

하니, 선생이 아뢰기를,

"전후로 특별한 은혜를 거듭 내리시니, 신이 어찌 감히 늙고 병들었다는 이유로 사양할 수 있겠습니까. 게다가 궁내(宮內)에서 내린 책자는 개인 집으로 가져갈 수 없으니, 장차 곧장 재소(齋所)로 가지고 들어가서 교정(較正)한 다음 안으로 들이고 돌아가겠습니다."

하였다. 조금 뒤에 상이 이르기를,

"헌릉령은 먼저 물러가라."

하기에 선생이 나왔다.

상의 생각은 선생이 늙고 병들어 오랫동안 대면하기가 어려울 것으로 여겨 선생으로 하여금 먼저 나가게 한 것이었다. 문관이 뒤따라 나와 처음과 같이 앞에서 인도하여 외문(外門)에 이르러서야 멈추었으니, 이는 특별한 은혜이다.

재소에 입직하여 『동사강목』을 교정하였다.

선생이 찬술한 책으로, 전주(全州) 감영(監營)에 명하여 등사해서 전하게 하였는데, 오자(誤字)가 많이 있었으므로 선생에게 명해 교정하게 한 것이다. 9월에 이르러서야 작업을 마쳐서 반납하였다.

11월에 예조에 사장(辭狀)을 올렸다.

12월에 이르러서 삼도 정순(三度呈旬)하니, 예조에서 개차(改差)하기를 계청하였는데, 상이 병을 조리하고 직임을 보라는 하교를 내렸다.

8년 갑진(1784), 선생의 나이 73세이다. ○ 2월에 계방(桂坊)의 천거에 들었다.

상께서 2품관 이상에게 각각 2명씩을 천거하라고 하교하였는데, 선생은 판서 이재협(李在協)과 참판 오대익(吳大益)의 천장(薦狀)에 들었다.

5월에 예조에 사장(辭狀)을 올리니, 예조에서 개차하기를 계청하였는데, 특별 전교를 내려 서울에 있는 관사와 바꾸게 하여 의빈부 도사가 되었다. ○ 7월에 세자익위사 익찬에 제수되었다.

상이 경모궁(景慕宮)에 임어하여 책봉(冊封)하라는 명을 내리고, 이어 춘방(春坊)과 계방(桂坊)의 관원을 차출하게 하였는데, 선생이 이때도 은혜로운 제수(除授)를 받았다.

사은하고 곧바로 예조에 사장을 올렸으나 허락받지 못하였다. ○ 손철중(孫喆重)에게 명하여 유계(遺戒)와 송종록(送終錄)을 쓰게 하였다.

선생은 갑술년(1754)에 참판공의 상을 당한 이후로 피를 토하는 증세가 있어서 늘 위독할 때가 많았다. 기묘년(1759)에 아들 안경증에게 명해 유계를 쓰게 하였으며, 병술년(1766)에 심하게 종기를 앓을 때에도 유계를 썼었다. 이때에 이르러서 또 나이가 칠순이 넘어 운명할 날이 멀지 않다고 생각하여 기묘년과 병술년에 말씀하셨던 유계의 내용을 다시 첨삭했는데 주된 내용은 간략하게 장사지내라는 것이었다.

8월 갑신일에 책례(冊禮)의 습의(習儀)에 참가하였다.

이 날 상이 중희당(重熙堂)에 임어하여 신하들에게 음식을 하사하였다. 이를 마치고 춘방과 계방의 관원들이 각각 자신의 직책과 성명을 아뢰면서 진알(進

謁)하고 물러났다. 상이 유독 선생에게 위로의 말씀을 하니 선생이 대답하기를,

"늙어 병든 몸이라 실로 감당하지 못하겠으나 이번의 국가 경사에는 어찌 감히 병을 칭탁(稱託)할 수 있겠습니까."

하니, 상이 웃으면서 이르기를,

"그대는 쇠하지 않았다.[不衰]"

하면서 말씀이 정중하였다. 이에 선생은 감격을 이기지 못하여 물러나 집에 '불쇠헌(不衰軒)' 이라는 편액을 걸었다.

9월에 병을 이유로 정장하고 체차되어 향리로 돌아갔다. ○ 미천서원(眉泉書院)의 유생들이 와서 서원의 부원장을 맡아 달라고 청하였다.

봄에 서원의 유생들이 와서 청하였으나 허락하지 않다가 이때에 이르러서야 비로소 허락하였다.

9년 을사(1785), 선생의 나이 74세이다. ○ 2월에 소남 윤동규의 행장(行狀)을 찬술하였다. ○ 3월에 『천학고(天學考)』와 『천학문답(天學問答)』을 지었다.

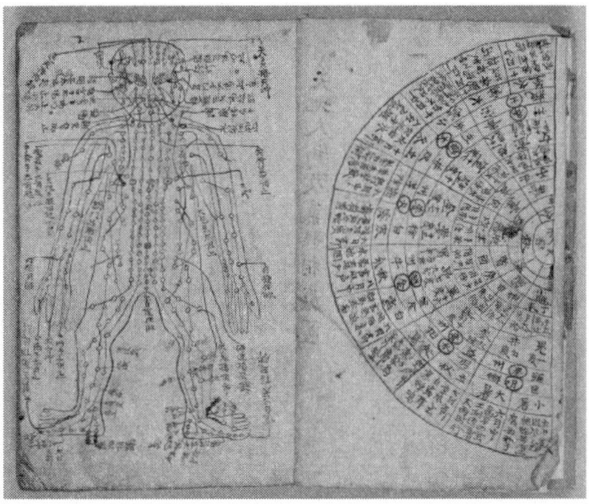
『의학입문』

천주학(天主學)이 서양(西洋)에서 나와 중국으로 흘러든 지가 이미 오래이다. 게다가 천주학에 관한 서적들이 중국으로부터 우리나라로 들어오니 젊은 후진들이 천주학에 많이 빠졌

다. 그래서 선생이 이를 걱정하여 천주학의 내력을 서술하여 천학고를 짓고, 천주학의 시비(是非)를 변석하여 『천학문답』을 지어 보여 주었으니, 모두 수천 자이다.

○ 다른 사람에게 편지를 보냈는데 그 내용은 대략 다음과 같다.

서양 사람들의 말은 비록 장황하고 박식하지만 모두 불교의 찌꺼기를 주워 모은 것으로 선가(禪家)의 정미한 이론에 반도 미치지 못합니다. 차라리 식심(識心)이니, 견성(見性)이니 하는 달마(達摩)·혜능(慧能)의 말을 따를지언정 밤낮 기도나 하는 무당과 다를 바 없는 서양 사람들의 짓거리를 어찌 따를 수 있단 말입니까. 이런 짓을 해서 과연 지옥을 면한다 해도 뜻 있는 사람이면 하지 않을 터인데, 하물며 우리 유학을 하는 사람들이야 말할 나위 있겠습니까. 이는 성문(聖門)의 도깨비요 유림(儒林)의 해충이니 속히 내쫓아야 할 것입니다.

대저 도가(道家)가 노군(老君)을 존경하는 것이나, 석씨들이 석가를 존경하는 것이나, 서양 사람들이 예수[耶蘇]를 존경하는 것이 그 이치는 같은 것입니다. 이 삼가(三家)의 학문은 모두 그 쪽 사람이 해야 할 것이지 우리 유가에서 배울 것은 아닙니다. 서양 학문이 뒤에 나왔으면서도 노씨(老氏)·석씨보다 더 높은 자리를 점거하고 싶어서 그야말로 무상의 천주(天主)를 내세워 마치 천자(天子)를 끼고 제후(諸候)들을 호령하듯이 제가(諸家)로 하여금 반박하지 못하게 만드니, 그 계략이 또한 교묘합니다.

그러나 내가 대략 그들의 서책을 보았더니, 온갖 허점이 보였으며 그 주장이 허탄(虛誕)하여 성현을 헐뜯은 곳이 한두 군데가 아니었습니다. 그러면서 모두 참된 도가 어디에 있는지를 알지 못한다고 하니, 이는 거리낌 없이 방자한 것입니다. 우리 유자들이 이를 분명히 변석하여 여지없이 배척하지 못하고 도리어 옷깃을 여민 채 손을 묶고 앉아 있으니, 저들의 서책에 무슨 확실하고 분명한 이치를 본 것이 있기에 이러한 것입니까?

대저 서양 사람들은 실로 이류(異類)가 많아 그 총명과 재변, 기예(技藝)와 법술(法術)은 중국 사람이 미칠 수 없기 때문에 사람들이 많이 여기에 굴복되어 그들의 학문까지 믿게 되었다고 하는데, 어찌 그렇겠습니까. 그들의 학문이 황당무계하고 괴상망측하기는 실로 저 노씨(老氏)와 석씨(釋氏) 이가(二家)와 다를 바가 없는데, 지금의 유자(儒者)들이 저 이가는 이단으로 배척하면서 도리어 이쪽을 참된 학문이라고 하니, 사람들이 미혹에 빠지는 것이 이 정도로까지 심합니다. 이것이 바로 세도(世道)의 부침(浮沈)과 학문의 사정(邪正)이 나뉘는 큰 분기점입니다.

아! 천하에 인류가 산 지 오래입니다. 기화(氣化)의 운행에 따라 순수한 기운이 흐려지고 질박(質朴)한 기운이 흩어짐에 태평한 날은 적고 혼란한 날이 많으며, 군자의 도(道)는 위축되고 소인의 도는 신장되며, 정학(正學)은 사라지고 사설(邪說)이 힘을 떨쳐 시대가 내려갈수록 세도(世道)가 점점 낮아지고 있으니 어찌 근심할 일이 아니겠습니까.

서양사람 예수란 이름은 바로 세상을 구제한다는 뜻이고 그들이 높이 떠받드는 이는 천주(天主)입니다. 그리고 권선징악(勸善懲惡)하면서 천당 · 지옥의 설을 만들어 놓은 것은 저 노씨 · 석씨와 같은데, 그들이 늘 말하여 사람들을 유도하는 것은 천주이며 천당이며 지옥이니, 대의는 단지 이것일 뿐입니다.

내가 그들의 말에 따라 설명해 보겠습니다.

그들이 천주가 있다고 하고 우리도 천주가 있다고 하니, 천주는 바로 상제(上帝)입니다. 『시경(詩經)』 · 『서경(書經)』에서 상제를 말했고, 성인이 하늘을 말한 것은 분명한 기록이 있으니, 어찌 사실이 없는 것을 가탁하여 말했겠습니까. 그들이 천당이 있다고 하고 우리도 천당이 있다고 하니, 『시경』에 '문왕(文王)이 오르내리며 상제 곁에 계신다.[文王陟降 在帝左右]' 라 하였고, 또 '삼후(三后)가 하늘에 계신다.[三后在天]' 라 하였으며, 『서경』에 '많은 선대 철왕(哲王)이 하늘에 계신다.[多先哲王在天]' 라 하였으니, 이미 상제가 있는 바에야 어찌 상제가 살고 있는 곳이 없겠습니까. 저들은 지옥이 있다고 하고 우리는 지옥의 형벌을 말하는데, 저들의 지옥이라는 것은 성왕(聖王)이 형벌을 제정한 이치와 다르니 매우 의심스럽습니다. 성왕의 형벌은 범죄를 미연에 방지하기 위해 만든 것이니, 얼마나 인자합니까. 지옥의 형벌은 살았을 때는 무슨 짓을 하든지 내버려 두었다가 죽은 뒤에야 그 영혼에게 죄를 소급하여 묻는 것이니, 백성을 죄망(罪網)으로 그물질하는 데 가깝지 않겠습니까? 지금 그들의 책을 보면, 이른바 지옥의 형벌이라는 것이 거의 인간 세상의 형벌과는 비교할 수조차 없으니, 지극히 인자해야 할 상제의 마음으로 어쩌면 그렇게도 참혹하고 모질단 말입니까.

그들은 또 "사람의 영혼이 영원히 흩어지지 않고, 선악의 과보를 받는다."라고 하는데, 만약 그들의 주장대로라면 아득한 옛날 인류가 세상에 나온 이후로 그 숫자가 지극히 많으니, 지옥과 천당이 제아무리 넓다 해도 그 영혼들을 어디에다 다 수용하겠습니까? 사람의 이치로 미루어 보면, 옛날부터 지금까지 사람들이 모두 장생불사(長生不死)한다면 사람의 수가 지극히 많을 터이니, 어떻게 이 세상에 다 수용할 수 있겠습니까. 예전에 불서(佛書)를 보았더니, '발우(鉢盂) 하나에 60만 보살(菩薩)이 들어갔다.' 고 하니, 이것이 과연 사실이겠습니까. 이것이 그 설의 허황한 점입니다.

그러나 우선 그 설을 따르고 배척하지 않고서 말해 보겠습니다.

"'선한 자에게 상을 내리는 천당이 있으면 악한 자에게 벌을 내리는 지옥도 있다." 고 하는 것은 혹 그럴 법도 합니다. 그러나 그 천당, 지옥을 누가 보았단 말입니까? 그것이 전기(傳記)에 남아 있는 것이나 민간에 전해오는 얘기로 말하자면 결국 황당무계한 말이니 제쳐두고 무시해야 옳을 것입니다.

『진서(晉書)』를 보면 왕탄지(王坦之)는 승려 축법사(竺法師)와 명리(名理)[52]

52) 명리(名理) : 위진(魏晉) 및 그 후대 청담가(淸談家)들이 사물(事物)의 명칭과 이치의 옳고 그름과 같고 다름을 변석(辨析)하는 것을 말한다. 『진서(晉書)』「범왕전(范汪傳)」에 "박학하고 많이 통달하여 명리를 잘 얘기하였다.[博學多通, 善談名理.]"라 하였다.

를 토론하는 벗이었는데 늘 천당과 지옥에 대한 의심이 있어 먼저 죽은 자가 와서 알려 주기로 서로 약속하였습니다. 하루는 축법사가 와서 말하기를, '내가 이미 죽었는데, 지옥이 있다는 설은 사실이 아니니, 그저 도덕을 부지런히 닦아 하늘로 올라야 할 뿐이다.' 했으니, 이는 지옥이 없다는 말입니다. 그러나 이는 말할 게 못됩니다. 지옥이 있는지 없는지는 굳이 많은 말을 할 필요가 없으니, 성인은 괴력난신(怪力亂神)[53]을 말하지 않았습니다. 괴(怪)란 드물게 있는 것이고, 신(神)은 형체가 없는 것이니, 드물게 있고, 형체가 없는 것을 가리켜 말하여 마지않는다면 그 폐단이 어디까지 이르겠습니까. 이런 까닭에 성인이 말씀하지 않았던 것입니다.

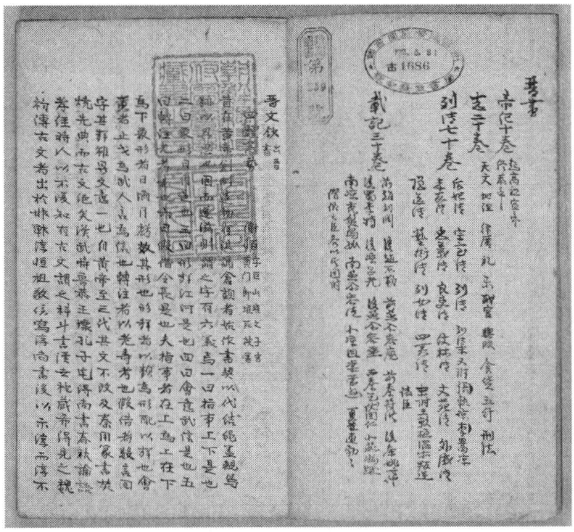

「진서문초」

우리 유가(儒家)에서 상제를 섬기는 도리로 말하면, 상제가 내려 주신 성품, 천명(天命)의 성품은 그 모두가 다 하늘에서 받아 스스로 가지고 있는 것입니다. 『시경』에 "상제가 네 곁에 계시니 네 마음에 의심을 두지 말지어다.[上帝臨汝 無貳爾心]" 하였고, "상제를 대한 듯이 하라.[對越上帝]" 하였고, "천명(天命)을 두려워하라.[畏天命]" 하였으니, –이는 천지 형체를 말하는 하늘이 아니고 바로 천주(天主)의 하늘을 말한 것이다.– 이 모두가 우리 유자들의 계구(戒懼)·근독(謹

53) 괴력난신(怪力亂神) : 『논어』 「술이(述而)」에 "공자는 괴이한 일과 용력(勇力)과 난리와 귀신을 말하지 않았다.[子不語怪力亂神.]" 한 데서 온 말이다.

獨)·주경(主敬)·함양(涵養)의 공부가 아님이 없습니다. 상제를 높이 섬기는 도리가 어찌 이보다 더 나은 것이 있겠습니까. 서양 사람들의 말을 굳이 빌리지 않아도 더욱 분명합니다.

통탄할 노릇은 서양 사람들이 상제를 자기들의 사주(私主)로 생각하고 중국 사람들은 상제를 모른다고 하는 것입니다. 그들은 꼭 하루에 다섯 번 하늘에 예배하고 7일에 한 번 재소(齋素)하고, 밤낮으로 기도하여 지은 죄를 용서해 달라고 해야지만 비로소 하늘을 섬기는 일이 된다고 하니, 이것이 어찌 불가(佛家)의 참회와 다르겠습니까? 우리 유가의 학문은 광명정대하기가 마치 높고 넓은 천지, 밝게 비치는 일월과 같아서 털끝만큼도 은미하고 황홀하여 알기 어려운 이치가 없거늘 어찌하여 이것을 하지 않고 도리어 저들의 가르침에 참된 도가 있다고 한단 말입니까?

저들의 학문에 이르기를 "이 세상은 현세(現世)인데 현세의 화복(禍福)은 잠시이니, 만세를 두고 고락(苦樂)을 받는 후세의 천당·지옥의 화복에 비하면 아무것도 아니다."라고 합니다. 나는 이에 다음과 같이 말하는 바입니다.

"천주 상제가 이 세상에 상·중·하 삼계(三界)를 만들어 상계(上界)에는 상계의 일이 있고, 중계·하계도 각각 저마다의 일이 있으니, 상계와 하계의 일이라는 것은 인간으로서 측량해 알 수 있는 것이 아니다. 중계의 사람 일로 말하면, 사람이 되는 도리가 수기(修己)·치인(治人)에 불과한데, 수기·치인에 관해서는 모두 책에 갖추어져 있으니, 그대로 따라 실천하면 절로 실천할 수 있는 도리가 있다. 이른바 세상을 구제한다는 서양 학문이라도 어찌 이보다 더하겠는가.

그들이 명색은 비록 세상을 구제한다고 하지만 사실은 오로지 개인의 사욕을 위한 것으로 도교나 불교와 다를 것이 없다. 그들이 말하는 세상을 구제한다는 것은 성인의 명덕(明德)·신민(新民)의 일과는 공사(公私)·대소(大小)의 차이가 대체 어떠한가. 그 유폐는 장차 없는 것을 있다고 하고, 허황한 것을 사실이라고 하여 온 세상을 환망(幻忘)한 곳으로 몰아넣고 말 것이다. 이에 인심은 선동되어 후세에 이른바 연사(蓮社)[54] · 미륵(彌勒) 같은 무리들이 꼬리를 물고 일어나 요망한 도적의 효시가 되어 난리가 그칠 날이 없을 터이니, 그때 가면 작용(作俑)[55]의 죄를 반드시 받을 사람이 있을 것이다.

우리가 이미 이 현세에 태어났고 보면 응당 현세의 일을 하고 경전에서 가르친 대로 따라 실행하면 그만이니, 천당과 지옥이 나에게 무슨 상관이 있겠는가."

가령 누가 이를 빌미로 상대편을 일망타진하려는 계책이라도 세우는 날에는 몸을 망치고 이름을 더럽히는 욕을 당하고 말 것입니다. 이런 때에 이르러서 천주가 구제해 줄 수 있겠습니까. 천당의 즐거움을 미처 누리기도 전에 세화(世禍)가 닥칠 염려가 있으니 삼가지 않을 수 있겠으며 두려워하지 않을 수 있겠습니까.

유감시(有感詩) 한 수를 짓다.

그 시는 다음과 같다.

학문의 갈래 나뉘어 저마다 따로 가는데
서양에서 온 한 학파가 또 기세를 떨치누나

---

54) 연사미륵(蓮社彌勒) : 동진(東晉) 때 혜원법사(慧遠法師)가 혜영(慧永) · 유유민(劉遺民) · 뇌차종(雷次宗) 등 18명과 여산(廬山)의 동림사(東林寺)에서 결성한 극락정토 왕생을 발원하는 신앙 단체인 백련사(白蓮社)를 가리킨다.

55) 작용(作俑) : 용(俑)은 장사(葬事)에 부장물(祔葬物)로 사용하는 목각 인형이다. 그런데 이 목각 인형을 부장하면 후세에는 사람을 부장하게 될 것이라는 뜻에서 좋지 못한 선례를 뜻하는 말로 쓰인다. 맹자가 "중니(仲尼)가 말씀하시기를 '처음 용을 만든 자는 아마 후손이 없을 것이다.' 하였으니, 이는 사람을 형상하여 장례에 사용하였기 때문이다.[仲尼曰 : '始作俑者, 其無後乎! 爲其象人而用之也.]"라 한 데서 온 말이다. 『孟子 梁惠王 上』.

바람이 불면 떨어지는 잎 어지러이 흩어지고
달 비치면 외로운 나무는 더 높이 보이는 법
그릇된 학술 고칠 수 있는 비방이 없으니
백발이 힘이 다해 큰 소리로 통곡할 뿐
차라리 다 포기하고 술잔이나 들면서
성인 되건 광인 되건 내맡겨 두는 게 낫겠네

6월에 「위학잠(爲學箴)」 두 수를 지어 벽에 걸었다.

그 잠은 다음과 같다.

학문하는 공부는
경서를 공부하고 경(敬)을 지키는 것
경을 공부하면 만 가지 이치를 알고
경은 동정을 꿰뚫는다
밤낮으로 부지런히 힘써
오직 덕을 잡을 것이며
잠시라도 소홀히 말고
일에 따라 깨우치고 살피라
학문하는 공부는
오직 공경과 근면이니
게으름을 이기고 나태함을 깨우쳐
밤낮으로 조심하고 노력하라
어쩌다 한번 살피지 못하면
성인과 미치광이가 여기에서 나뉘나니

늙어가며 더욱 돈독히 믿어
나의 천군을 섬길지어다

『시경명물고(詩經名物考)』를 완성하였다.

『시경』에 기록된 조수(鳥獸), 초목(草木), 물품(物品)의 이름 가운데 착오가 난 것을 바로잡고 의심스러운 부분을 변석하여 완성하였다.

12월에 육잠(六箴)을 작은 병풍에 쓰고, 또 좌우명(座右銘)을 지어서 보고 반성하는 자료로 삼았다.

육잠은 선생이 병술년(1766)에 지은 것이다. 좌우명은 다음과 같다.

날이 밝으려 하면
네가 잠에서 깨어난다
아침 해가 동녘을 비추고
상제가 위에서 내려다본다
오직 이 한 마음은
중(中)을 잃기 쉽나니
바라건대 조심하여
본연의 양심을 해치지 말라
— 이상은 조명(朝銘)이다.

해가 이미 중천에 있으니
너는 응당 내 앞에 갈래가 많으리라

일에는 의리가 있고
마음에는 공사가 있나니
조심해서 일을 처리하되
반드시 기미를 살펴야 한다
혹시라도 차질이 생긴다면
허물이 누구에게 돌아가리오
— 이상은 주명(晝銘)이다.

해가 이미 기울어가니
너의 일도 그치려 한다
마음가짐과 남을 대하는 데
소홀함이 있지는 않았는가
실수함이 있었다면
두려워하며 반성하고
어긋난 일이 없었다면
더욱더 자신을 가다듬으라
— 이상은 모명(暮銘)이다.

날이 어두워지면
네 마음이 점점 게을러진다
어두운 방에서도 속이지 않음을
옛사람은 귀하게 여겼나니
경(敬)은 동정을 관통하고
성실하면 전일하게 되는 법이지
정(貞)에서 다시 원(元)으로 돌아가나니

또 내일이 있는 법이다

— 이상은 야명(夜銘)이다.

10년 병오(1786), 선생의 나이 75세이다. ○ 5월에 덕곡동(德谷洞) 안에 재사(齋舍)를 세웠다.

선생의 12대조 이하의 선롱(先壟)이 모두 덕곡에 있었다. 선생이 제전(祭田)을 두고 제식(祭式)을 참작하여 정하였다. 이미 조천한 신위(神位)에는 10월 초하룻날 아침에 제사 지내고 아직 조천하지 않은 신위는, 봄에는 한식(寒食)에, 가을에는 추석(秋夕)에 제사 지내는 것으로 정하되, 묘역(墓域)을 소제한 뒤 재사(齋) 안에 신위를 설치하여 제사 지내고, 선영에 있는 후사(後嗣)가 없는 신위까지도 제사 지냈는데, 모두 축문이 있었다. 평상시에는 이곳을 후진이 강학(講學)하는 장소로 사용하였으므로 역시 이름을 이택재(麗澤齋)라고 하였으며, 이어서 월강(月講)의 규례를 정하였다.

덕사(德社)의 학약(學約)을 만들었다. ○ 왕세자의 상(喪)을 듣고 위(位)를 설치하고서 행례(行禮)하였다.

17일에 성복(成服)하고 28일에 제복(除服)하였는데, 복제(服制)에 대한 사의(私議)가 있다.

윤달에 채번암(蔡樊菴)에게 편지를 보냈다. —채공의 이름은 제공(濟恭)이다.

채번암이 여러 벗들에게 선생이 천주학을 배척하여 노익장의 기개를 보인다고 하여 자주 칭찬하였으며, 또 말하기를, "내가 「불쇠헌기(不衰軒記)」를 지어서 오도(吾道)가 쇠해지지 않았다는 뜻을 갖추어 말하였으니, 아마도 연소배들의 지목을 받을까 염려스럽다." 고 하니, 선생이 편지를 보냈는데, 그 내용이 대략 다음과 같다.

지난해에는 영남 선비 황군(黃君) 태희(泰熙)가 와서 저를 두고, '천주학을 배척하는 데 노익장이더라.' 라고 하신 말씀을 전했고, 올봄에는 또 홍상사(洪上舍) 석주(錫疇)가 '「불쇠헌기(不衰軒記)」를 찾아가라.' 고 하신 말씀을 전해 주었습니다. '불쇠(不衰)[56]' 두 글자에 대해 대감께서 어떻게 듣고 아셨습니까? 이는 과연 성상(聖上)께서 저를 총애하시고 포양(褒揚)하시는 뜻에서 나온 것으로 유독 이 천신(賤臣)을 위로해 주시고 또 '불쇠' 두 자를 내려 포양(褒揚)해 주셨습니다.

제가 물러 나오자 동료들이 일제히 축하해 주었고, 편액으로 써서 보내주기까지 하였습니다. 돌아와 생각하니 이 늙고 병약한 몸이 아무런 능력도 없는데 성상께서 이런 하유를 내리셨으니, 이는 결코 실상에 맞지 않은 일입니다. 이에 한 마디 말을 해야겠다는 생각이 들어 주제넘게 다음과 같은 서툰 시구를 읊었습니다.

> 근력이 해가 갈수록 줄어 탄식하는데
> 주상께서 쇠하지 않았다고 말씀하셨네
> 신의 몸이 쇠하지 않은 것은 아니지만
> 지기는 늙어도 쇠하지 않도록 하리라

---

56) 불쇠(不衰) : 1772년 순암이 세자익위사 익찬(世子翊衛司翊贊)에 제수되어 사은하고 습의(習儀)를 마쳤을 때 당시 세자였던 정조(正祖)가 다른 사람에게는 묻지 않고 유독 순암에게 "쇠하지 않았군요." 하며 안부를 물었고, 이 말에 감격하여 순암이 자기 집에 불쇠헌(不衰軒)이란 당호를 걸었다.

지금 제가 스스로 면려(勉勵)하는 것은 오직 지기(志氣)에 있는데, 지기마저 쇠해지고 있으니 어찌하겠습니까! 저의 시를 차운하시어 저의 불쇠헌을 빛나게 해 주시면 고맙겠습니다.

근래 와서 평소 재기(才氣)를 자부하던 우리 쪽 젊은이들이 많이 신학(新學) 쪽으로 가서는 진리가 여기에 있다고 하면서 너도나도 쏠리고 있으니, 어찌 한심한 노릇이 아니겠습니까. 신학에 거꾸러져 빠져드는 꼴을 차마 눈으로 볼 수 없어 서로 가까운 사이에만 대충 경계를 해 보았으니, 이는 진심에서 한 말이었습니다. 그런데 상대 쪽에서는 도리어 나쁜 마음으로 말하여 심지어는 나와는 감히 절교하지 못할 사이인데 절교하는 자가 있기까지 하니 용감하다면 용감하다 하겠습니다. 역시 한번 세상이 변하여 한 집안사람끼리의 싸움이 이러한 지경에 이른 것입니다. 당론이 제각기 판을 치고 있는 이때 기회를 노려 모함하여 공격하려는 자가 없으라는 보장이 어디 있겠습니까. 그렇게 가다가는 틀림없이 망하고 말 것입니다.

지금은 모든 것을 되는대로 맡겨 버리고 벼룻집 표면에다 '마도견(磨兜堅)' 석 자를 써 두고 자신을 경계하고 있습니다.

듣건대 대감께서 「불쇠헌기(不衰軒記)」 안에 천주학을 배척한 내용이 있어 젊은 층들에게 지목될까 염려하여 가볍게 내놓지 못한다고 하던데 과연 사실입니까? 아! 이 무슨 말씀입니까. 천주학을 우리 두 사람이 물리치지 않으면 누가 그 일을 하겠습니까? 이 어찌 모진 풍상(風霜)을 겪은 터에 또 하나의 적이 생길까 두려워 그러시는 것입니까. 절대 그럴 리는 없습니다.

7월에 「동명도(東銘圖)」를 지었다.

문인(門人) 정지영(丁志永)이 『심경』을 배우면서 동명(東銘)까지 읽었는데, 이 도(圖)를 지어서 보여주고 이어 벽에 걸어 두었다.

9월에 파록(巴麓) 황공(黃公)의 행장을 찬하였다. —황공의 이름은 여구(汝耈)이다.

인조조(仁祖朝) 병자년(1636, 인조14)의 난리에 황공(黃公)이 강도(江都)에서 의병을 일으켰는데, 성이 함락되자 온 가족이 순절(殉節)하였다. 뒤에 지평에 추증되었으며, 어머니 심씨(沈氏)와 부인 허씨(許氏) 및 두 여동생에게 모두 정려(旌閭)가 내려지니, 세상에서 '일문오절(一門五節)'이라 일컬였다.

12년 무신(1788), 선생의 나이 77세이다. ○ 6월에 황덕일(黃德壹)의 편지에 답하였다.

이때 서조수(徐祖修)라는 자가 반새설(反僿說)을 지었는데 성호선생을 헐뜯는 말이 많았다. 황덕일이 선생에게 편지로 이 사실을 알리니, 선생이 답서를 보냈다. 그 내용은 대략 다음과 같다.

보내 준 편지에서 말한 것은 스승을 높이고 우리 도를 지키려는 훌륭한 뜻에서 나온 것이니 얼마나 감탄했는지요! 그러나 해를 가리는 무지개나 하늘을 가리는 안개가 있다한들 해의 밝음과 하늘의 큼에 무슨 손상이 있겠습니까.

공북해(孔北海, 공융[孔融])가 말하기를, "지금의 나이 어린 자들은 선배들을 비방하기를 좋아한다."고 하였으니, 이러한 나쁜 습관은 예로부터 이미 있어왔습니다. 『논어』는 성인의 언행을 잡록(雜錄)한 것이 지극히 정밀하고 간략하지만 요설가(饒舌家)가 이를 두고 말한다면 필시 함부로 뜯어고치는 곳이 없지 않을 것입니다.

그 사람이 헐뜯는 것이 오로지 『새설(僿說)』에 있다고 하는데, 이 설 하나를 가지고 다른 사람의 평생을 단정하면서 함부로 욕하고 헐뜯는다면, 이는 망령된 짓입니다.

선생님께서는 밝고 뛰어난 자품으로 근면하고 독실하게 공부하셨고, 존숭하신 바는 공맹(孔孟)과 정주(程朱)이며 배척한 바는 이단(異端)과 잡학(雜學)이었습니다. 그리하여 경전(經典)의 뜻은 선유(先儒)가 밝히지 못한 뜻을 많이 밝혔으며, 이단의 학문은 반드시 그들의 속임수를 지적하여 드러내 도망쳐 숨을 수 없게 하였습니다. 그런데 그자가 이를 서학(西學)이라고 배척하였다고 하니, 나도 모르게 웃음이 났습니다. 이에 대해서는 내가 「천학고(天學考)」에서 이미 변석하였으니, 더 이상 말하지 않겠습니다.

13년 기유(1789), 선생의 나이 78세이다. ○ 정월에 통정대부로 승진하였다.

벼슬살이한 지 40년이 되었다는 이유로 가자(加資)된 것이다.

4월에 미천서원(眉泉書院)의 유생들에게 편지를 보내 부원장직을 사임하고, 또 강학(講學)의 규례를 시행하도록 권장하였다.

덕곡사(德谷社)의 학약(學約)을 썼는데, 끝에 고양계(高梁溪)가 게양(揭陽)의 여러 벗들에게 보낸 편지를 덧붙여 써서 보냈다.

8월에 첨지중추부사에 제수됨에 사은하였다.

이때 나라에 천원(遷園)하는 예가 있었는데, 주상께서 복제(服制) 중에 있었으므로 분문(奔問)하러 가는 차림과 다름이 없었다.

9월에 운계(雲溪) 정공(鄭公)의 행장을 찬술하였다. －정공의 이름은 뇌경(雷卿)이니, 인조조(仁祖朝)에 심양(瀋陽)에서 나라의 일로 순절하였다.

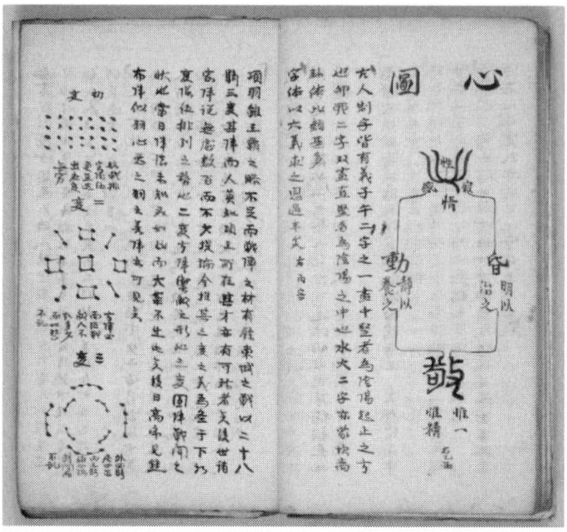
「부부고」

14년 경술(1790), 선생의 나이 79세이다. ○ 봄에 족보(族譜)를 개수(改修)하였다. ○ 6월에 가선대부(嘉善大夫)로 승진하였다.

원자(元子)의 탄생으로 인해 기로(耆老)들에게 가자(加資)한 것이다.

7월에 동지중추부사에 제수되고 광성군(廣成君)을 습봉(襲封)하였으며, 추은(追恩)하여 삼대(三代)에 증직이 내렸다.

선생의 6대조께서 선묘조(宣廟朝)의 호성공신(扈聖功臣)에 훈봉(勳封)되었으므로 이를 습봉되었다. 날씨가 무덥다는 이유로 사은하지 말도록 명하였다.

8월에 제사를 지내어 가묘(家廟)에 고하였다.

추은(追恩)이 있었기 때문이다.

9월 초하루에 분황(焚黃)하였다. ○ 10월에 향리 사람들이 모두 모여서 축하하며 잔치를 베풀었다.

선생이 자급이 승진되고 습봉을 받았다는 이유로 동중(洞中)의 여러 유생들이 술과 음식을 마련하고 풍악을 갖추어 와서 축하하였다. 선생이 말하기를,

"내가 어찌 감히 이런 축하를 받을 수 있겠는가. 나라에 경사가 있은 이후로 경외(京外)의 사민(士民)들이 풍악을 울리면서 함께 경하하고 있는데, 우리 마을에서는 그렇게 하지 않았다. 지금 이를 계기로 나라의 경사에 축하하는 것은 괜찮을 것이다."

하고, 드디어 유생들과 더불어 북향사배한 뒤에 잔치를 열었다. 선생이 즉석에서 7언 절구 한 수와 7언 율시 두 수를 읊었는데, 그 중 한 수는 다음과 같다.

팔십이 된 이 늙은 신하는 아직 쇠하지 않아
쇠하지 않았다 하신 주상 말씀 편액으로 걸었다오
풍악은 궁한 선비에게 가당키나 한 일이랴
애오라지 제군들과 성상의 복 빌고자 하노라

이에 유생들이 차례대로 화답하여 올렸다. 친구와 사대부들 사이에 이 사실을 듣고 화답한 자가 많아 당시 사람들에게 성대한 일로 전하여졌다.

15년 신해(1791), 선생의 나이 80세이다. ○ 정월에 간옹(艮翁) 이공(李公)의 만사(挽詞)를 지었다. ―이공의 이름은 헌경(獻慶)이다.

만시(挽詩)는 다음과 같다.

하루아침에 홀연 하늘나라로 떠나가니
죽지 못한 외로운 몸 눈물이 절로 나네
이교가 떠들썩하게 점점 기세 떨치는데
정론으로 물리칠 사람 또 누가 있는가
나는 홀로 쓸쓸히 벙어리처럼 침묵하고

똑똑한 많은 사람들은 참된 도라 말하네
생각이나 했으랴 삼한의 군자 나라가
어느 새 서양 사람이 되고 말 줄을

대개 이공(李公)이 일찍이 서학을 배척하는 글을 지었으므로 이렇게 말한 것이다.

2월에 백불암(百佛菴) 최공(崔公)의 묘지명(墓誌銘)을 찬술하였다. ―최공은 이름이 홍원(興遠)이다.

최공은 영남(嶺南) 사람으로, 대구(大丘)에 살면서 이대산(李大山)과 친하였다. 정종(正宗) 갑진년(1784)에 선생과 같이 계방(桂坊)에 천거되어 서로 의기가 투합하였다.

3월에 망자(亡子) 안경증의 묘지명을 찬술하였다. ○ 죽림(竹林) 권공(權公)의 「정충각기(旌忠閣記)」를 지었다. ―권공은 이름이 산해(山海)이다.

단종(端宗)이 임금의 자리를 물려줄 때 권공이 각(閣)에서 몸을 던져 자살하였는데, 이때에 이르러서 관작을 회복시키고 정려를 내렸는데, 선생이 기문을 지었다.

6월 신미일에 환후(患候)의 조짐이 있었다.

더위로 가슴이 답답한 증상이 있었다.

7월 계사일 오시(午時)에 침실에서 고종(考終)하였다.

가슴이 답답한 증세가 다시 점점 아래로 내려갔다. 역책(易簀)하기 이틀 전에 곁에 있는 사람에게 경의패(敬義牌)를 가져오라고 명하였다. 말을 어눌해서 무슨 말씀인지 잘 알아들을 수 없어 여러 차례 되물어 본 다음에야 비로소 알고 가져왔더니, 벽에 걸게 하고 한참동안 바라보았다. 몇 년 전부터 목패(木牌) 하나를 만들어서 '경의직방(敬義直方)' 넉자를 새겨 늘 자리의 오른쪽에 걸어 두었다. 이때 이것이 바깥채의 대청 벽에 걸려 있었으므로 가지고 오라고 말씀하셨던 것이다.

○ 이때 폭우가 연일 내리기에 사우(祠宇)에 비가 샐까 염려하여 집안사람들에게 여러 차례 가서 살펴보라고 하였으며, 역책하기 하루 전에도 그렇게 하였다. 역책할 즈음에도 정신이 어지럽지 않았고 집안일에 대해서는 한 마디도 말하지 않았다. 초빈(草殯)을 하는 날에 채색 무지개가 지붕 위를 빙 두르니, 사람들이 모두 기이한 일이라 하였다.

병신일에 부음을 상께 아뢰자, 해당 고을에 명하여 별치부(別致賻)를 내리게 하였다.

전교에 이르기를,

"옛날에 서연에 있을 적에 그 사람을 잘 알았다. 고문(顧問)을 할 때 옛 사실을 상고하는 데 많은 힘을 입었기에 근래에는 매번 불러들여 만나 보려 하였다. 그러나 그의 병이 날로 심해진다는 말을 듣고 그렇게 하지 못하였다. 지금 그가 졸서(卒逝)하였다는 소식을 들으니 몹시 애석하였다는 생각이 든다. 해당 고을로 하여금 관례에 따라 부의(賻儀)를 내리는 이외에 각별히 물품을 지급해 주는 일을 묘당에서 공문을 보내 알리라."

하였다.

9월 병자일에 덕곡(德谷)에 있는 선영(先塋)의 국내(局內) 해좌(亥坐)의 언덕에 안장하였다.

부인 성씨(成氏)와 합장하였다.

순종대왕(純宗大王) 원년 신유(1801) 9월에 특별히 자헌대부(資憲大夫) 의정부좌참찬 겸 지의금부사 오위도총부도총관(議政府左參贊兼知義禁府事五衛都摠府都摠管) 광성군(廣成君)에 추증하였다.

이해 아무 달에 장령 정한(鄭瀚)이 상소하였다. 그 상소 내용의 대략에,

"아, 정학(正學)을 밝히고 사설(邪說)을 없애는 것은 바로 우리 선대왕(先大王)께서 고심하였던 일입니다. 정학을 천명하는 방도는 반드시 정학을 하는 사람을 장려하여 높이는 데에서 시작됩니다.

고(故) 광성군(廣城君) 안정복은 바로 선조(先朝)의 서연관(書筵官)으로 있던 신하입니다. 그의 학문은 경전(經典)을 날줄로 삼고 사서(史書)를 씨줄로 삼았으며, 문로(門路)는 염락(濂洛)을 거쳐 관민(關閩)에 이어졌습니다. 70년 동안 글을 읽어 성대히 당세의 대유(大儒)가 되었습니다. 선대왕께서 서연을 여는 자리에서 그의 그러한 점을 알고는 장려하고 우대하는 말을 교서를 내리는 즈음에 여러 차례 하셨으니, 이에 후배 학자들이 모두들 모범으로 삼으면서 종사(宗師)로 대우하였습니다.

서양의 서적이 처음 유입될 때에 이르러서는, 이교(異教)가 널리 횡행하여 사람들이 모두 그 속에 빠져드는 것을 개탄스럽게 여겨 글을 지어서 이를 변석하였으니, 『천학고(天學考)』, 『천학문답(天學問答)』 등의 저술에서 엄격

히 변석하고 배척하여 인척이라 하여 용납하지 않았습니다. 그 영향이 지금까지도 아직 남아 있으니, 한 부류의 사류(士類)들이 사특한 이단(異端)인 천주학을 막고 배척할 수 있는 것은 모두가 그 덕분입니다. 지금 만약 그를 추숭(推崇)하고 장려한다면 정학(正學)을 밝히고 사설(邪說)을 없애는 데 일조(一助)가 될 것입니다.

신은 고 광성군 안정복에게 속히 포장(襃奬)하여 증직(贈職)하는 은전을 내림이 마땅하였다고 여깁니다."

라 하니, 답하기를,

"대신에게 물어서 처리하겠다."

하였다. 대신이 회계(回啓)하기를,

"안정복은 글을 읽으면서 유도(儒道)를 지키고 온 힘을 다해 사학(邪學)을 배척하여 일찍부터 그 이름이 알려졌으니, 가상하게 여겨 포상하는 것이 실로 합당합니다. 그러나 조정에서 증직하는 것은 중한 은전이라 한 대신(臺臣)의 말로 인해 함부로 논의하기는 어려운 점이 있습니다."

하니, 전교하기를,

"안정복에게 증직을 내리는 일은 건의한 말이 참으로 채택할 만하다면 어찌 여러 사람들의 말을 듣고서 시행할 필요가 있겠는가. 더구나 지금은 사설(邪說)을 물리치는 때이니, 특별히 표창하는 거조(擧措)가 있는 것이 마땅하였다. 고 동지중추부사 안정복에게 특별히 정경(正卿)을 추증하여 장려하는 뜻을 보이도록 하라."

하였다. 이에 좌참찬에 추증되었다.

동치(同治) 10년 신미(1871, 고종 8) 3월에 문숙(文肅)이라는 시호를 추증하였다. —널리 듣고 많이 본 것을 '문(文)' 이라 하고, 자신을 바르게 하여 아랫사람을 거느리는 것을 '숙(肅)' 이라 한다.

부록

순암 안정복 선생 사적비

순암 안정복 선생 사적비

(順菴安鼎福先生事蹟碑)

여기 18세기의 실학(實學)의 대가이며 민족사학(民族史學)의 연원(淵源)을 이룬 선진적(先進的) 학자로서 우리나라 학술 문화사에 큰 빛을 남긴 순암(順菴) 안정복(安鼎福) 선생의 업적을 돌에 새겨 널리 온 세상에 알리고 길이 자손만대(子孫萬代)에 전하려 한다.

18세기는 조선 왕조의 후기, 특히 영조(英祖)·정조(正祖) 조에 해당하는 시대로서 우리나라 실학사상(實學思想)의 전성기가 되어 정치·경제·사회 등 다방면에 걸쳐 연구와 개발이 활발히 전개되던 때이다. 이때의 실학은 근기(近畿) 지방의 경세치용파(經世致用派)로써 선아(先牙)를 삼거니와 경세치용파는 곧 성호학파(星湖學派)를 뜻한다. 성호학파에는 온건개혁주의(穩健改革主義)와 급진개혁주의(急進改革主義)가 공존(共存)하고 있었거니와 온건개혁주의 입장을 견지(堅持)하면서 성호 학통(星湖學統)의 발전을 주도해 왔던 분이 바로 순암(順菴)선생이다. 선생은 동문(同門) 후대 중 대담하게 주자학(朱子學)을 비판하고 천주교(天主教)를 위시한 서양 문물을 과감하게 받아들이려는 급진개혁주의자들에 대하여 항상 깊은 우려를 품고 주의를 환기(喚起)시켰다. 그것은 무엇보다 당시 집권층(執權層) 속의 보수 반동

세력(保守反動勢力)인 노론(老論) 벽파(僻派)에게 구실을 주어 중상모략(中傷謀略)으로 당화(黨禍)를 일으키게 함으로써 정부 내의 약간의 개혁주의적 지향마저 말살(抹殺)당하게 될 것을 걱정했기 때문이다. 결국 선생이 서거(逝去)하신 그해에 진산사건(珍山事件)이 터지더니 9년 뒤에 정조(正祖) 임금의 승하(昇遐)와 함께 조국(朝局)이 크게 바뀌어 천주교사옥(天主教邪獄)이란 이름 밑에 수많은 현량명석(賢良名碩)을 희생시켰다. 특히 녹암(鹿菴) 권철신(權哲身), 정헌(貞軒) 이가환(李家煥)은 옥사(獄死)하고 다산(茶山) 정약용(丁若鏞) 등은 멀리 찬축(竄逐)되었다. 이리하여 성호학파의 비참한 몰락을 가져왔다. 다행히 선생의 문하(門下)에서 직접 훈도(薰陶)를 받은 제자들이 선생의 교훈을 잘 지켜 화(禍)를 면함으로써 사문(斯文)의 일맥(一脈)이 존속될 수 있었다. 선생의 선견지명(先見之明)을 이에서 알 수 있다.

원래 선생의 가계(家系)는 광주(廣州) 안씨(安氏) 중에서도 잠영(簪纓)과 문한(文翰)으로 일국(一國)의 명문이 되어 왔다. 고려 말 조선 초의 천곡(泉谷) 사간공(思簡公) 안성(安省)과 임진왜란(壬辰倭亂) 때 호성훈(扈聖勳)으로 광양군(廣陽君)을 봉(封)한 안황(安滉)은 다 선생의 직계(直系) 조상이었다. 그러나 동서분당(東西分黨) 이후 선생의 가계가 남인(南人)에 속해 있어서 점차 사환(仕宦)에의 진출이 어려워지고 나아가 정치권력에서 영영 소외되었다. 선생의 남다른 천품(天稟)과 학식 내지 포부와 이상을 정치상(政治上)으로 실현시키지 못하고 오직 한 사람의 학자로서 저술과 수양에 정진(精進)하면서 성호학파의 종지(宗旨)인 경세치용(經世致用)의 이념 위에 유교경전(儒教經典)은 물론이고 정치와 행정 실무(行政實務) 그리고 국사(國史)에까지 이론적으로 확충(擴充)시켜 놓았다. 과거(科擧) 출신이 아닌 선생은 40이 가까워서 만녕전 참봉(萬寧殿參奉)을 비롯하여 의영고 봉사(義盈庫奉事), 귀후서 별제(歸厚署別提), 사헌부 감찰(司憲府監察) 등 중앙 관서(中央官署)의 하료(下僚)로 봉직(奉職)하다가 곧 관계(官界)에서 물러났으며, 60이 넘어서 왕세손(王世孫)을 보도(輔導)하는 익위사 익찬(翊衛司翊贊)이 되고 목천 현감(木川縣監)으로 조그만 고을 원 노릇을 한 적도 있었으나 선생은 한 번도 정치적으로 유위(猷爲)가 있을 만한 위치에 앉아 본 일이 없었으며 또 그 자신 관리 생활에 미련을 가지지도 않았다. 목천 현감(木川縣監)을 마지막으로 실직(實職)에서 물러난 선생은 79세에 가선대부(嘉善大夫) 동지중추부사(同知中樞府事)가 되고 광성군(廣成君)을 습봉(襲封)하기까지 했으나 그것은 어디까지나 고령(高齡)에 따른 형식적 예우(禮遇)에 불과한 것이었다. 이와 같이 정치적으로 불우했던 선생은 경제적으로도 안정된 토대가 없었다. 선생이 출생한 충청도 제천(堤川) 유원(楡院)은 조부(祖父) 안서우(安瑞羽)가 가권(家眷)을 데리고 우거(寓居)하던 친척 윤씨(尹氏)집이었고 4세에 모친(母親)을 따라 상경(上京)해서는 건천동(乾川洞)의 외가(外家) 이씨댁(李氏宅)에서 살았으며 6세에는 다시 모친과 함께 전라도 영광(靈光)으로 가서 외가의 종장에서 기식(寄食)하였다. 9세에 서울로 돌아와 남대문(南大門) 밖 남정동(藍井洞)에 살다가 14세에 조부의 벼슬살이를 따라 경상도 울산(蔚山)으로 갔으나 겨우 1년 만에 조부가 울산부사(蔚山府使)에서 해임되자 조부를 따라 전라도 무주(茂朱)로 가서 적상산(赤裳山) 하에서 살았다. 24세에 조부를 여의고 그 익년(翌年)에 비로소 이곳 광주(廣州) 경안면(慶安面) 덕곡리(德谷里) 선영(先塋) 하에 자리를 잡아 영주(永住)하게 되었다.

선생이 35세 때부터 성호(星湖)선생을 사사(師事)하여 그의 학파(學派)의 핵심 인물로 활동하게 된 것은 이 시기의 광주(廣州) 정착이 직접적 계기로 되었던 것이다. 위에서 본 바와 같이 선생은 유년 시절로부터 각 지방으로 전전(轉轉)하면서 자라났거니와 그것은 주로 경제적 불안정에서 온 것이었다. 광주(廣州)에 정착한 뒤에도 몇 이랑의 박전(薄田)으로 생활을 지탱하고 있었다. 선천적으로 다병(多病)한 체질을 타고난 선생은 주로 의지로써 빈궁(貧窮)과 질병을 극복하면서 학문에 전념하였다. 선생은 초서농(抄書籠)

을 두어 많은 책을 남의 집에서 빌려다가 손으로 베껴서 그 농(籠) 속에 쌓아 두는 한편 따로 저서농(著書籠)을 두어 자기의 방대한 저술(著述)들을 담아 두었다. 오늘날 우리 민족 문화의 유산(遺産)으로 귀중한 고전 자료(古典資料)가 되는 그의 찬록물(纂錄物)들과 저술물(著述物)들이 모두 이 초서농(抄書籠)과 저서농(著書籠)을 속에서 나온 것들이다. 전자(前者)를 대표하는 것이 『잡동산이(雜同散異)』라면 후자(後者)를 대표하는 것이 『동사강목(東史綱目)』이었다. 이 중에도 『동사강목』은 우리나라 사학사(史學史)에 불멸(不滅)의 금자탑(金字塔)을 세운 것으로 선생의 학자적 지위를 확립하여 영원히 빛나게 한 것이다. 이 『동사강목』은 대략 30대에 쓰기 시작하여 그 후 30년을 지나 목천 현감(木川縣監)으로 있을 때 최종적으로 작업을 끝내고 자기의 서문(序文)을 붙여 놓았던 것이다. 그러나 실상 그 초고(草稿)의 일차적 완성은 선생의 48세, 즉 서기(西紀) 1759년에 된 것이다. 말하자면 그 역사적 대작(大作)이 광주(廣州)의 한 초가(草家) 밑에서 이루어졌던 것이다.

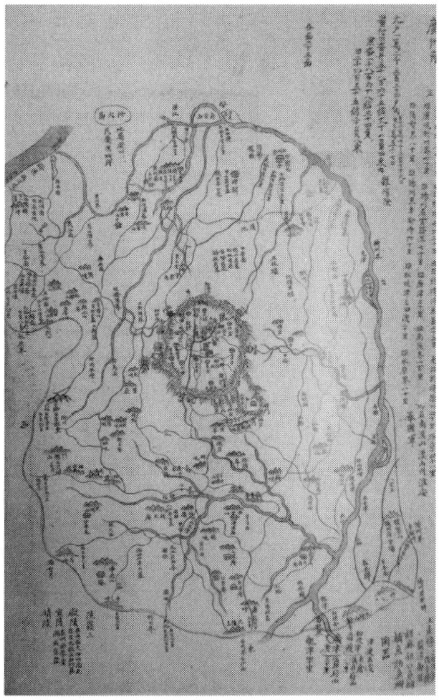

18세기 중엽의 「해동지도(海東地圖)」에 나오는 광주부(廣州府)

이제 『동사강목』의 특징을 간단히 살펴보기로 한다. 첫째, 우리 민족 본위의 역사라고 할 수 있다. 종래의 사대주의적(事大主義的) 사고와 중국(中國) 중심의 역사관을 배제(排除)하고 성호(星湖)의 삼한정통론(三韓正統論)에 입각(立脚)하여 우리 민족사의 주체적 독자적 발전을 체계화시켰다. 둘째,

애국적 사상으로 외래 침략자를 격퇴한 역사적 사실들을 특히 유의(留意)하여 서술하고 충신(忠臣)과 명장(名將)들의 훌륭한 사적을 높이 평가하였다. 고구려의 대수당전쟁(對隋唐戰爭)과 고려의 대거란몽고전쟁(對契丹蒙古戰爭)에 있어서 우리 민족의 용감성을 자랑스럽게 말한 것이다. 셋째, 애민적(愛民的) 의식으로 국가의 대민 시책(對民施策)이 수취(收取)에만 치중하고 백성들의 생활은 돌보지 않는 것을 비평하였다. 고구려 고국원왕(故國原王)의 진대법(賑貸法) 시행(施行)에 관한 안설(按說)에서 진(賑)은 좋지만 대(貸)는 백성들에 대한 국가의 착취라 하여 비난하고 고려 광종(光宗) 때의 노비안검법(奴婢按檢法)에 관한 안설(按說)에서 그 부당성을 지적하고 문종(文宗) 때 억울하게 죽은 노비(奴婢)의 옥사(獄事)에 분격하여 옥사를 신중하게 심리해야 할 것과 그 개혁을 주장한 것이다. 이 밖에 『동사강목』의 가치를 한결 높여 준 것은 마지막의 부권(附卷)이다. 고이(考異) · 괴설변(怪說辨) · 잡설(雜說) · 지리고(地理考) 등 네 개의 편목이 있고 각 편에는 여러 개의 개별적 문제들이 다루어져 있다. 근대 계몽기(近代啓蒙期)에 이르러 이 책의 학문적 · 사상적 영향을 입어 박은식(朴殷植) · 장지연(張志淵) · 신채호(申采浩) 등의 민족 사학(民族史學)이 수립되었고 오늘 우리들의 현대 사학(史學)에 있어서도 우리나라의 전통적 역사 저술 가운데 가장 준거(準據)가 되는 문헌으로 중시되고 있는 중이다.

순암연구총서(위)**와 연구서들**(아래)

선생은 그야말로 백세(百

世)의 사장(師匠)이다. 근기 남인(近畿南人)들의 공통된 형편이지만 선생의 자손들도 부귀영화(富貴榮華)를 누린 적 없이 오직 개결(介潔)한 선비의 가범(家範)을 지켜 왔다. 지금 이제 자유로운 세상에 무한한 비약(飛躍)이 가능하거니와 선생에 대한 후인(後人)들의 숭모(崇慕) 또한 갈수록 간절하다. 이제 자손들이 힘을 모아 선생이 거처하시던 이택재(麗澤齋) 부근에 이 비(碑)를 건립한다. 7대 주손(胄孫) 병선(秉善) 씨가 우성(佑成)에게 비문(碑文)을 부탁하기에 우성(佑成)은 평소의 경앙(景仰)하는 충정(衷情)과 선세(先世)의 의(誼)를 생각하여 감히 이 글을 쓴다.

1992년 9월

학술원 회원 성균관대학교 명예교수

문학박사 여주(驪州) 이우성(李佑成) 근찬(謹撰)

순암 안정복

초판 1쇄 발행일 2015년 10월 30일

지은이 | 김시업 외
편집인 | 순암 안정복 선생 기념사업회
발행인 | 최원필
발행처 | 심산출판사
주　소 | 서울시 은평구 불광동 219-7 예은 101호
전　화 | 02-357-0633
팩시밀리 | 02-357-0631
E-mail | simsan@korea.com
등록번호 | 제1-2114호(1996년 11월 28일)

ISBN 978-89-94844-38-1 03990

* 책값은 뒤표지에 표시되어 있습니다.